相続税申告と
一体で取り組む

# 遺産整理業務

# 実践ガイド

税理士 **山本和義** 監修

税理士 **秋山遼太 荒田康夫 野田暢之 藤原誉夫 松井佑介 三角拓也**

税理士法人FP総合研究所 **藤田博久** 弁護士 **東 信吾** 共著

清文社

# はじめに

　本書は、大阪と東京に拠点を置く税理士法人 FP 総合研究所の OB 税理士の有志が中心となって執筆を担当したものです。

　税理士法人 FP 総合研究所は、昭和 57 年に山本和義税理士事務所として創業し、平成 16 年に税理士法人 FP 総合研究所に改組されました。資産税に関連する業務を主たるものとし、国内でも有数の資産税特化型事務所に成長しました。

　その間に多くの有能な税理士を輩出し、そのうち税理士として独立開業をして活躍している人も少なくありません。独立開業後も日々研鑽を積み、実務を通じて体験した事案などを OB 有志の勉強会などを通じて共通のノウハウとして蓄積しています。

　本書は、著者が実務を通じて体験した内容から、相続税の申告と一体として取り組む必要があると考えられる「遺産整理業務」について、具体的、かつ、詳細に解説しています。

　遺産整理業務を行う場合、相続税の申告の必要があるか否かに関わらず、被相続人が残したすべての遺産の有無を確認する必要があります。その場合、相続人から提供された資料に限定して遺産の範囲を推測するのではなく、必要に応じて公的機関などへの照会が欠かせません。照会を行う場合、税理士が相続人からの委任状で代行することができるものが多くありますので、相続人の手数を煩わすことなくできます。

　そこで本書は、遺産の有無について、どこでどのように公的機関等で確認すればよいかなどについても、詳細に解説しています。また、それらの機関からの回答書面なども参考に掲げてありますので、具体的な手続きやどのような情報が得られるかなど、読者にとって容易に理解ができるような工夫がされています。

　また、相続手続や遺産整理業務においては、税法だけでなく民法、会社法、借地借家法などの法律に関係する部分も少なくないため、弁護士の東信吾氏（税理士法人 FP 総合研究所 OB）によってリーガルチェックも行われています。

　本書は共同執筆ということもあり、解説する内容に一部重複する部分や、表現に多少のブレがありますが、読者諸賢には、解説している内容について著者の意図するところをくみ取っていただければ幸いです。

　最後に、本書の発行に当たっては、清文社の城田輝行氏に大変お世話になりました。この場を借りて感謝を申し上げます。

令和 4 年 10 月

税理士　山 本 和 義

# CONTENTS 目次

## 第1章 相続発生後からのスケジュールと死後事務対応

## 第2章 相続人を確認する

## 第3章 遺言書の有無の確認

## 第4章 財産・債務の確定

本書の内容は、2022 年 10 月 1 日現在の法令・通達等によっています。

# 第1章

## 相続発生後からのスケジュールと死後事務対応

近年、金融機関や税理士事務所などにおいて着目されている遺産整理業務ですが、その一歩手前には葬儀や行政手続きなど、様々な相続手続き以外の事務（死後事務）があります。

　この死後事務について、弁護士や司法書士、行政書士などが生前に死後事務委任契約を結び対応することがありますが、各士業の独占業務に抵触しない範囲内において税理士が受任することも可能です。

　本章では、相続発生時から名義変更までのスケジュールを確認するとともに、相続の開始後速やかに行う死後事務の分野の説明をします。

【相続発生時から名義変更までのスケジュール】

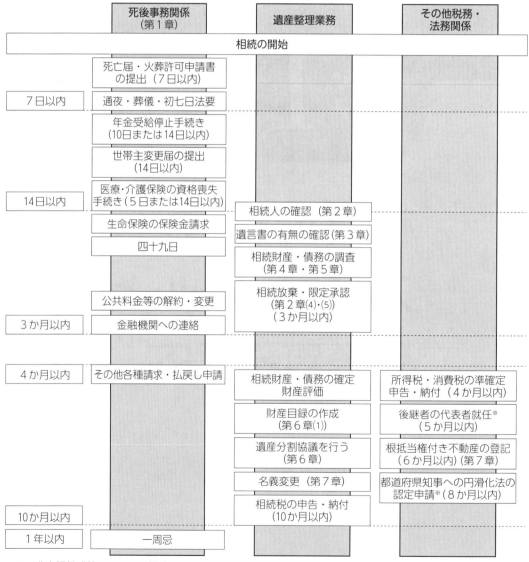

※　非上場株式等についての相続税の納税猶予の適用を受ける場合。

# （1）相続発生直後から葬儀・法要までの流れ

【葬儀関係の流れ】

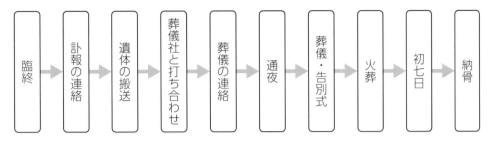

臨終 → 訃報の連絡 → 遺体の搬送 → 葬儀社と打ち合わせ → 葬儀の連絡 → 通夜 → 葬儀・告別式 → 火葬 → 初七日 → 納骨

### ①　死亡診断書または死体検案書の受取り

　被相続人が亡くなった場合、遺族は医師から死亡診断書または死体検案書の交付を受けます。死亡診断書は被相続人が生前に医師の診療を受けていた傷病に関連して亡くなった場合に交付され、死体検案書は事故死や突然死、孤独死など事件性の確認が必要な場合に検視が行われた後に交付されます。そのため、事故死や突然死、孤独死などにより亡くなった場合は、まず警察に連絡をする必要があります。

　なお、死亡診断書または死体検案書の写しは遺族年金の受給や生命保険金の請求手続きなどで必要となりますので、複数枚のコピーを取って保管をしておくように伝えておきましょう。

### ②　訃報の連絡・葬儀社へ連絡

　被相続人の危篤や訃報の連絡は、一般的にまずは近しい親族や知人に行われ、他の関係者には通夜や葬儀などの詳細が決まってから行われます。また、遺体は自宅や斎場などの安置場所へすぐに搬送しなければならないため、葬儀社の手配も早期に行う必要があります。

ワンポイントアドバイス

　被相続人が亡くなると相続人等は様々な対応をする必要があるため、葬儀社の比較を行う時間がほとんどない状況となります。そのため、葬儀内容や料金について比較検討をしたい場合には、被相続人が亡くなる前から葬儀の検討をしなければなりません。このような問題の解決策の一つとして、近年では葬儀について生前予約をするケースがあります。前もって葬儀社や葬儀内容、料金を決めておくと相続の開始後の相続人等の負担も軽減されるため、生前予約の制度があることを伝えておくのもよいのではないかと考えます。

## 孤独死等の相続の開始の日、相続の開始があったことを知った日

　近年、核家族化や近所付き合いの減少、単身者の増加などにより孤独死（孤立死）が増加しています。孤独死の場合、戸籍上の死亡日は推定日が記載され、民法における相続の開始の日は戸籍上に記載された日付の最終日となります。

【具体例】

| 戸籍上の死亡日の記載 | 相続の開始の日 |
|---|---|
| 推定令和4年7月1日 | 令和4年7月1日 |
| 令和4年7月1日から10日間 | 令和4年7月10日 |
| 令和4年7月頃死亡 | 令和4年7月31日 |
| 令和4年 | 令和4年12月31日 |
| 令和3年から令和4年の間 | 令和4年12月31日 |

　孤独死の場合、相続税法における相続の開始があったことを知った日は戸籍上の相続の開始の日より遅れることが多く、警察や市区町村役場より死亡の連絡を受けた日などとなります。

　また、遺体が見つからず死亡の確認が直接とれない場合であっても死亡したものとして取り扱う制度に「認定死亡（戸籍法）」と「擬制死亡（民法）」があります。

　「認定死亡」は、災害や事故などにより死亡したことが確実であるが遺体が見つからない場合に、その取調べをした官公署が死亡の認定をする制度です。

　「擬制死亡」は、行方不明により一定期間生死が明らかでない場合に、家庭裁判所に失踪宣告の申立てを行い、失踪宣告の審判が確定することにより死亡したとみなされる制度です。失踪宣告には「普通失踪」と「特別失踪」があり、普通失踪は失踪期間が7年間、特別失踪は失踪期間が危難（災害や事故）が去ってから1年間とされています。

| 死亡の種類 | 相続の開始の日 | 相続の開始があったことを知った日 |
|---|---|---|
| 認定死亡 | 官公署が推定した死亡日 | 官公署が死亡地の市区町村役場に死亡の報告を行ったことを知った日 |
| 擬制死亡（普通失踪） | 生死不明から7年経過した日 | 失踪の宣告に関する審判の確定のあったことを知った日 |
| 擬制死亡（特別失踪） | 危難が去った日から1年経過した日 | |

### ③　死亡届と火葬許可申請書の提出

　被相続人の相続の開始後、遺族等は「死亡届」と「火葬許可申請書」を市区町村役場に提出し、火葬許可証の交付を受けます。

　死亡届の届出義務者は、戸籍法上、親族や同居者、家主、後見人等に限られますが、提出のみであれば誰でも行うことが可能です。一般的に、葬儀社が代行して提出するケースが多くなっています。

| 提出先 | 被相続人の死亡地、本籍地、届出人の所在地の市区町村役場 |
|---|---|
| 提出期限 | 被相続人の死亡の事実を知った日から7日以内<br>（国外で亡くなった場合は3か月以内） |
| 届出義務者 | 親族、同居者、家主、地主、家屋管理人、土地管理人、後見人、保佐人、補助人、任意後見人、任意後見受任者 |
| 提出書類 | ・死亡届<br>・死亡診断書または死体検案書（死亡届と同一用紙）<br>・火葬許可申請書 |

### ④　通夜・葬儀・告別式の実施

　通夜から葬儀・告別式の実施後に火葬場に火葬許可証を提出し、火葬を行います。火葬が終了すると火葬場から火葬執行済の印が押された火葬許可証（埋葬許可証）が返却され、納骨を行うことが可能となります。

## （2）　相続発生直後に行う手続き

### ①　年金の受給停止手続き

　被相続人が公的年金を受給していた場合、遺族等は「年金受給権者死亡届」を年金事務所などに提出する必要があります。ただし、日本年金機構に被相続人のマイナンバーが収録されている場合、原則として手続きの省略が可能です。収録状況については、被相続人のねんきんネットや年金事務所への確認により知ることができます。

　なお、年金受給権者死亡届の届出義務者も死亡届の届出義務者と同様となっています。

| 届出先 | 年金事務所または街角の年金相談センター※ |
|---|---|
| 届出期限 | 国民年金：被相続人の死亡日から14日以内<br>厚生年金：被相続人の死亡日から10日以内 |
| 届出義務者 | 親族、同居者、家主、地主、家屋管理人、土地管理人、後見人、保佐人、補助人、任意後見人、任意後見受任者 |
| 提出書類 | 年金受給権者死亡届 |
| 添付書類など<br>必要なもの | ・被相続人の年金証書<br>・被相続人の死亡を明らかにできる書類（死亡診断書の写しなど）<br>・委任状（代理人が届出する場合） |

※　障害基礎年金、遺族基礎年金、寡婦年金のみを受けていた被相続人については、被相続人の住所地の市区町村役場に届出をします。

　また、公的年金の受給停止手続きを行う必要がある場合は、以下の手続きの中で同時に行うことができるものがないか確認するように伝えておきましょう。

| | 手続きの内容 | 該当ページ |
|---|---|---|
| （ⅰ） | 未支給年金の請求 | P17（3）⑥ |
| （ⅱ） | 遺族厚生年金の請求 | P17（3）⑦ |

## ②　世帯主の変更届の提出

　世帯主が亡くなった場合、残りの世帯員に15歳以上の人が2人以上いる世帯は「世帯主の変更届（住民異動届）」の提出が必要となります。

| 届出先 | 世帯主の住所地の市区町村役場 |
|---|---|
| 届出期限 | 世帯主の死亡日から14日以内 |
| 届出可能な人 | 変更後の世帯主、同一の世帯員または世帯主の代理人 |
| 提出書類 | 住民異動届 |
| 添付書類など<br>必要なもの | ・申請者の本人確認書類（運転免許証、マイナンバーカードなど）<br>・申請者の印鑑（認印可、届出人が自署している場合は不要）<br>・国民健康保険の被保険者証（加入している場合）<br>・委任状（代理人が届出する場合） |

また、世帯主の変更届を提出する必要がある場合、以下の手続きの中で同時に行うことができるものがないか確認するように伝えておきましょう。

| | 手続きの内容 | 該当ページ |
|---|---|---|
| （ⅰ） | 国民健康保険または後期高齢者医療保険の資格喪失の届出 | P7（2）③（イ） |
| （ⅱ） | ・健康保険から国民健康保険への加入の届出<br>・国民年金の第3号被保険者から第1号被保険者への種別変更の届出 | P8（2）③（ロ） |
| （ⅲ） | 介護保険の資格喪失の届出 | P8（2）④ |
| （ⅳ） | 遺族基礎年金の請求 | P17（3）⑦ |
| （ⅴ） | 高額療養費の払戻し申請<br>（国民健康保険または後期高齢者医療保険の場合） | P19（3）⑧ |
| （ⅵ） | 高額介護（予防）サービス費の払戻し申請 | P20（3）⑨ |
| （ⅶ） | 高額医療・高額介護合算療養費の払戻し申請<br>（国民健康保険または後期高齢者医療保険の場合） | P21（3）⑩ |
| （ⅷ） | 葬祭費の請求 | P21（3）⑪ |

### ③　医療保険の資格喪失手続き

#### （イ）　国民健康保険または後期高齢者医療保険の被保険者が亡くなった場合

　亡くなった被保険者の資格を喪失するためには、「資格喪失の届出」と「被保険者証等の返却」が必要となります。なお、市区町村役場によっては死亡届を提出することにより、資格喪失届の提出が不要となるところもあります。ただし、被保険者証等の返却は必要です。

　資格を喪失することにより、国民健康保険料、後期高齢者医療保険料の精算が行われます。精算金額のうち相続の開始の日以前に支払った保険料の還付金は相続財産に該当し、納付額は債務となります。

| 届出先 | 死亡した被保険者の住所地の市区町村役場 |
|---|---|
| 届出期限 | 被保険者の死亡日から14日以内 |
| 届出可能な人 | 世帯主、同一の世帯員または代理人 |
| 提出書類 | ・国民健康保険資格喪失届<br>・後期高齢者医療障害認定申請書及び資格取得（変更・喪失）届書 |
| 返却物 | ・国民健康保険被保険者証（世帯主が死亡した場合は世帯全員分）<br>・国民健康保険高齢受給者証<br>・後期高齢者医療被保険者証<br><br>以下は、認定を受けている場合に必要となります。<br>・限度額適用・標準負担額減額認定証<br>・特定疾病療養受領証 |
| 添付書類など<br>必要なもの※ | ・死亡を証明する書類（死亡届の写しなど）<br>・届出人の本人確認書類（運転免許証、マイナンバーカードなど）<br>・死亡した被保険者のマイナンバーが分かるもの<br>・申請者の印鑑（認印可、届出人が自署している場合は不要）<br>・委任状（代理人が届出する場合） |

※　市区町村役場により必要書類が異なる場合があります。

### ㋺　健康保険の被保険者が亡くなった場合

　健康保険の資格喪失手続きは、基本的に事業主が行います。ただし、亡くなった被保険者に扶養されていた家族で相続の開始後すぐに仕事に就かない者は、相続の開始後14日以内に自身で国民健康保険に加入するか、もしくは健康保険の被保険者となっている他の家族の扶養に入る必要があります。

　また、被相続人の厚生年金保険の被扶養者であった配偶者は、国民年金の第3号被保険者から第1号被保険者への種別変更の手続きを、相続の開始後14日以内に自身の住所地の市区町村役場に行う必要があります。

　なお、事業主は被保険者が亡くなった日から5日以内に、事業所の所在地を管轄する年金事務所に資格喪失の手続きと健康保険証の返却を行う必要があります。

### ④　介護保険の資格喪失手続き

　介護保険の被保険者が亡くなった場合、被相続人の介護保険の資格を喪失するためには、「資格喪失の届出」と「被保険者証等の返却」が必要です。ただし、手続きが必要なのは65歳以上の被保険者、40歳以上65歳未満の医療保険加入者で要介護・要支援認定を受けていた被保険者のみとなります。

なお、市区町村によっては死亡届を提出することにより、資格喪失届の提出が不要となるところもあります。ただし、被保険者証等の返却は必要です。

| 届出先 | 死亡した被保険者の住所地の市区町村役場 |
|---|---|
| 届出期限 | 被保険者の死亡日から14日以内 |
| 届出可能な人 | 誰でも可能（委任状不要） |
| 提出書類 | 介護保険資格喪失届 |
| 返却物 | ・介護保険被保険者証<br>・介護保険負担限度額認定証（認定を受けていた者のみ） |
| 添付書類など必要なもの※ | ・死亡を証明する書類（死亡届の写しなど）<br>・届出人の本人確認書類（運転免許証、マイナンバーカードなど）<br>・死亡した被保険者のマイナンバーが分かるもの<br>・申請者の印鑑（認印可、届出人が自署している場合は不要） |

※　市区町村役場により必要書類が異なる場合があります。

介護保険料についても、❸の国民健康保険料や後期高齢者医療保険料同様、資格喪失後に保険料の精算が行われます。精算金額のうち相続の開始の日以前に支払った保険料の還付金は相続財産に該当し、納付額は債務となります。

## （3）　相続発生後速やかに行う手続き

### ①　生命保険金の請求手続き

相続の開始後、生命保険金を受け取るためには保険金受取人による死亡保険金の請求や法定相続人による入院給付金などの請求が必要となります。そのため、被相続人の保険の加入状況を保険証券や、通帳の履歴、郵便物、確定申告書などにより把握する必要があります。なお、令和3年7月1日より生命保険契約照会制度が創設され、生命保険協会を通じて被相続人の契約の有無を照会できるようになりました（第4章P116参照）。

死亡保険金の請求や個人年金受給権の承継ですが、死亡保険金や個人年金受給権は相続財産ではなく、受取人固有の財産となります。したがって、遺産分割協議の成立を待たずに請求・承継をすることができ、仮に受け取った場合であっても相続放棄をすることができます。

また、生命保険金の受取人が被保険者よりも先に死亡している場合、受取人の変更をしていなければ、保険約款や遺言書にもよりますが、一般的に死亡した受取人の相続人が受取人となります。そして、受け取る保険金の額は法定相続割合ではなく、相続人の頭数に応じて均等に按分した金額となります。

| 請求先 | 生命保険会社 |
|---|---|
| 請求期限 | 死亡した日の翌日から3年以内 |
| 請求・承継可能な人 | 死亡保険金　　：保険金受取人<br>入院給付金等　：法定相続人の代表者<br>個人年金受給権：後継年金受取人（受取人を指定していない場合は、法定相続人） |
| 提出書類 | 保険金支払請求書 |
| 添付書類など必要なもの | ・保険証券<br>・死亡診断書または死体検案書の写し<br>・受取人の本人確認書類（運転免許証、マイナンバーカードのコピーなど）<br>・医師の証明書（入院給付金などの場合）<br><br>保険会社や死亡原因、受取人の内容に応じて受取人の戸籍謄本や、印鑑登録証明書などが必要となります。 |

## ② 公共料金、携帯電話、インターネット、NTTの固定電話の解約または変更

### ㋑ 公共料金の解約または変更

　電気やガス、水道、NHKなどの公共料金の手続きは、一般的に電話やインターネットで行うことが可能です。口座振替やクレジットカード払いによる支払いをしている場合、金融機関への死亡の連絡やクレジットカードの解約よりも先に手続きをしておくように伝えておきましょう。

　ただし、相続税の申告期限が迫っている場合には、金融機関に死亡の連絡をしないと残高証明書が発行されないため、先に口座を凍結し、支払不能通知が来てから支払方法の変更をするケースもあります。

### ㋺ 携帯電話、インターネットの解約または変更

　携帯電話の解約または変更の手続きは、基本的に契約している通信事業者のショップ窓口などで行います。死亡の事実が確認できるものとして死亡診断書の写しなど、携帯電話本体、手続きする人の運転免許証やマイナンバーカードなどの本人確認書類が必要です。ただし、携帯電話はデジタル遺産の把握や知人への連絡に必要になることもあるため、早期の解約や処分には慎重な判断が必要です（P113コラム参照）。

　なお、死亡による解約の場合、違約金が発生しないことが一般的ですが、相続の開始の日以前の期間の携帯電話の利用料金や、未払の端末代金のうち相続人等が負担する金額は被相続人の債務となります。

　また、インターネットの解約または変更の手続きは、電話かインターネットにより手続きを行います。

### (ハ) NTTの固定電話の解約または変更

電話加入権の解約をする場合は、NTT（電話116番）に連絡を行い、死亡診断書の写しや戸籍謄本など被相続人の死亡の事実が確認できる書類、手続きする人の運転免許証やマイナンバーカードなどの本人確認書類を提出します。また、レンタル機器がある場合は返却します。

電話加入権を承継する場合は、名義変更申込書（NTT東日本）または電話加入権等承継・改称届出書（NTT西日本）、死亡診断書の写しや戸籍謄本など被相続人の死亡の事実が確認できる書類及び、新契約者の運転免許証やマイナンバーカードなどの本人確認書類を提出します。なお、相続権のない人が遺贈により電話加入権を取得する場合は、承継ではなく譲渡の手続きとなり、遺言書の提出も必要となります。

上記の手続きですが、NTT東日本のみWEBからも手続きが可能です。

また、電話加入権は被相続人の相続財産に該当するため、相続放棄を検討している場合は承継手続きを行わないように伝えておきましょう。

被相続人が生前に利用していたサービスの中には、相続の開始後に送られてくる郵便物により判明するケースもあります。被相続人が賃貸住宅などに居住しており、相続の開始後に賃貸借契約を解約するような場合、相続人等の住所に郵便の転送手続きをするように伝えておきましょう。

### ③ クレジットカードの解約

クレジットカードの解約方法はカード会社によって異なるため、カード会社に手続方法を確認する必要があります。電話だけで解約が可能な場合もありますが、死亡診断書の写しなど契約者の死亡の事実が確認できる書類が必要となる場合もあります。

解約時の注意点として、公共料金などの支払いをクレジットカード払いにしている場合には、解約前に支払方法の変更をするように伝えておきましょう。また、被相続人がクレジットカードの本会員の場合、解約により家族カードやETCカードも自動的に解約されてしまう点にも注意が必要です。

なお、被相続人の相続の開始後に相続人等が支払ったクレジットカード利用料のうち、利用日が相続の開始の日以前のものは被相続人の債務となるため、手続きの際に利用明細を取得してもらうように伝えておきましょう。

### ④ 金融機関への連絡

#### (イ) 連絡方法

口座名義人が亡くなると遺族は金融機関に連絡をする必要があります。連絡には法的な期限などはありませんが、連絡を長期間しなかった場合、特定の相続人等が預貯金を私的流用することによりトラブルとなるなどの可能性が生じます。

金融機関への連絡方法は、各金融機関に応じて異なりますので事前に確認が必要となりますが、大きく分けて以下の方法となります。

| 事　例 | 対象金融機関 |
|---|---|
| 被相続人の取引店または最寄りの店舗に来店または電話をするケース | みずほ銀行、りそな銀行、ゆうちょ銀行、野村證券など |
| 相続専用のセンターに電話をするケース | 三菱UFJ銀行、楽天銀行など |
| WEBから申し込みをするケース | 三井住友銀行※ |

※　相続専用のセンターに電話で連絡をすることも可能。

【具体例（ゆうちょ銀行の場合）】

（A）相続の申し出

「相続確認表」に必要事項を記入し、ゆうちょ銀行または郵便局の貯金窓口に提出します。被相続人の貯金等の現存調査を行う場合は、「貯金等照会書」をあわせて提出します。なお、ゆうちょ銀行で投資信託の取引を行っていない場合、相続WEB案内サービスを利用することが可能です。相続WEB案内サービスを利用することにより、（A）～（C）の手続きをまとめて郵便局の貯金窓口で行うことができます。

（B）「必要書類のご案内」の受取り

相続の申し出後、1～2週間程度で「必要書類のご案内」が指定した住所に郵送されます。また、「必要書類のご案内」には、「貯金等相続手続請求書」、「委任状」が同封されています。相続WEB案内サービスを利用する場合は、WEB上で必要書類の確認ができます。

（C）必要書類の提出

必要書類を準備し、相続確認表を提出した貯金窓口に提出をします。相続WEB案内サービスを利用している場合は、必要書類の提出と同時に相続確認表を提出します。

（D）相続払戻金の受取り

必要書類を提出してから1～2週間程度で代表相続人の通常貯金口座への入金などにより相続払戻金を受け取ります。

　ロ　口座の凍結

死亡の連絡をした場合、預金口座が凍結されてしまうためタイミングには注意が必要です。口座が凍結されると公共料金等やクレジットカードの引落しがされません。また被相続人が個人で不動産賃貸業を行っていた場合、賃借人等が家賃の振込みをすることができなくなるため、遺産分割協議が成立するまで相続人代表の口座に家賃を入金して

もらうなどの対応が必要となります。

　なお、死亡の連絡をしていない場合でも、新聞のお悔やみ欄や相続人等が窓口で被相続人の口座から引出しを行った場合などに亡くなったことが把握され、口座が凍結される可能性もあります。

## ⑻　遺産分割前の相続預金の払戻し制度

　相続により預金口座が凍結された場合、相続人全員の合意なしに相続人が単独で預金の払戻しを受けることはできませんでしたが、平成30年7月の民法の改正により、家庭裁判所の判断を経ずに一定額まで預金の払戻しを可能とする制度が設けられました。

### （A）家庭裁判所の審判を受けないケース

　各相続人が単独で払戻しを受けることが可能な金額の上限額は、以下の方法により計算されます。

$$\begin{array}{c}\text{相続開始時の預金額}\\\text{（口座・明細ごと）}\end{array} \times \frac{1}{3} \times \text{払戻しを行う相続人の法定相続分}$$

　ただし、同一の金融機関につき上限が150万円として設定されています。

　このケースにより払い戻された預貯金は、払戻しを受けた相続人が相続したものとして扱われます。

【手続きに必要な書類】

| | 一般的に必要な書類 | 追加で書類が必要となる場合 |
|---|---|---|
| （ⅰ） | 被相続人の出生から死亡までの除籍謄本、戸籍謄本または全部事項証明書※ | ・直系尊属が相続人となる場合<br>　被相続人に子や孫がおり既に亡くなっている場合は、亡くなった子や孫の出生から死亡までの除籍謄本、戸籍謄本または全部事項証明書※<br><br>・兄弟姉妹が相続人となる場合<br>　上記直系尊属が相続人となる場合に必要な書類に加え、被相続人の父母の出生から死亡までの除籍謄本、戸籍謄本または全部事項証明書※<br><br>・代襲相続人がいる場合<br>　被代襲者の出生から死亡までの除籍謄本、戸籍謄本または全部事項証明書<br><br>相続放棄をした相続人がいる場合には、相続放棄申述受理証明書等も必要となります。 |
| （ⅱ） | 相続人全員の全部事項証明書※<br>なお、被相続人の戸籍謄本等で確認できる場合は不要です。 | ・代襲相続人がいる場合<br>　代襲相続人の全部事項証明書※ |
| （ⅲ） | 預金の払戻しを希望する相続人の印鑑登録証明書 | |
| （ⅳ） | 本人確認書類 | |

※　法定相続情報一覧図の写しにより代替可能。

（B）家庭裁判所の審判を受けるケース（預貯金債権の仮分割の仮処分）

　　家庭裁判所に遺産分割の審判または調停の申立てがある場合に、各相続人は家庭裁判所に預貯金債権の仮分割の仮処分の申立てを行うことにより、家庭裁判所が仮取得を認めた金額の払戻しを受けることが可能です。ただし、各相続人に権利行使の必要性があり、かつ他の共同相続人の利害を害しない場合に限ります。

　　このケースでは、払い戻された預貯金は仮取得であるため、払戻し金額も含めて遺産分割の審判または調停が行われます。

【手続きに必要な書類】

| （ⅰ） | 家庭裁判所の審判書謄本（審判書に確定表示がない場合は、審判確定証明書も必要） |
|---|---|
| （ⅱ） | 預金の払戻しを希望する相続人の印鑑登録証明書 |
| （ⅲ） | 本人確認書類 |

● COLUMN |コラム| ●

## 便利なインターネット来店予約

　被相続人が死亡した事実について、相続人に代わって代理人が金融機関に連絡する場合、金融機関の担当者とは次のようなやりとりが行われます。

代理人：○○さんがお亡くなりになったので、残高証明書の発行依頼をするために○月○日にそちらに訪問したい。相続手続き書類も送って欲しい。

担当者：かしこまりました。では、口座確認を行いますので、お亡くなりになられた方の生年月日と、どのような漢字か教えていただけますでしょうか。

代理人：昭和○年○月○日で、漢字は…。

担当者：口座確認を致しますので、少々お待ちください。

―――しばらく保留状態が続き―――

担当者：口座確認がとれました。では残高証明書をご所望とのことですが、失礼ですが、お亡くなりになられた方とお電話口の方はどのようなご関係でいらっしゃいますでしょうか。

代理人：○○さんの相続人の△△さんから委任を受けたものです（相続手続き書類の郵送については、相続人の住所に書類を送ってもらう場合でも、まず戸籍や委任状等を提出することを求められる場合があります。）。

担当者：お電話口の○○様はどのような漢字でいらっしゃいますでしょうか。

代理人：野原の「野」に田んぼの「田」、暢之の「暢」は左側に「申す」と書いて場所の「場」の右側で、「之」はひらがなの「え」みたいな…

担当者：では、残高証明書の発行について、当日必要な書類をご説明させていただきます。まず、お亡くなりになられた方の…

　一般的には上記のようなやりとりを銀行の数だけ繰返し行います。各金融機関でも取り扱いのルールが異なり、電話を受けた金融機関担当者も日常業務とは違って不慣れな場合もあるため、同じ内容の電話を繰り返すだけでも時間がかかってしまいます。

　昨今はメガバンクを中心に、インターネットにて事前に手続きしたい内容の必要事項を入力し、訪問予約を行える支店等が増えてきました。この場合、訪問日前になれば金融機関の方から質問や連絡事項の電話がかかってくるシステムになっています。代理人や相続人だけでなく、金融機関の担当者にとっても手続きが便利になってきているといえます。

## アパートローンの返済用口座が凍結された場合

　被相続人が個人で不動産賃貸業を行っており、相続の開始時点で被相続人にアパートロー
ンの残債がある場合、返済用の口座が凍結されてしまうとアパートローンの返済が滞ってし
まいます。そのため、債務引受人が決定するまでの期間におけるアパートローンの返済方法
を金融機関と決める必要がありますが、原則として相続人全員が法定相続分に応じてアパー
トローンの返済を負担することになります。

　ただし、金融機関によっては以下の方法により債務引受人が決定するまでの間、アパート
ローンの返済を行うことができます。

　・凍結された被相続人の口座において、アパートローンの返済と家賃の入金だけが可能と
　　なる。

　・相続人代表の口座を作成し、その口座においてアパートローンの返済と家賃の入金だけ
　　を行う。

　なお、共用部分の水道光熱費などは凍結された口座からは支払いができないため、注意が
必要です。

---

## ⑤　運転免許証・パスポート・マイナンバーカードの返納

### (イ)　運転免許証

　被相続人の運転免許証は相続人等に返納義務はなく、更新期限が過ぎれば自動的に失
効します。盗難や紛失により悪用される心配がある場合は、警察署や運転免許センター
に返納をします。返納するために必要な書類は、被相続人の運転免許証、亡くなったこ
とを証する書類（死亡診断書の写しなど）、申請者の本人確認書類（運転免許証、マイ
ナンバーカードなど）です。

### (ロ)　パスポート

　被相続人のパスポートは返納しなかった場合に罰則はありませんが、相続人等に返納
義務がありますのでパスポートセンターに返納をします。返納するために必要な書類は、
被相続人のパスポート、亡くなったことを証する書類（死亡診断書の写しなど）、申請
者の本人確認書類（運転免許証、マイナンバーカードなど）です。

### (ハ)　マイナンバーカード

　マイナンバーカードや通知カードは死亡届の提出により自動的に失効するため、返納
は不要です。

## ⑥ 未支給年金の請求

　国民年金や厚生年金などの公的年金は 2 か月に 1 回、前の 2 か月分が支払われるため、被相続人が公的年金の受給者であった場合は未支給年金が発生します。なお、未支給年金は請求手続きをしなければ支給されないため、年金の受給停止手続きとあわせて請求するように伝えておきましょう。

| 請求先 | 最寄りの年金事務所または年金相談センター |
|---|---|
| 請求期限 | 被相続人の年金支払日の翌月の初日から起算して 5 年以内[※1] |
| 請求者の要件 | 被相続人と生計を同じくしていた者の中で最も優先順位の高い者であること（優先順位は高い方から、配偶者・子・父母・孫・祖父母・兄弟姉妹・それ以外の 3 親等内の親族となります。） |
| 提出書類 | 未支給年金・未支払給付金請求書 |
| 添付書類など必要なもの | ・被相続人の年金証書<br>・被相続人と請求者の続柄が確認できる戸籍謄本、法定相続情報一覧図の写しなど<br>・被相続人と請求者が生計を同じくしていたことがわかる書類（被相続人の住民票の除票[※2]及び、請求者の世帯全員の住民票の写し[※2]など）<br>・受取りを希望する金融機関の通帳（写しでも可）<br>・被相続人と請求者が別世帯の場合は「生計同一関係に関する申立書」<br>・手続きをする者の本人確認書類<br>・委任状（代理人が提出する場合） |

※1　年金の支払日が令和 4 年 8 月15日の場合、令和 4 年 9 月 1 日から 5 年以内となります。
※2　被相続人の住民票の除票は、請求者の世帯全員の住民票の写しに含まれている場合は不要です。また、請求書に請求者のマイナンバーを記載し、請求者のマイナンバーが確認できる書類と本人確認書類を提示した場合は、請求者の世帯全員の住民票の写しの添付を省略できます。

ワンポイントアドバイス　公的年金等の未支給年金は被相続人の相続財産ではなく未支給年金を取得した人の固有の財産となり、遺産分割の対象にはなりません。したがって、未支給年金は取得した人の一時所得となります。

## ⑦ 遺族年金の請求

　遺族基礎年金や遺族厚生年金なども⑥の未支給年金同様、請求手続きをしなければ支給を受けることはできません。また、受給資格は遺族基礎年金と遺族厚生年金で異なります。

| | 遺族基礎年金 | 遺族厚生年金 |
|---|---|---|
| 請求先 | 請求者の住所地の市区町村役場（遺族基礎年金のみの場合） | 最寄りの年金事務所または年金相談センター |
| 請求期限 | 被相続人の死亡日の翌日から5年以内 | |
| 被相続人の要件<br>（いずれかに該当すること） | ・国民年金の被保険者である間に死亡した[※1]<br>・国民年金の被保険者であった60歳以上65歳未満の者で、日本国内に住所を有していた者が死亡した[※1]<br>・老齢基礎年金の受給権者であった者が死亡した[※2]<br>・老齢基礎年金の受給資格を満たしていた者が死亡した[※2] | ・厚生年金の被保険者である間に死亡した[※1]<br>・厚生年金の被保険者期間に初診日がある病気やけがが原因で初診日から5年以内に死亡した[※1]<br>・1級、2級の障害厚生（共済）年金を受け取っている者が死亡した<br>・老齢厚生年金の受給権者であった者が死亡した[※2]<br>・老齢厚生年金の受給資格を満たしていた者が死亡した[※2] |
| 請求者の要件 | 被相続人に生計を維持されていた者[※3]の中で最も優先順位の高い者であること（優先順位は高い方から、子のある配偶者・子[※4]となります。） | 被相続人に生計を維持されていた者[※3]の中で最も優先順位の高い者であること（優先順位は高い方から、妻、55歳以上の夫、子[※4]、55歳以上の父母、孫[※4]、55歳以上の祖父母となります。<br>ただし、妻や55歳以上の夫が一定の条件により支給停止となっている場合は、例外的に子に支給されます。） |
| 提出書類 | 年金請求書 | |
| 添付書類など必要なもの | ・被相続人及び請求者の基礎年金番号通知書または年金手帳等の写し<br>・被相続人及び請求者の年金証書・恩給証書（受給権があるものすべて）の写し<br>・被相続人と請求者の続柄が確認できる戸籍謄本（6か月以内に交付されたもの）、法定相続情報一覧図の写しなど<br>・死亡診断書または死体検案書の写し<br>・請求者名義の預金または貯金通帳の写し<br>・請求者の本人確認書類と番号確認書類（マイナンバーを記入する場合）<br>・委任状（代理人が提出する場合）<br>（マイナンバーの記入により省略可能なもの）<br>・世帯全員の住民票の写し<br>・被相続人の住民票の除票（世帯全員の住民票の写しに含まれている場合は不要）<br>・請求者の所得証明書または課税（非課税）証明書、源泉徴収票<br>・子の学生証または在学証明書の写し（義務教育終了前は不要）<br><br>死因が第三者行為による場合など、追加で必要となる書類があります。 | |

※1　被相続人の死亡日の前日において、保険料免除期間を含む保険料納付済期間が国民年金加入期間の3分の2以上あることが必要です。ただし、死亡日が令和8年3月末日までの場合、被相続人が65歳未満であれば、死亡日の前日時点で死亡日が含まれる月の前々月までの直近1年間に保険料の未納がなければ支給を受けられます。

※2　保険料納付済期間、保険料免除期間及び合算対象期間を合算した期間が25年以上ある者に限ります。

※3　被相続人に生計を維持されていた者とは、以下のいずれかの収入要件を満たし、被相続人の死亡当時において被相続人と生計が同一であった者をいいます。

※4　請求者の要件にある子、孫とは、18歳になった年度の3月31日までの間にある未婚の子・孫、または20歳未満で障害等級1級または2級の障害の状態にある未婚の子・孫をいいます。また、被相続人の死亡当時に胎児であった子も出生以降に対象となります。

【生計を維持されていた者の収入要件】

| （ⅰ） | 前年の収入（前年の収入が確定していない場合は、前々年の収入）が年額850万円未満であること |
| :---: | --- |
| （ⅱ） | 前年の総所得金額（前年の総所得金額が確定していない場合は、前々年の総所得金額）が年額655.5万円未満であること |
| （ⅲ） | 一時的な所得があるときは、これを除いた後、前記（ⅰ）または（ⅱ）に該当すること |
| （ⅳ） | 前記の（ⅰ）、（ⅱ）または（ⅲ）に該当しないが、定年退職等の事情により近い将来（おおむね5年以内）に収入が年額850万円未満または総所得金額が年額655.5万円未満となると認められること |

　　被相続人に生計を維持されていた場合の年収・所得要件にある「定年退職等の事情」には、定年退職の他に被相続人の死亡により事業を廃業する場合などが挙げられます。

　　また、遺族年金の支給対象とならなかった場合でも寡婦年金や死亡一時金を受け取ることができるケースもあります。

　　なお、遺族基礎年金や遺族厚生年金などの受取りは相続税が課税されず、所得税・住民税も非課税となります。

⑧　**高額療養費の払戻し申請**

　高額療養費は、1か月の間に医療機関等で支払った医療費の自己負担額が自己負担限度額を超えた場合に、その超えた金額が払い戻される制度です。

　したがって、被相続人が国民健康保険などの医療保険に加入しており、死亡直前において高額の医療費を負担していた場合、相続人等は被相続人が受け取るべき未請求の高額療養費の請求が可能です。ただし、自費診療や入院時の食費負担、差額ベッド代等は高額療養費制度の対象にはなりません。

　なお、被相続人が受け取るべき高額療養費を相続の開始後に相続人等が受け取った場合、被相続人の相続財産となるため遺産分割の対象となります。また、相続放棄を検討している場合は受け取らないように注意が必要です。

| | 国民健康保険・後期高齢者医療保険 | 健康保険 |
|---|---|---|
| 請求先 | 被相続人の住所地の市区町村役場 | 協会けんぽまたは健康保険組合 |
| 請求期限 | 診療を受けた月の翌月初日から2年以内※ | |
| 請求可能な人 | 原則、法定相続人の代表者 | |
| 提出書類 | 高額療養費支給申請書 | |
| 添付書類など必要なもの※ | ・該当月分の医療機関からの領収書のコピー<br>・被保険者との続柄がわかる戸籍謄本等<br>・委任状（代理人が提出する場合）<br><br>請求先によって申立書や本人確認書類など他の書類も必要になることがあります。 | |

※ 令和4年7月1日に診療を受けた場合、令和4年8月1日から2年以内となります。

### ⑨ 高額介護（予防）サービス費の払戻し申請

　高額介護（予防）サービス費は、1か月の間に介護サービスを利用して支払った1～3割の自己負担額が自己負担限度額を超えた場合に、その超えた金額が払い戻される制度です。

　したがって、⑧の高額療養費同様、介護サービス費についても1か月の自己負担額が自己負担限度額を超える場合、相続人等は被相続人が受け取るべき未請求の高額介護サービス費の請求が可能です。ただし、施設サービスなどの食事代や居住費、福祉用具購入費などは含まれません。

　なお、⑧同様、被相続人が受け取るべき高額介護（予防）サービス費を相続の開始後に相続人等が受け取った場合、被相続人の相続財産となるため遺産分割の対象となります。また、相続放棄を検討している場合は受け取らないように注意が必要です。

| 請求先 | 被相続人の住所地の市区町村役場 |
|---|---|
| 請求期限 | 介護サービスを受けた月の翌月初日から2年以内 |
| 請求可能な人 | 原則、法定相続人の代表者 |
| 提出書類 | 高額介護（予防）サービス費の支給申請書 |
| 添付書類など必要なもの | ・被保険者との続柄がわかる戸籍謄本等<br>・委任状（代理人が提出する場合）<br><br>請求先によって申立書や本人確認書類など他の書類も必要になることがあります。 |

## ⑩　高額医療・高額介護合算療養費の払戻し申請

　高額医療・高額介護合算療養費は、医療保険と介護保険の両方のサービスを利用している世帯について、1年間（毎年8月1日〜翌年7月31日）の介護保険と医療保険の自己負担額の合計額が自己負担限度額を超えた場合に、その超えた金額が医療保険と介護保険からそれぞれの比率に合わせて払い戻される制度です。

　したがって、⑧、⑨と同様、医療費と介護サービス費の1年間の自己負担額の合計額が自己負担限度額を超える場合、相続人等は被相続人が受け取るべき未請求の高額医療・高額介護合算療養費の請求が可能です。

| | 国民健康保険・後期高齢者医療保険 | 健康保険 |
|---|---|---|
| 請求先 | 被相続人の住所地の市区町村役場 | 協会けんぽまたは健康保険組合 |
| 請求期限 | 相続の開始の日の翌日から2年間 | |
| 請求可能な人 | 原則、法定相続人の代表者 | |
| 提出書類 | 高額介護合算療養費・高額医療合算介護サービス費等支給申請書 | |
| 添付書類など必要なもの | ・被保険者との続柄がわかる戸籍謄本等<br>・委任状（代理人が提出する場合）<br><br>請求先によって申立書や本人確認書類など他の書類も必要になることがあります。 | |

　なお、高額療養費や高額介護サービス費の支給を受けている場合は、その支給額を控除した金額が支給されます。

　また、⑧、⑨同様、被相続人が受け取るべき高額医療・高額介護合算療養費を、相続人等が相続の開始後に受け取った場合、被相続人の相続財産となるため遺産分割の対象となります。また、相続放棄を検討している場合は受け取らないように注意が必要です。

## ⑪　葬祭費・埋葬料の給付申請

　被相続人が国民健康保険または後期高齢者医療保険の被保険者であった場合は葬祭費（3〜7万円）が、健康保険の被保険者であった場合には埋葬料（5万円）が支給されます。また、埋葬料支給の対象者がいない場合は実際に埋葬を行った人に埋葬費（5万円の範囲内の実費分）が支給されます。葬祭費、埋葬料、埋葬費の支給を受けるには申請が必要です。

|  | 葬祭費 | 埋葬料・埋葬費 |
|---|---|---|
| 請求先 | 被相続人の住所地の市区町村役場 | 協会けんぽまたは健康保険組合 |
| 請求期限 | 葬儀を行った日の翌日から2年以内 | 埋葬料：相続の開始の日の翌日から2年以内<br>埋葬費：埋葬した日の翌日から2年以内 |
| 請求可能な人 | 喪主 | 埋葬を行い、かつ被相続人に生計を維持されていた人<br>生計を維持されていた人がいない場合は、埋葬を行った人 |
| 提出書類 | 葬祭費支給申請書 | 埋葬料（費）支給申請書 |
| 添付書類など必要なもの | ・葬儀費用の領収書<br>・申請者の印鑑<br>・申請者の振込先の口座等が確認できるもの<br>・被相続人の被保険者証<br>・申請者の本人確認書類<br>・委任状（代理人が提出する場合） | ・事業主の証明（受けられない場合は死亡診断書の写しなど）<br>・被扶養者以外の同居していた家族が埋葬料を請求する場合：被相続人の死亡日、氏名及び申請者の氏名が記載された住民票※<br>・被扶養者以外の別居していた家族が埋葬料を請求する場合：申請者が定期的に仕送りを受けていた事実のわかる預金通帳など<br>・埋葬費を請求する場合：埋葬に要した領収書と明細書 |

※　市区町村役場によっては、被相続人の住民票の除票及び申請者の住民票の両方が必要な場合があります。

　なお、業務災害により亡くなった場合は、労災保険から葬祭料が支給されます。この場合の請求先は被相続人の勤務先の所轄の労働基準監督署となります。

　また、葬祭費、埋葬料、埋葬費は葬儀・埋葬を行った人に支給されるものであり、被相続人の相続財産には該当しません。また、相続放棄をしても受け取ることが可能です。

## 金融機関における遺産整理業務と報酬相場

　金融機関で受託されている遺産整理業務ですが、一般的な業務の流れと報酬相場は以下のようになっています。なお、相続人間で紛争が生じている場合や、相続人に行方不明の者がいる場合など、受託を拒否されるケースもあります。

【遺産整理業務の流れ】

| （ i ） | 相続人の確定 |
|---|---|
| （ ii ） | 遺産整理業務に関する委任契約の締結 |
| （ iii ） | 相続財産・債務の調査及び財産目録の作成 |
| （ iv ） | 相続財産・債務の評価 |
| （ v ） | 遺産分割協議書の作成 |
| （ vi ） | 遺産分割の実施（相続財産の名義変更等） |
| （ vii ） | 遺産整理業務完了報告の実施 |

【遺産整理業務の報酬相場（税込）】

報酬額＝最低報酬額＋相続財産額×下記の表に応じた割合

| 相続財産額※ | A信託銀行 | B信託銀行 | C信託銀行 |
|---|---|---|---|
| 最低報酬額 | 1,100,000円 | 1,100,000円 | 1,100,000円 |
| 委託先及び委託先のグループ会社に預けている財産 | 0.33% | 0.22% | 0.33% |
| 5,000万円以下の部分 | 1.98% | 2.20% | 1.54% |
| 5,000万円超　1億円以下の部分 | | 1.65% | |
| 1億円超　2億円以下の部分 | 0.99% | 1.10% | 0.88% |
| 2億円超　3億円以下の部分 | | 0.88% | |
| 3億円超　5億円以下の部分 | 0.55% | 0.66% | 0.55% |
| 5億円超　10億円以下の部分 | | 0.55% | 0.44% |
| 10億円超 の部分 | 0.33% | 0.33% | 0.33% |

※　相続税評価額（債務控除前）が計算基準とされており、不動産の登記費用や相続税の申告費用は含まれていません。

　また、報酬の計算基準となる相続財産額について不動産を対象外としている金融機関や、報酬額に上限を設けている金融機関、WEBを活用した遺産整理業務により報酬額を安く設定している金融機関などもあります。

## 税理士法人の死後事務の実施について

　税理士法人は、税理士法48条の5、48条の6において業務の範囲が以下に限定されています。

① 税理士業務（法2条1項の業務）

② 税理士業務に付随する業務（法2条2項の業務）

③ 税理士法2条2項の業務に準ずるものとして財務省令で定める業務

④ 税理士法2条の2　1項の規定により税理士が処理することができる事務をその税理士法人の社員等に行わせる事務の受託

　また、上記③における財務省令で定める業務は、税理士法施行規則21条において以下の業務とされています（令和4年4月1日よりロ、ハの業務が拡充されました。）。

イ　財務書類の作成、会計帳簿の記帳の代行その他財務に関する事務（他の法律においてその事務を業として行うことが制限されているものを除く。）を業として行う業務

ロ　当事者その他関係人の依頼又は官公署の委嘱により、後見人、保佐人、補助人、監督委員その他これらに類する地位に就き、他人の法律行為について、代理、同意若しくは取消しを行う業務又はこれらの業務を行う者を監督する業務

ハ　租税に関する教育その他知識の普及及び啓発の業務

　成年後見人が行うことが可能な死後事務については、相続財産の保存や、債務の弁済、家庭裁判所の許可を得た火葬等（民法873条2）に限定されています。また、原則として任意後見人や保佐人、補助人については死後事務を行うことができないと考えられています。したがって、税理士法人については成年後見人の地位に就いている場合に、成年後見人の地位に基づいて民法873条の2に法定されている死後事務に限り行うことができると考えられます。

# 第2章

## 相続人を確認する

相続人の確定作業は戸籍の収集によって行います。被相続人の先妻との間に実は子がいた場合など、戸籍を揃えて初めて相続人が発覚するケースもあります。各種相続手続きにおいては、相続人の証明が必要になることから、相続人の確定作業は初期段階で取り組むべき事項といえます。

　本章では、遺産分割協議を行う前の相続人の確定作業について解説します。

## （1）　戸籍の収集

### ①　被相続人の死亡時点の戸籍を収集する

　まずは、被相続人の死亡時点における本籍地の市区町村役場に対し、被相続人の死亡の事実が記載された戸籍を請求します。最後の住所地が本籍地と異なる場合は、最後の住所地に対して請求を行えば、本籍地を教えてもらうことが可能です。ただし、戸籍に死亡の事実が記載されるのは、死亡届（第1章参照）の提出から2週間程度の期間を要します。

　また、昭和23年以降の現行の戸籍制度では「一の夫婦及びこれと氏を同じくする子」ごとに戸籍が編製（戸籍法6条）されていますので、その被相続人の死亡時点の戸籍には、生存配偶者や未婚の子の情報も記載されています。

　既に配偶者が死亡しており、子も婚姻等によって戸籍から外れている場合などは、構成員が全員いなくなってしまった戸籍（「除籍」といいます。）を取得することになります。

### ②　被相続人の出生まで遡って戸籍を収集する

　戸籍は、婚姻によって新たに編製されるほか、本籍地に異動（「転籍」といいます。）があった場合や、法改正により改製されることがあります（変更前の戸籍を「原戸籍」：「はらこせき」または「げんこせき」と呼び、在籍している人がいて使用されている戸籍を「現在戸籍」と呼びます。）。新たな戸籍には、従前の戸籍から既に外れている人の情報を記載しませんので、相続人を正確に把握するためには上記①の戸籍だけでは足らず、被相続人の死亡から出生まで遡って戸籍を収集しなければなりません。

　また、被相続人の生前に転籍があった場合、転籍前の原戸籍の請求は、転籍前の本籍地の市区町村役場に対してしなければなりません。請求先が遠方になってしまうことも多々ありますが、戸籍の請求は、市区町村役場の窓口に出向くか、郵送によっても行うことが可能です。

※　戸籍法の改正により、将来的には、電子的な戸籍記録事項の証明情報を本籍地以外の市区町村役場でも取得できるようになることが予定されています（P32参照）。その他、戸籍にふりがなをつける改正等も検討されています。

# 戸籍・戸籍の附票　交付申請書

（あて先）寝屋川市長

**申請者（あなた）**

| 現住所（住民登録をしている住所） | | 電話番号（昼間に連絡がとれるところ） |
|---|---|---|
| | | |

| 氏名（フリガナ） | 生　年　月　日 | 筆頭者との関係 |
|---|---|---|
| | 年　　　月　　　日 | |

**必要な人の戸籍**

本　籍　　寝屋川市

| （戸籍の初めに書いてある人の氏名） | （個人・抄本・一部の場合、必ず記入） |
|---|---|
| 筆頭者<br>氏　名 | 必要な人<br>の名前 |
| 生年月日　　　　年　　　月　　　日 | 生年月日　　　　年　　　月　　　日 |

| 必要な通数 | | | | | | |
|---|---|---|---|---|---|---|
| | ☐ | 戸　　籍 | 450円 | ☐ | 全部事項証明（謄本） | 通 |
| | | | | ☐ | 個人事項証明（抄本） | 通 |
| | ☐ | 除　　籍 | 750円 | ☐ | 全部事項証明（謄本） | 通 |
| | ☐ | 昭和改製原戸籍 | | | | |
| | ☐ | 平成改製原戸籍 | | ☐ | 個人事項証明（抄本） | 通 |
| | ☐ | 戸　籍　の附票 | 300円 | ☐ | 全　部 | 通 |
| | ☐ | 除　籍　の附票 | | ☐ | 一　部 | 通 |

使用目的・提出先（具体的に記入してください）

**どんな戸籍の種類なのかはっきりしない場合は、こちらにご記入ください**

| 相続関係 | 被相続人（死亡者）の氏名 | 被相続人（死亡者）の死亡年月日 | |
|---|---|---|---|
| | 氏名 | 年　　　月　　　日死亡 | |
| | 被相続人（死亡者）の | ☐死亡の記載のある戸籍（除籍） | 通 |
| | | ☐出生から最新（死亡の記載）まで | 通 |
| | | ☐婚姻から最新（死亡の記載）まで | 通 |
| | | ☐その他（　　　　　　　　　　　） | 通 |

| その他の戸籍関係 | 最近2週間以内に戸籍の届出をされた方は、記入してください | 年　　　月　　　日　　　　市区町村に提出しました<br>届出の種別は【 出生・婚姻・離婚・死亡・その他（　　　　）】 | |
|---|---|---|---|
| | （　　　　　　）と（　　　　　　）の関係のわかる戸籍・ 除籍 ・ 原戸籍 | | 通 |
| | （　　　　　　）の記載のある　戸籍・ 除籍 ・ 原戸籍 | | 通 |

※交付する証明書の送付先は、原則、住民登録の住所となります。それ以外の場合はお問い合わせください。

| 備　考 | |
|---|---|
| | |

（出典：寝屋川市HP「戸籍の郵送請求」）

【戸籍の郵送請求時に必要な書類例】

　　イ　交付申請書（一般的には市区町村のホームページにて取得可能です。）

　　ロ　手数料相当分の郵便局「定額小為替」（原戸籍が全部で何通になるかは事前確認が行えないため、多めの金額を同封する必要があります。）

　　ハ　本人確認書類（写し可）

　　ニ　返信用封筒と返信用切手（返信先は上記ハで確認可能な住所に限ります。）

### ③　相続人の戸籍を収集する

　上記のとおり、子が婚姻によって被相続人の戸籍から既に外れている場合等には、相続人の現在の情報が被相続人の戸籍の中に記載されていないため、相続人の現在戸籍を取得する必要があります。

　その他、次のような場合には一定の書類が必要になります。

| | 事　例 | 書　類 |
|---|---|---|
| （ⅰ） | 直系尊属（第2順位の血族相続人）が相続人となる場合 | ○被相続人に子（第1順位の血族相続人）がいる場合には、子またはその代襲相続人が既に亡くなっていることが分かる戸籍<br>○第1順位の血族相続人が相続放棄をした場合には相続放棄申述受理証明書等（P41参照） |
| （ⅱ） | 兄弟姉妹（第3順位の血族相続人）が相続人となる場合 | ○上記（ⅰ）の書類の他、直系尊属が既に亡くなっていることが分かる戸籍[※1]<br>○第1順位及び第2順位の血族相続人が相続放棄をした場合には、相続放棄申述受理証明書等 |
| （ⅲ） | 数次相続[※2]の場合 | 死亡した相続人の出生から死亡までの戸籍及び数次相続人の現在戸籍 |
| （ⅳ） | 日本国籍のない外国人が相続人となる場合 | 戸籍に相当する書類[※3]及びその日本語訳 |

※1　直系尊属が既に亡くなっていることの証明は、かなりの年数を遡った戸籍の確認をしなければなりません。焼失等で市区町村役場に存在しない戸籍については、市区町村役場が、戸籍が存在しない旨を証明してくれることがあります。

※2　数次相続とは、相続人であることが確定した後、遺産が未分割のまま相続人が死亡してしまうことで発生する相続です。その場合、相続人の相続人（二次相続人）が相続の権利を引き継ぎますが、代襲相続とは異なり、相続人の配偶者も二次相続人となることに注意が必要です。

※3　戸籍制度のない国（例えば、中国）の場合は、本国での公的な出生証明が必要になります。

### ④　職務上請求の活用

　弁護士や司法書士、税理士、行政書士などは、受任する業務の遂行上、必要がある場合には、委任状が無くても職権により戸籍を請求することが可能です。相続人自身で戸籍をすべて収集することが困難である場合には、専門家の職務上請求を活用することも一つの方法です。

&lt;日本税理士会連合会統一用紙&gt; 【第1号様式】

No. 18-1-00-A-000001

# 戸籍謄本・住民票の写し等職務上請求書

(戸籍法第10条の2第3項、第4項及び住基法第12条の3第2項、第20条第4項による請求)

_____○○市 長 殿  ○ 年 ○ 月 ○ 日

| 請 求 の 種 別 | ☑戸籍 ☑除籍 ☑原戸籍　(謄本)・ 抄本 <br> □住民票　□除票　□戸籍の附票　 の写し <br> □住民票記載事項証明書 | 各 1 通 |
|---|---|---|
| 本籍・住所 ※1 | 東京都品川区××－××－× | |
| 筆頭者の氏名 <br> 世帯主の氏名 ※2 | 国税　太郎 | |
| 請求に係る者の <br> 氏名・範囲 ※3 | 氏名 (ふりがな) こくぜい　たろう <br> 　　　　国税　太郎 <br> 生年月日　明.大.㊉平. .西暦　45 年 10 月 10 日 | |
| 住基法第12条の3第7 <br> 項による基礎証明事 ※4 <br> 項以外の事項 | □世帯主　　□世帯主の氏名及び世帯主との続柄　　□本籍又は国籍・地域 <br> □その他 (　　　　　　　　　　　　　　　　　　　) | |
| 利用目的の種別 | 請求に際し明らかにしなければならない事項 | |
| 1　税理士法第2条第1項 <br> 第1号に規定する不服 <br> 申立て及びこれに関 <br> する主張又は陳述に <br> ついての代理業務に <br> 必要な場合 | 事件及び代理手続の種類: <br><br> 戸籍・住民票等の記載事項の利用目的: | |
| 2　上記1以外の場合で <br> 受任事件又は事務に <br> 関する業務を遂行する <br> ために必要な場合 | 業務の種類: 相続税の税務代理のため <br><br> 依頼者の氏名又は名称: 国税　太郎 <br><br> 依頼者について該当する事由　□権利行使又は義務履行　☑国等に提出　□その他正当な理由 <br> 上記に該当する具体的事由: <br> ○年○月○日死亡した被相続人○○○○の相続による相続税申告手続を行う <br> 際の添付資料として○○税務署に提出するため。 | |
| 【請求者】 <br> 事務所所在地 <br> 事務所名 ※5 <br> 税理士氏名 <br> 電話番号 <br> 登録番号 | ○○税理士会所属　　法人番号　第　　　　　号 <br> 東京都品川区大崎×－×－× <br> 日税太郎税理士事務所 <br> 日税　太郎 <br> ××(××××) ×××× <br> 　登録番号　第○○○○○号 | 職印 |
| 【使者】 <br> 住所 ※6 <br> 氏名 | 住所 <br><br> 氏名　　　　　　　　　　　印 | |

○○税理士会事務局電話　　　　　(　　　)

※1・2欄　戸籍謄本等、又は戸籍の附票の写しの請求の場合は、本籍・筆頭者を、また、住民票の写し等の請求の場合は、住所・世帯主を記載する。

※3欄　戸籍の抄本・記載事項証明又は住民票の写しの請求の場合は、請求に係る者の氏名、又は請求に係る者の範囲を記載する。なお、請求 <br> に係る者の氏名のふりがな・生年月日は、判明している場合に記載する。 <br> また、外国人住民にあっては氏名は通称を含むほか、生年月日は西暦を用いる。

※4欄　基礎証明事項とは、住基法第7条第1号から第3号まで及び第6号から第8号までに定める事項(外国人住民にあっては、法第7条第1項に <br> 掲げる事項及び通称、同条第2号、第3号、第7号及び第8号に掲げる事項並びに法第30条の45に規定する外国人住民となった年月日)を <br> いい、これ以外の住民票の記載事項を記載した写しの交付を求める場合はその求める事項を記入する。

※5欄　職印は業務において通常使用しているものを押印する。 <br> 税理士法人が請求する場合は、法人の名称及び事務所の所在地、代表税理士の氏名及び法人番号を記載する。

※6欄　使者は自宅住所を記載する。事務職員身分証明書を有する場合は、事務所の所在地を記載する。

(出典:日本税理士会連合会　会員専用ページ)

### 〈戸籍の種類〉

　戸籍には「謄本」と「抄本」の2種類があり、相続人がどちらを取得すればいいのか、市区町村役場で迷ってしまうことがあります。「謄本」は同じ戸籍内の全員の情報が記載され、「抄本」は特定の1人の情報を記載したものです。また、戸籍のコンピュータ化後は、謄本のことを「全部事項証明書」、抄本のことを「個人事項証明書」といいます。

　相続手続きにおいては、「謄本」及び「全部事項証明書」を取得しておけば不足はありませんし、費用も変わりません。

### 〈何通取得しておくべきか？〉

　取り揃えた戸籍一式は法務局や金融機関等で実際に使用することとなりますが、戸籍一式を何通取得しておくべきかについては、手続き先の数や緊急度合いによって異なります。

　期限までに余裕がある場合などは、後述の「法定相続情報証明制度」を活用し、戸籍一式を1通ずつ取得すれば手続きには充分です。その後の手続きの流れを計画し、必要な通数を検討しましょう。

### 〈戸籍の附票〉

　不動産の相続登記や相続税の申告において、被相続人の最後の住所地の証明が必要になりますが、その証明書類については、「住民票の除票」または「戸籍の附票」を用いることが一般的です。

　「戸籍の附票」とは、本籍地の市区町村役場が戸籍と一緒に住民票上の住所履歴を管理したもので、住所地の市区町村と連携して二重確認が行われています。

　住所地と本籍地が異なる市区町村の場合、「住民票の除票」は住所地に、「戸籍の附票」は本籍地に請求することに注意が必要です。

### 〈戸籍等のコンビニ交付〉

　マイナンバーカードを取得している場合、コンビニエンスストアでも簡単に戸籍や住民票の交付を受けることが可能です。ただし、住所地と異なる市区町村に対して交付請求を行う場合は、コンビニエンスストア内の端末にて事前に利用登録申請を行う必要があります。

　利用登録申請を行ってから取得可能な状況になるまでは、通常5日程度の期間を要しますので、即日交付は受けられません。

# （2）戸籍法の改正

## ① これまでの主な戸籍法改正

●明治5年
　旧戸籍法施行

> 　家督相続が行われる旧民法から、現行の民法に改正が行われました。それに伴い、戸籍も戸主を中心とした「家」単位から「一の夫婦と氏を同じくする子」単位に改製が行われました（当時の戸籍は昭和改製原戸籍と呼ばれています。）。
> 　戦後の混乱期であったことから、戸籍の改製作業は10年後の昭和32年法務省令により始まりました。

●昭和23年
　親族法の改正による
　戸籍法全面改正

> 　戸籍が紙帳簿からコンピュータで調製されるようになりました（当時の戸籍は平成改製原戸籍と呼ばれています。）。

●平成6年
　コンピュータ処理開始

> 　個人情報保護の観点から戸籍の公開が廃止され、他人による戸籍の交付請求が制限されるようになりました。

●平成19年
　戸籍の公開制度の見直し

●平成25年
　戸籍副本データ管理システムを導入し、法務省で戸籍の副本を管理

## 【被相続人（父）の生い立ちと必要な戸籍謄本の例】

必要な戸籍謄本

| 昭和8年 | 出生（戸主：曾祖父の戸籍に入籍） |
| 昭和22年 | 祖父の家督相続 |

**除籍謄本**
（戸主＝曾祖父）

  新戸籍編製

| 昭和31年 | 父の結婚（母が祖父の戸籍に入籍） |
| 昭和32年 | 長男（相続人）の出生（長男が祖父の戸籍に入籍） |
| 昭和35年 | 昭和32年法務省令による改製 |

**改製原戸籍**
（戸主＝祖父）

  新戸籍編製

| 昭和55年 | 長男の結婚（父の戸籍から除籍） |
| 平成10年 | 平成6年法務省令による改製 |

**改製原戸籍**
（筆頭者＝父）

  新戸籍編製

| 令和4年 | 父の死亡 |

**全部事項証明書**
（筆頭者＝父）

## ② 令和元年改正で戸籍の取得実務が簡便になります

　令和元年5月24日に戸籍法の改正が成立し、同月31日に公布が行われました。公布からシステム運用開始まで5年の期間が想定されています。主な改正内容は次のとおりですが、実際に運用が開始されると、戸籍の取得は今よりも簡便になることが予想されます。

【主な改正内容】

（イ）　自らや父母等の戸籍について、本籍地の市区町村以外の市区町村でも、戸籍謄抄本の請求が可能となります（戸籍法120条の2）。

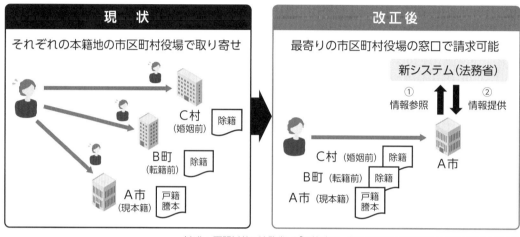

（出典：下記ロ共に法務省HP「戸籍法の一部を改正する法律について」をもとに作成）

（ロ）　自らや父母等の戸籍について、電子的な戸籍記録事項の証明情報（戸籍電子証明書）の発行が可能になります（戸籍法120条の3）。

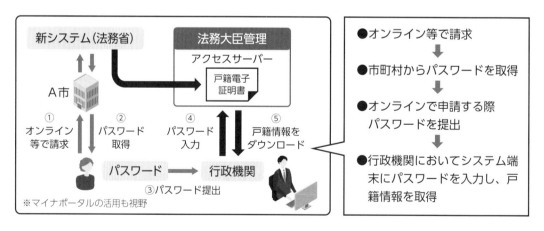

◆ COLUMN |コラム| ◆

## 行政庁間での情報共有に関する見直し

　これまで相続税法58条では、市町村長その他戸籍に関する事務をつかさどる者は、死亡又は失踪に関する届書を受理したときは、当該届書に記載された事項を、当該届書を受理した日の属する月の翌月末日までにその事務所の所在地の所轄税務署長に通知しなければならない、と定められていました。

　つまり、死亡届の情報は税務署に通知され、税務署は固定資産課税台帳や、過去の確定申告書、生命保険金の受取り情報（保険会社から税務署に保険金の「支払調書」が提出されます。）などを調べ、相続税がかかりそうな方を選別して「お尋ね」を送付していました。

　令和4年度税制改正では、相続税法58条について次のように改正が行われました。今後、税務署が取得しようとする情報に大きな変化がある訳ではありませんが、行政庁間での情報共有が強化されたといえます。

　なお、この改正は戸籍法の一部を改正する法律の施行の日以後に適用されます。

〈法務大臣等の通知〉

①　法務大臣は、死亡等に関する届書に係る届書等情報等の提供を受けたときは、当該届書等情報等及び当該死亡等をした者の戸籍等の副本に記載されている情報を、当該提供を受けた日の属する月の翌月末日までに、国税庁長官に通知しなければならない。

②　市町村長は、当該市町村長等が当該市町村の住民基本台帳に記録されている者に係る死亡等に関する届書の受理等をしたときは、当該死亡等をした者が有していた土地または家屋に係る固定資産課税台帳の登録事項等を当該届書の受理等をした日の属する月の翌月末日までに、当該市町村の事務所の所在地の所轄税務署長に通知しなければならない。

## （3）法定相続情報証明制度の活用

　平成29年5月29日から法定相続情報証明制度が始まりました。法務局に対し、戸籍等の必要書類を添付して申し出ることにより、相続人情報の一覧図の交付を受けることが可能です。この一覧図は、1枚の書類で戸籍一式に代わるものとして相続手続きの際に使用することができるので便利です。

【制度のイメージ】

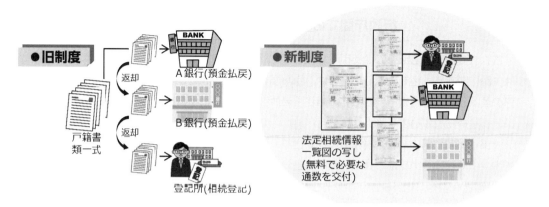

(出典：法務局HP「法定相続情報証明制度について」を一部加工)

### ① 制度活用のメリット

・無料で複数枚の一覧図の交付を受けることができるため、戸籍一式を各金融機関等で使い回すことなく、並行して複数の手続きを進めることが可能になりました。

・取得する戸籍一式の通数を抑えることが可能になりました。

・法務局が戸籍情報から相続人のチェックを行ってくれるため、相続人の判定誤りを防止することが可能になりました。

・戸籍一式の情報がシンプルな1枚の書類に置き換わったため、各機関に出向いた際の窓口対応時間が短縮されました。

### ② 活用時の留意点

・法定相続情報一覧図は戸籍の記載情報を集約したものであるため、相続放棄の内容を反映させることができません。相続放棄により後順位の血族相続人が相続手続きを行う場合には利用できないものとなります（ただし、相続順位に変動がない場合には、一定の書類を加えることにより、相続人関係を証明する書類の一部として利用できることもあります。）。

・被相続人または相続人に日本国籍がない場合は、戸籍謄本の提出も行うことができないため、利用できません。

・被相続人の死亡時に遡って相続人の範囲が変わるケース（被相続人の死亡時点における胎児が無事に出生した場合など）では、再度、法定相続情報一覧図の交付の申し出をすることができます。

### ③　申出に必要な書類

| | |
|---|---|
| （ⅰ） | 法定相続情報一覧図（自身で作成します） |
| （ⅱ） | 法定相続情報一覧図の保管及び交付の申出書 |
| （ⅲ） | 被相続人の出生から死亡までの戸籍・除籍謄本 |
| （ⅳ） | 被相続人の住民票の除票（戸籍の附票でも可） |
| （ⅴ） | 相続人の戸籍謄抄本 |
| （ⅵ） | 申出人（相続人代表）の氏名等を証する公的書類<br>【以下に例示する書類のいずれか一つ】<br>・住民票記載事項証明書（住民票の写し）<br>・運転免許証の両面またはマイナンバーカードのコピー（必ず「原本と相違ない」旨を記載し、申出人の記名が必要です。）<br>※　上記以外の書類を用いる場合は、法務局に確認が必要です。 |
| （ⅶ） | 証明書に各相続人の住所を記載する場合（任意選択）は、各相続人の住民票の写し |
| （ⅷ） | 委任状（代理人が申出の手続きをする場合） |
| （ⅸ） | ・代理人が親族である場合には、親族関係がわかる戸籍謄本<br>・代理人が資格者代理人である場合は資格団体の身分証明書の写し（税理士証票等） |

ワンポイント
アドバイス

〈正確な表記をしましょう〉

　法定相続情報一覧図には、戸籍どおりの正確な情報の記載が必要です。例えば、戸籍に記載された死亡日が令和〇年〇月〇日「頃」や、「推定」令和〇年〇月〇日などの場合でも、法定相続情報にはそのとおりに記載しなければなりません。

　養子縁組をした女性についても、「養子」ではなく、戸籍どおりの「養女」の記載が求められます。

〈原本と相違ない旨の記載と記名漏れに注意〉

　上記③（ⅵ）「申出人の氏名等を証する公的書類」について、「住民票の写し」を選択した場合、書類の原本は返却されません。「住民票の写し」とは住民基本台帳から直接印字された原本をいいます。

　運転免許証等のコピーによる書類提出を希望する場合は、コピーに「原本と相違ない」旨の記載と記名を相続人に依頼しておかなければなりません。

〈住所は入れる？　入れない？〉

　法定相続情報一覧図に住所の記載は任意です。記載には必要書類も増えますが、相続登記や遺言書情報証明書の取得（第3章参照）を予定している場合には入れておいた方が便利です。

【申出書の書式】

## 法定相続情報一覧図の保管及び交付の申出書

別記第1号様式

（補完年月日　平成　　年　　月　　日）

| 申出年月日 | 平成　　年　　月　　日 | 法定相続情報番号 | －　　－ |
|---|---|---|---|

| 被相続人の表示 | 氏　　名<br>最後の住所<br>生 年 月 日　　　　年　　月　　日<br>死亡年月日　　　　年　　月　　日 |
|---|---|
| 申 出 人 の 表 示 | 住所<br>氏名　　　　　　　　　　㊞<br>連絡先　　　　－　　　－<br>被相続人との続柄　（　　　　　　　　　　） |
| 代 理 人 の 表 示 | 住所（事務所）<br>氏名　　　　　　　　　　㊞<br>連絡先　　　　－　　　－<br>申出人との関係　□法定代理人　　□委任による代理人 |
| 利 用 目 的 | □不動産登記　□預貯金の払戻し　□相続税の申告<br>□その他（　　　　　　　　　　　　　　　　　　　　　） |
| 必要な写しの通数・交付方法 | 　　通　（　□窓口で受取　□郵送　）<br>※郵送の場合，送付先は申出人（又は代理人）の表示欄にある住所（事務所）となる。 |
| 被相続人名義の不動産の有無 | □有<br>□無　　（有の場合，不動産所在事項又は不動産番号を以下に記載する。） |
| 申出先登記所の種別 | □被相続人の本籍地　　　　□被相続人の最後の住所地<br>□申出人の住所地　　　　　□被相続人名義の不動産の所在地 |

　上記被相続人の法定相続情報一覧図を別添のとおり提出し，上記通数の一覧図の写しの交付を申出します。交付を受けた一覧図の写しについては，相続手続においてのみ使用し，その他の用途には使用しません。
　申出の日から3か月以内に一覧図の写し及び返却書類を受け取らない場合は，廃棄して差し支えありません。

　　　　（地方）法務局　　　　　　　支局・出張所　　　　　　宛

※受領確認書類(不動産登記規則第247条第6項の規定により返却する書類に限る。)
戸籍（個人）全部事項証明書（　　通），除籍事項証明書（　　通）戸籍謄本（　　通）
除籍謄本（　　通），改製原戸籍謄本（　　通）戸籍の附票の写し（　　通）
戸籍の附票の除票の写し（　　通）住民票の写し（　　通），住民票の除票の写し（　　通）

| 受領 | 確認1 | 確認2 | スキャナ・入力 | 交付 | | 受取 |
|---|---|---|---|---|---|---|
| | | | | | | |

（出典：法務局HP「法定相続情報証明制度の具体的な手続について」）

【法定相続情報一覧図（サンプル）】

最後の住所は，一覧図と共に提出される住民票の除票や戸籍の附票の除票により確認（申出人の任意により，最後の本籍を記載することも可）

相続人の住所は，任意記載のため，一覧図に記載されない場合もある。

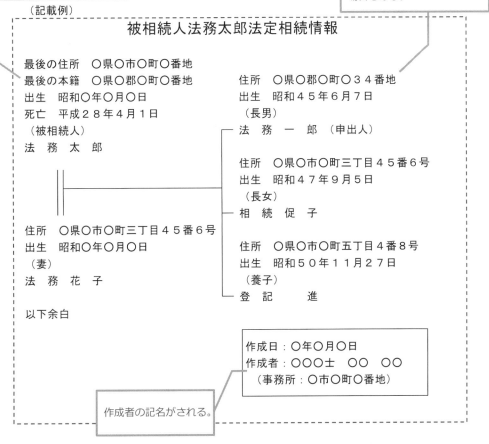

（記載例）

被相続人法務太郎法定相続情報

最後の住所　〇県〇市〇町〇番地
最後の本籍　〇県〇郡〇町〇番地
出生　昭和〇年〇月〇日
死亡　平成２８年４月１日
（被相続人）
法　務　太　郎

住所　〇県〇市〇町三丁目４５番６号
出生　昭和〇年〇月〇日
（妻）
法　務　花　子

以下余白

住所　〇県〇郡〇町〇３４番地
出生　昭和４５年６月７日
（長男）
法　務　一　郎　（申出人）

住所　〇県〇市〇町三丁目４５番６号
出生　昭和４７年９月５日
（長女）
相　続　促　子

住所　〇県〇市〇町五丁目４番８号
出生　昭和５０年１１月２７日
（養子）
登　記　　進

作成日：〇年〇月〇日
作成者：〇〇〇士　〇〇　〇〇
　　　　（事務所：〇市〇町〇番地）

作成者の記名がされる。

✓　上記のような図形式のほか，被相続人及び相続人を単に列挙する記載の場合もある。
✓　作成はＡ４の丈夫な白紙に。手書きも"明瞭に判読"できるものであれば可とする。

（出典：法務局HP「法定相続情報証明制度について」）

## （４）相続放棄

### ①　相続放棄とは

　相続放棄を行うと、その放棄をした相続人は初めから相続人ではなかったものとみなされ、後順位の相続人がその権利及び義務を承継することとなります。ただし、代襲相続の要因とはなりませんので、例えば、第１順位の相続人である子が相続放棄をしても孫に相続権が移ることはありません。

　被相続人の債務が財産を超過する場合や、第２順位の相続人（直系尊属）が第３順位の相続人（兄弟姉妹）に相続する権利を譲りたい場合などに利用されることが一般的です。

② **裁判所に対する申述**

　相続人（相続人が未成年者または成年被後見人である場合には、その法定代理人）が相続放棄を選択する場合、その相続の開始があったことを知った時から3か月以内に、被相続人の最後の住所地の家庭裁判所に対し、相続放棄を申述しなければなりません。

　3か月という期間は長いようで短く、早々に財産・債務の把握に着手しなければ、充分な熟慮期間を設けることができません。そのため、相続人が自己のために相続の開始があったことを知った時から3か月以内に相続財産の状況を調査してもなお、相続を承認するか放棄するかを判断する資料が得られない場合には、相続の承認または放棄の期間の伸長を申し立てることが可能です。

③ **申述に必要な書類**

| （ⅰ） | 相続放棄の申述書 |
|---|---|
| （ⅱ） | 被相続人の住民票の除票または戸籍の附票 |
| （ⅲ） | 申述人が相続人であることがわかる戸籍謄本一式 |

〈所得税の準確定申告の期限に注意〉
　被相続人の所得税の準確定申告の申告期限は、相続の開始があったことを知った日の翌日から4か月以内です。相続放棄の期間伸長を行ったとしても、準確定申告の期限がのびる訳ではありませんので、そのまま相続放棄をした場合には問題ありませんが、相続放棄ではなく相続の単純承認をした場合には、4か月以内に準確定申告をしないと相続人に所得税等の延滞税が発生する可能性があります。

## 【相続放棄申述書】

<table>
<tr><td rowspan="2">受付印</td><td colspan="2">相　続　放　棄　申　述　書</td></tr>
<tr><td colspan="2">（この欄に収入印紙 800 円分を貼ってください。）</td></tr>
<tr><td>収 入 印 紙　　　　　　円</td><td colspan="2" rowspan="2">（貼った印紙に押印しないでください。）</td></tr>
<tr><td>予納郵便切手　　　　　円</td></tr>
</table>

| 準口頭 | | 関連事件番号　平成・令和　　　年（家　　）第　　　　　　　　　　　号 |
|---|---|---|

<table>
<tr>
<td rowspan="2">家 庭 裁 判 所<br>御 中<br>令和　　年　　月　　日</td>
<td>申　　述　　人<br>〔未成年者など<br>の場合は法定<br>代理人<br>の 記 名 押 印〕</td>
<td>印</td>
</tr>
</table>

| 添 付 書 類 | （同じ書類は１通で足ります。審理のために必要な場合は，追加書類の提出をお願いすることがあります。）<br>□ 戸籍（除籍・改製原戸籍）謄本(全部事項証明書)　合計　　通<br>□ 被相続人の住民票除票又は戸籍附票<br>□ |
|---|---|

<table>
<tr>
<td rowspan="6">申<br>述<br>人</td>
<td>本　　籍<br>（国　籍）</td>
<td colspan="2">都 道<br>府 県</td>
</tr>
<tr>
<td>住　　所</td>
<td colspan="2">〒　　　－　　　　　　　　　　電話　　　（　　　　　）<br>（　　　　　　　方）</td>
</tr>
<tr>
<td>フリガナ<br>氏　　名</td>
<td>昭和<br>平成　　年　月　日生<br>令和<br>（　　　　歳）</td>
<td>職　業</td>
</tr>
<tr>
<td>被相続人<br>との関係</td>
<td colspan="2">※<br>被相続人の………　　1　子　　2　孫　　3　配偶者　　4　直系尊属（父母・祖父母）<br>　　　　　　　　　　5　兄弟姉妹　　6　おいめい　　7　その他（　　　　　　）</td>
</tr>
</table>

<table>
<tr>
<td rowspan="2">法<br>定<br>代<br>理<br>人<br>等</td>
<td>※<br>1　親権者<br>2　後見人<br>3</td>
<td>住　所</td>
<td colspan="2">〒　　　－　　　　　　　　　　電話　　　（　　　　　）<br>（　　　　　　　方）</td>
</tr>
<tr>
<td></td>
<td>フリガナ<br>氏　　名</td>
<td>フリガナ<br>氏　　名</td>
</tr>
</table>

<table>
<tr>
<td rowspan="3">被<br>相<br>続<br>人</td>
<td>本　　籍<br>（国　籍）</td>
<td colspan="2">都 道<br>府 県</td>
</tr>
<tr>
<td>最 後 の<br>住　　所</td>
<td>死亡当時<br>の 職 業</td>
<td></td>
</tr>
<tr>
<td>フリガナ<br>氏　　名</td>
<td colspan="2">平成<br>令和　　　年　月　日死亡</td>
</tr>
</table>

（注）　太枠の中だけ記入してください。　　※の部分は，当てはまる番号を○で囲み，被相続人との関係欄の７，
　　　　法定代理人等欄の3を選んだ場合には，具体的に記入してください。

相続放棄（1/2）

（942080）

| 申 述 の 趣 旨 |
|---|
| 相 続 の 放 棄 を す る 。 |

| 申 述 の 理 由 | | |
|---|---|---|
| ※ 相続の開始を知った日…………平成・令和　　年　　月　　日 | | |
| 1　被相続人死亡の当日 | 3　先順位者の相続放棄を知った日 | |
| 2　死亡の通知をうけた日 | 4　その他（　　　　　　　　　　　　　　　） | |

| 放 棄 の 理 由 | 相 続 財 産 の 概 略 | | |
|---|---|---|---|
| ※<br>1　被相続人から生前に贈与を受けている。 | 資 | 農　地……約＿＿＿＿＿平方メートル | 現　金<br>預貯金 ………約＿＿＿＿＿万円 |
| 2　生活が安定している。 | | 山　林……約＿＿＿＿＿平方メートル | 有価証券……約＿＿＿＿＿万円 |
| 3　遺産が少ない。 | | 宅　地……約＿＿＿＿＿平方メートル | |
| 4　遺産を分散させたくない。 | | | |
| 5　債務超過のため。 | 産 | 建　物……約＿＿＿＿＿平方メートル | |
| 6　その他 | 負　債…………………………約＿＿＿＿＿万円 | | |

（注）　太枠の中だけ記入してください。　※の部分は，当てはまる番号を○で囲み，申述の理由欄の4，放棄
　　　の理由欄の6を選んだ場合には，（　）内に具体的に記入してください。

（出典：裁判所HP「相続の放棄の申述書（成人）」）

## ④ 相続放棄が受理された場合

　相続放棄の申述が受理されると、裁判所から申述人に対して「相続放棄申述受理通知書」が交付されます。申述人以外の相続人や利害関係者が相続放棄の事実を確認したい場合には、相続放棄を受理した家庭裁判所に対し、事件番号の照会を行った上で「相続放棄申述受理証明書」の交付請求をすることが可能です。後順位の相続人が不動産の相続登記を行う場合においても、この相続放棄申述受理証明書が必要になります。

【相続放棄申述受理証明書（サンプル）】

# 証　明　書

| 事件番号 | | △△家庭裁判所　令和○年（家）第○○○○号 |
|---|---|---|
| 申 述 人 | 氏　　名 | △△　△△ |
| 被相続人 | 本　　籍 | △△△△△… |
| | 氏　　名 | □□　□□ |

　令和○年○月○日、申述人の被相続人に対する相続放棄の申述を受理したことを証明する。

　　　　　令和○年○月○日
　　　　　△△家庭裁判所
　　　　　裁判所書記官　○○　○○　　　　　　　印

## （5）限定承認

　相続人が相続によって得た財産の額を限度として、被相続人の債務を引き継ぐ方法があります。これを限定承認といいます。

　限定承認は、自己のために相続の開始があったことを知った時から3か月以内にしなければならないのは相続放棄と同様ですが、相続人全員が共同して申述する必要があります。つまり、相続人の中に1人でも単純承認を希望する人がいる場合、限定承認を選択することはできません。

　また、相続人が自己のために相続の開始があったことを知った時から3か月以内に相続財産の状況を調査してもなお、相続を承認するか放棄するかを判断する資料が得られない場合には、その期間の伸長を申し立てることが可能です。

　ただし、被相続人の所得税の準確定申告の申告期限は、相続の開始があったことを知った日の翌日から4か月以内です。熟慮期間の伸長を行ったとしても、準確定申告の期限がのびる訳ではありません。限定承認により相続人が取得した財産が譲渡所得の起因とな

るものである場合、被相続人はその時における価額に相当する金額により譲渡したものとみなす（所得税法59条）とされていることから、譲渡所得税が発生する可能性があります。期間の伸長をして結果的に限定承認をした場合には、4か月以内に準確定申告をしないと相続人に所得税等の延滞税が発生する可能性があることに注意が必要です。

---

### ● COLUMN コラム ●

## 限定承認の利用件数

　限定承認が利用されるケースとしては、被相続人の債務（保証債務も含みます。）がどの程度あるかについて確証が持てない場合や、被相続人に対して多額の損害賠償請求が予測されるものの、それでもなお取得したい財産があるときなどが考えられます。

　ただし、司法統計によると、限定承認は相続放棄と比較して非常に少ない件数で推移しています。

【相続放棄及び限定承認の申述受理件数】

(単位：件)

|  | 平成28年 | 平成29年 | 平成30年 | 令和元年 | 令和2年 |
|---|---|---|---|---|---|
| 限定承認 | 753 | 722 | 709 | 657 | 675 |
| 相続放棄 | 197,656 | 205,909 | 215,320 | 225,415 | 234,732 |

(出典：裁判所HP「司法統計　年報」)

---

## （6）特別代理人の選任

### ① 利益相反行為が生じる場合

　未成年者（令和4年4月1日以降は18歳未満の者）が相続人となる場合、自身が法律行為をするには原則として親権者の同意を得なければなりませんので、親権者が代わって手続きを行うことが考えられます。しかし、親権者自身も相続人である場合または複数の未成年者の親権者が同一である場合は、遺産分割協議をする上で、互いの利害関係が衝突（「利益相反」といいます。）してしまいますので、親権者としての代理行使ができません。

　そのような場合は、親権者または利害関係人の申立てにより、その未成年者の住所地の家庭裁判所に対し、特別代理人の選任の申立てを行います（未成年者が複数の場合には、未成年者ごとに特別代理人の選任が必要です。）。特別代理人には特別な資格が必要ないため、親戚などに依頼することが一般的ですが、未成年者との関係や利害の有無などが裁判所によって考慮され、適格性が判断されます。また、必ずしも申立てどおりに特別代理人が選任されるとは限りません。候補者が適任でない場合は、家庭裁判所によって専門職として弁護士等が選任されることがあります。

## ②　申立てに必要な書類

| （ⅰ） | 特別代理人選任申立書 |
|---|---|
| （ⅱ） | 未成年者及び親権者または未成年後見人の戸籍謄本 |
| （ⅲ） | 特別代理人候補者の住民票または戸籍の附票 |
| （ⅳ） | 利益相反に関する資料（遺産分割協議書案など）※ |
| （ⅴ） | 利害関係人からの申立ての場合は利害関係を証する資料 |

※　家庭裁判所は、遺産分割協議書案が未成年者にとって不利なものであると判断した場合には、申立てを受理しない可能性があります。一般的には、少なくとも法定相続分を相続させる分割案であることが求められると考えられています。

〈未成年者が取得する財産は必ず法定相続分とすべきか〉
　上記のとおり、特別代理人選任申立て時の遺産分割協議書案では、未成年者が取得する財産は、原則として法定相続分相当でなければならないと考えられています。しかし、未成年者が乳幼児である場合や、既に特別受益を得ている場合などは、それらが考慮された相続分でも認められる可能性があります。
　また、相続税の申告期限などはあるものの、成人するのを待って遺産分割協議をする方法も考えられます。
　未成年者が半ば強制的に財産を取得することが望まれない場合に検討が必要です。

## ③　未成年後見人が必要となる場合

　未成年者の両親が既に亡くなっている場合には、特別代理人ではなく未成年後見人の選任申立てを行う必要があります。特別代理人は遺産分割協議などの特定の手続きについて代理権を有しますが、未成年後見人は未成年者の財産全体の管理権や身上監護権を有することとなります。

　例えば、相続対策として孫との養子縁組が行われることがありますが、養子となる孫が未成年である場合、親権は実親（両親）から養親（祖父母）に移ります。養親が死亡したからといって親権が実親に戻る訳ではありませんので、実親が存命であったとしても親権者が不在となり、未成年後見人の選任が必要になります。

　未成年後見人は、未成年者が成人または婚姻、死亡あるいは別の養親ができるまで後見されることとなります。

## 【特別代理人選任申立書】

<table>
<tr><td colspan="2" rowspan="3">受付印</td><td colspan="2">特 別 代 理 人 選 任 申 立 書</td></tr>
<tr><td colspan="2">（この欄に収入印紙800円分を貼ってください。）</td></tr>
<tr><td colspan="2" rowspan="2">（貼った印紙に押印しないでください。）</td></tr>
<tr><td>収 入 印 紙</td><td>円</td></tr>
<tr><td>予納郵便切手</td><td>円</td></tr>
</table>

| 準口頭 | | 関連事件番号　平成・令和　　　年（家　　）第　　　　　　　　　　号 |
|---|---|---|

<table>
<tr><td rowspan="2">家 庭 裁 判 所<br>御 中</td><td rowspan="2">申 立 人 の<br>記 名 押 印</td><td rowspan="2">印</td></tr>
<tr></tr>
<tr><td>令和　　　年　　　月　　　日</td><td></td><td></td></tr>
</table>

| 添付書類 | （同じ書類は1通で足ります。審理のために必要な場合は，追加書類の提出をお願いすることがあります。）<br>□ 未成年者の戸籍謄本（全部事項証明書）　　　　□ 親権者又は未成年後見人の戸籍謄本（全部事項証明書）<br>□ 特別代理人候補者の住民票又は戸籍附票　　　□ 利益相反に関する資料（遺産分割協議書案，契約書案等）<br>□ （利害関係人からの申立ての場合）利害関係を証する資料<br>□ |
|---|---|

<table>
<tr><td rowspan="7">申<br>立<br>人</td><td>住　　所</td><td>〒　　　－　　　　　　　　　　　　　電話　　　（　　　　　）<br><br>（　　　　　　　　　　方）</td></tr>
<tr><td>フリガナ<br>氏　　名</td><td>昭和<br>平成<br>令和　　年　月　日生<br>（　　　　　　歳）　　職業</td></tr>
<tr><td>フリガナ<br>氏　　名</td><td>昭和<br>平成<br>令和　　年　月　日生<br>（　　　　　　歳）　　職業</td></tr>
<tr><td>未成年者<br>との関係</td><td>※　1 父 母　　2 父　　3 母　　4 後見人　　5 利害関係人</td></tr>
</table>

<table>
<tr><td rowspan="4">未<br>成<br>年<br>者</td><td>本　籍<br>（国　籍）</td><td>　　　都 道<br>　　　府 県</td></tr>
<tr><td>住　　所</td><td>〒　　　－　　　　　　　　　　　　　電話　　　（　　　　　）<br><br>（　　　　　　　　　　方）</td></tr>
<tr><td>フリガナ<br>氏　　名</td><td>平成<br>令和　　　年　　月　　日生<br>（　　　　　　歳）</td></tr>
<tr><td>職　　業<br>又は<br>在 校 名</td><td></td></tr>
</table>

（注）　太枠の中だけ記入してください。　　※の部分は，当てはまる番号を○で囲んでください。

44

## 申　立　て　の　趣　旨

特　別　代　理　人　の　選　任　を　求　め　る　。

## 申　立　て　の　理　由

| 利 益 相 反 す る 者 | 利 益 相 反 行 為 の 内 容 |
|---|---|
| ※<br>1　親権者と未成年者との間で利益が相反する。<br><br>2　同一親権に服する他の子と未成年者との間で利益が相反する。<br><br>3　後見人と未成年者との間で利益が相反する。<br><br>4　その他（<br><br><br><br>　　　　　　　　　　　） | ※<br>1　被相続人亡＿＿＿＿＿＿＿＿＿＿の遺産を分割するため<br>2　被相続人亡＿＿＿＿＿＿＿＿＿＿の相続を放棄するため<br>3　身分関係存否確定の調停・訴訟の申立てをするため<br>　　　　　　　　　　1　抵当権<br>4　未成年者の所有する物件に　　　　　を設定するため<br>　　　　　　　　　　2　根抵当権<br>5　その他（　　　　　　　　　　　　　　　　　）<br><br>（その詳細） |

| 特別代理人候補者 | 住　　　所 | 〒　　　－　　　　　　　　　　　　　電話　　　（　　　　）<br>　　　　　　　　　　　　　　　　　　　　　　（　　　　　　方） |
|---|---|---|
| | フリガナ<br>氏　　　名 | 昭和<br>平成　　年　月　日生<br>（　　　　歳）　　職業 |
| | 未成年者<br>との関係 | |

（注）　太枠の中だけ記入してください。　※の部分については，当てはまる番号を○で囲み，利益相反する者欄の4及び利益相反行為の内容欄の5を選んだ場合には，（　　）内に具体的に記入してください。

（出典：裁判所HP「特別代理人選任の申立所（遺産分割協議）」）

## （7） 成年後見人等の申立て

　相続人の中に認知症や知的障害、精神障害などによって物事を判断する能力が不充分な方がいる場合、その方は自身の判断で遺産分割協議をすることができないため、遺産分割協議を行うには、後見人等を選任しておかなければなりません。

　法定後見制度においては、その判断能力の程度に応じて、後見人・保佐人・補助人の選任を、その相続人の住所地の家庭裁判所に対して申し立てることができます。一般的に後見人等になる人は、同居親族や専門職である弁護士等ですが、後見人自身も相続人である場合は別途特別代理人の選任が必要です。

　成年後見人等の申立てを準備し、申立てを行い、実際に後見人が選任されるまでは数か月の期間を要するため、成年後見人等の選任が望まれる場合は早めにとりかかることが大切です。

【成年後見人等の選任までの流れ】

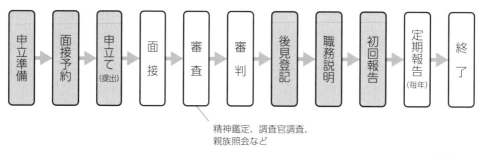

申立準備 → 面接予約 → 申立て（提出） → 面接 → 審査 → 審判 → 後見登記 → 職務説明 → 初回報告 → 定期報告（毎年） → 終了

精神鑑定、調査官調査、
親族照会など

(出典：裁判所HP)

## （8） 被相続人が外国人の場合

　日本に居住している外国人が亡くなった場合、遺言や相続の取扱いが日本法によるのか、その者の本国法によるのかが問題になります。日本においては、「相続は、被相続人の本国法による。」（法の適用に関する通則法36条）とされ、「遺言の成立及び効力は、その成立の当時における遺言者の本国法による。」（同37条）と定められています。

　ただし、その被相続人の本国法によると、「不動産の所在地法による」等とされる場合があります（不動産と動産でそれぞれ適用される法律が異なる国もあります。アメリカ、イギリス、フランス、中国等。）。このように、日本法により一旦外国法を適用したものの、本国法を適用すると、日本法に戻ってしまうことがあり、このような場合は日本法によるべきと定められています（同41条）。また、このような考え方を「反致」と呼びます。

　二重国籍や地域、宗教等で判断が難しい場合や、馴染みがあまりない国の場合はそもそも本国法を調べること自体が難しいことが考えられます。まずは本国法に精通した専門家を探すところから始める必要があります。

# 第3章

## 遺言書の有無の確認

遺言書の有無によって、相続手続きの流れは大きく異なります。無いと考えていた遺言書が後から発見された場合、遺産分割協議が無効になってしまう可能性も考えられます。遺言書が自宅等から発見されない場合でも、各種の照会制度を活用し、遺言書の有無の確認は遺産分割協議より前にしておくことが大切です。

## （1）　遺言書の種類

| | 公正証書遺言 | 秘密証書遺言 | 自筆証書遺言 | |
| --- | --- | --- | --- | --- |
| | | | 法務局保管制度あり | 法務局保管制度なし |
| 保管場所 | 原本＝公証役場<br>正本・謄本＝自宅等 | 自宅等 | 遺言書保管所<br>（法務局） | 自宅等 |
| 検認手続き | 不要 | 必要 | 不要 | 必要 |
| 照会先 | 公証役場 | 公証役場 | 遺言書保管所<br>（法務局） | － |

## （2）　遺言書がある場合

### ①　自筆証書遺言及び秘密証書遺言が見つかった場合

　発見された自筆証書遺言等は勝手に開封せず、そのままの状態で遅滞なく家庭裁判所に提出し、検認の申立てをしなければなりません。申立てを行うと、家庭裁判所から申立人及び相続人に対し、検認期日が通知されます。

　検認期日には、申立人及び相続人が家庭裁判所に出向き、それぞれの立会いの下、遺言書を開封し、検認調書が作成されます（相続人全員が出向くかどうかは任意です。）。

　検認を終えた遺言書は、検認を受けた旨の証明がなされますが、相続手続きに当該遺言書を用いる場合は、「検認済証明書」が発行されている必要があります。ただし、検認手続きは遺言書の偽造・変造を防止するための手続きですので、遺言書としての内容の有効性が証明された訳ではありません。

　誤って遺言書を開封してしまった場合や、遺言書がもともと封筒に入っていなかった場合は、遺言書の効力自体が失われるわけではありませんが、故意に遺言書を隠匿した場合などは、相続人であれば欠格事由に該当する可能性があります。

　また、検認手続きが行われていないからといって、遺言書自体が無効になる訳でもありませんが、検認手続きを怠った場合や、検認を経ていない遺言書を執行しようとした場合

には、一定の過料が発生します（民法1005条）。

【検認手続きの概要】

| | |
|---|---|
| 申立人<br>（申立義務者） | 遺言書の保管者または遺言書を発見した相続人（遺言執行者でも遺言書の保管者でない場合は申立てできません。） |
| 申立先 | 遺言者の最後の住所地の家庭裁判所 |
| 必要書類 | 共通して要するもの<br>① 遺言者の出生から死亡までのすべての戸籍謄本<br>② 相続人全員の相続人であることがわかる戸籍謄本一式<br><br>※1　上記の書類の原本還付を希望する場合には、その写しとともに原本還付申請書を提出する必要があります。<br>※2　上記①及び②の書類は、法定相続情報一覧図（発行から3か月以内のもの）で代用することも可能です。 |
| 申立費用 | 遺言書1通につき収入印紙800円分 |

## 【申立書の記載例】

<table>
<tr><td rowspan="4">受付印</td><td colspan="2">家 事 審 判 申 立 書　事件名（　　遺言書の検認　　）</td></tr>
<tr><td colspan="2">（この欄に申立手数料として1件について800円分の収入印紙を貼ってください。）<br><br>印　紙<br><br>（貼った印紙に押印しないでください。）<br>（注意）登記手数料としての収入印紙を納付する場合は，登記手数料としての収入印紙は貼らずにそのまま提出してください。</td></tr>
</table>

| 収 入 印 紙 | 円 |
| --- | --- |
| 予納郵便切手 | 円 |
| 予納収入印紙 | 円 |

| 準口頭 | | 関連事件番号　平成・令和　　　年（家　　　）第　　　　　　　　　号 |
| --- | --- | --- |

| ○　○　家 庭 裁 判 所<br>御 中<br>令和 ○ 年 ○ 月 ○ 日 | 申　立　人<br>（又は法定代理人など）<br>の 記 名 押 印 | 甲　野　一　郎　　㊞ |
| --- | --- | --- |

| 添付書類 | ※　標準的な申立添付書類については，裁判所ウェブサイトの「手続の概要と申立ての方法」のページ内の「申立てに必要な書類」欄を御覧ください。 |
| --- | --- |

<table>
<tr><td rowspan="6">申<br><br>立<br><br>人</td><td>本　籍<br>（国籍）</td><td>（戸籍の添付が必要とされていない申立ての場合は，記入する必要はありません。）<br>　○○　都 道 府 ㊲　○○市○○町○丁目○番地</td></tr>
<tr><td>住　所</td><td>〒 ○○○ － ○○○○　　　　　　　電話　○○○（○○○　）○○○○<br>　○○県○○市○○町○丁目○番○号<br>（　　　　　　　方）</td></tr>
<tr><td>連絡先</td><td>〒　　－　　　　　　　　　　　　　電話　　　（　　　）<br>（注：住所で確実に連絡ができるときは記入しないでください。）<br>（　　　　　　　方）</td></tr>
<tr><td>フリガナ<br>氏　名</td><td>コ ウ ノ　　イ チ ロ ウ<br>甲　野　一　郎　　　　　　昭和 平成 令和 ○ 年 ○ 月 ○ 日生<br>（　　○○　　歳）</td></tr>
<tr><td>職　業</td><td>会 社 員</td></tr>
</table>

<table>
<tr><td rowspan="6">※<br><br>遺<br><br>言<br><br>者</td><td>本　籍<br>（国籍）</td><td>（戸籍の添付が必要とされていない申立ての場合は，記入する必要はありません。）<br>　○○　都 道 府 ㊲　○○市○○町○丁目○○番地</td></tr>
<tr><td>最 後 の<br>住　所</td><td>〒　　－　　　　　　　　　　　　　電話　　　（　　　）<br>　申立人の住所と同じ<br>（　　　　　　　方）</td></tr>
<tr><td>連絡先</td><td>〒　　－　　　　　　　　　　　　　電話　　　（　　　）<br>（　　　　　　　方）</td></tr>
<tr><td>フリガナ<br>氏　名</td><td>コ ウ ノ　　タ ロ ウ<br>甲　野　太　郎　　　　　　昭和 平成 令和 ○ 年 ○ 月 ○ 日生<br>（　　　　　　歳）</td></tr>
<tr><td>職　業</td><td></td></tr>
</table>

（注）　太枠の中だけ記入してください。

※の部分は，申立人，法定代理人，成年被後見人となるべき者，不在者，共同相続人，被相続人等の区別を記入してください。

別表第一（1/2）

## 申　立　て　の　趣　旨

遺言者の自筆証書による遺言書の検認を求めます。

## 申　立　て　の　理　由

1　申立人は，遺言者から，平成〇年〇月〇日に遺言書を預かり，申立人の自宅金庫に保管していました。

2　遺言者は，令和〇年〇月〇日に死亡しましたので，遺言書（封印されている）の検認を求めます。なお，相続人は別紙の相続人目録のとおりです。

（別紙）

| ※ 相続人 | 本　籍 | 〇〇 都道府（県） 〇〇市〇〇町〇丁目〇番地 | |
|---|---|---|---|
| | 住　所 | 〒 〇〇〇 －〇〇〇〇 〇〇県〇〇市〇〇町〇番〇号　〇〇アパート〇〇号室 （　　　　　方） | |
| | フリガナ 氏　名 | コ ウ ノ　ジ ロ ウ 甲　野　次　郎 | 昭和 平成 令和 〇 年 〇月 〇日 生 （　〇　歳） |
| ※ 相続人 | 本　籍 | 〇〇 都道府（県） 〇〇郡〇〇町〇〇××番地 | |
| | 住　所 | 〒 〇〇〇 －〇〇〇〇 〇〇県〇〇郡〇〇町〇〇××番地 （　　　　　方） | |
| | フリガナ 氏　名 | オ ツ ノ　ハ ナ コ 乙　野　花　子 | 昭和 平成 令和 〇 年 〇月 〇日 生 （　〇　歳） |
| ※ | | | |

（出典：裁判所HP「遺言書の検認の申立書」）

【検認済証明書（サンプル）】

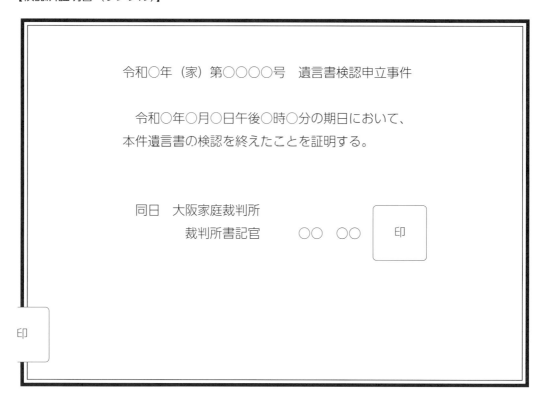

令和○年（家）第○○○○号　遺言書検認申立事件

令和○年○月○日午後○時○分の期日において、
本件遺言書の検認を終えたことを証明する。

同日　大阪家庭裁判所
　　　裁判所書記官　　　○○　○○　　　印

印

## ②　公正証書遺言が見つかった場合

　公正証書遺言がある場合は、自筆証書遺言のような検認手続きは不要です。原本は公証役場で保管されていますが、正本と謄本の計2通が遺言者等の手元に保管されていることが一般的です。各種相続手続きに関しても、当該遺言書の正本または謄本をそのまま利用することが可能です。

## ③　自筆証書遺言書保管制度による保管証が見つかった場合

### ㋑　保管証の確認

　自筆証書遺言については、自宅等で「遺言書」と書かれた封筒が見つかるだけでなく、「自筆証書遺言書保管制度」が利用された遺言であれば「保管証」が発見される場合があります。この場合、遺言書の原本は法務局（遺言書保管所）に保管されています。

【自筆証書遺言書保管制度のイメージ】

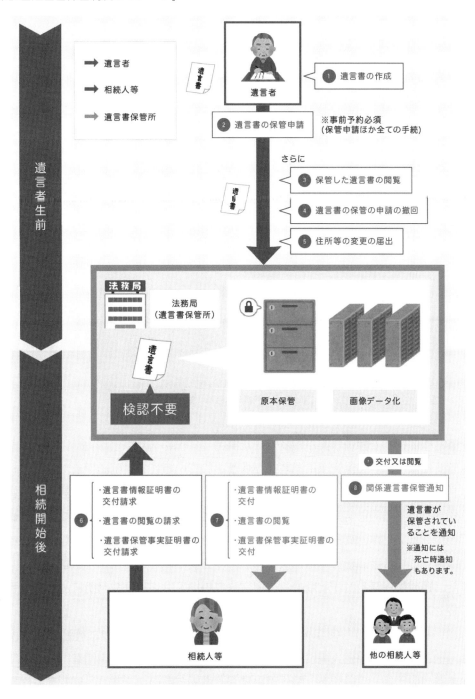

（出典：法務省HP「自筆証書遺言書保管制度」）

【保管証（サンプル）】

(出典：法務省HP「自筆証書遺言書保管制度」)

### ㈂ 遺言書保管所で保管事実が確認できた場合

　保管証により遺言書保管所に遺言書が保管されていることが確認できた場合、相続人等（相続人・受遺者等・遺言執行者等）は、遺言書保管所に対して、遺言書の画像情報が印刷された「遺言書情報証明書」の交付請求を行うことが可能です。つまり、遺言書保管制度においては、遺言者の死亡後であっても遺言書の原本が相続人等に返却されることはなく、相続手続きには遺言書情報証明書を使用することとなります。

　また、遺言書保管制度が利用された遺言書については、家庭裁判所による検認手続きは不要です。

　なお、相続人等のうちの１人が遺言書情報証明書の交付を受けた場合、遺言書保管所は、他のすべての相続人等に対し、遺言書を保管している旨の通知を行うことになっています（以下、この通知を「関係遺言書保管通知」といいます。）。通知を受け取った相続人等は、交付請求を行った者に証明書の確認を行うか、自身で遺言書情報証明書の交付請求を行うことが必要です。

### ㈅ 遺言書情報証明書の交付請求手続き

　遺言者が遺言書の保管申請をする場合、遺言者の住所地または本籍地もしくは所有する不動産の所在地を管轄する遺言書保管所に対して行いますが、相続人等が行う遺言書

情報証明書の交付請求は、全国どこの遺言書保管所に対してでも行うことが可能です。手続きができる人は相続人、受遺者等、遺言執行者等またはその親権者や法定代理人です。交付請求は郵送により行うことも可能ですが、遺言書保管所に出向いて手続きする場合は、必ず前日までに専用ホームページか電話で事前予約が必要です。

【交付請求の必要書類】

| （ⅰ） | 交付請求書（法務局の窓口または法務省HPよりダウンロードで取得可能） |
|---|---|
| （ⅱ） | 【手続に共通して必要となるもの】<br>法定相続情報一覧図（住所記載あり）等<br><br>【請求者に応じて必要となるもの】<br>(A) 請求者が数次相続人の場合<br>　　請求者が遺言者の相続人に該当することを証明する戸籍謄本等<br>(B) 請求者が相続人以外（受遺者等、遺言執行者等）の場合<br>　　請求者の住民票の写し（原本返却を希望する場合は、コピーに「原本に相違ない」旨を記載し、記名が必要です。）<br>(C) 請求者が法人の場合<br>　　法人の代表者事項証明書（作成後3か月以内）<br>(D) 法定代理人が請求する場合<br>　　戸籍謄本（親権者）（作成後3か月以内） |
| （ⅲ） | 請求者の顔写真付きの官公署から発行された身分証明書 |
| （ⅳ） | 手数料（証明書1通につき1,400円相当の収入印紙） |

【大阪法務局における遺言書保管所】

遺言書保管所とは、遺言書の保管事務を行うものとして法務大臣が指定した法務局のことをいいますが、最寄りの法務局が遺言書保管所として指定を受けているとは限りません。事前に遺言書保管所として指定を受けている法務局の確認が必要です。

| 法務局 | 管轄区域 |
|---|---|
| 本局 | 大阪市／豊中市／池田市／守口市／枚方市／寝屋川市／箕面市／門真市／交野市／豊能郡 |
| 堺支局 | 堺市／松原市／高石市／大阪狭山市 |
| 岸和田支局 | 岸和田市／泉大津市／貝塚市／泉佐野市／和泉市／泉南市／阪南市／泉北郡／泉南郡 |
| 北大阪支局 | 吹田市／高槻市／茨木市／摂津市／三島郡 |
| 富田林支局 | 富田林市／河内長野市／羽曳野市／藤井寺市／南河内郡 |
| 東大阪市局 | 八尾市／大東市／柏原市／東大阪市／四条畷市 |

**【遺言書情報証明書（サンプル）】**

H0101202007000001500

# 遺言書情報証明書

| 遺言者 | |
|---|---|
| 氏名 | 遺言　太郎 |
| 出生の年月日 | 昭和○年○月○日 |
| 住所 | ○○県○○市○○町○丁目○番地○ |
| 本籍又は国籍（国又は地域） | ○○県○○市○○町○丁目○番地 |

| 遺言書 | |
|---|---|
| 作成の年月日 | 令和2年7月10日 |
| 保管を開始した年月日 | 令和2年7月20日 |
| 遺言書が保管されている遺言書保管所の名称 | ○○法務局 |
| 保管番号 | H0101-202007-100 |
| 受遺者等　　（遺言書に記載された法務局における遺言書の保管等に関する法律第9条第1項第2号に掲げる者） | |
| 氏名又は名称 | 甲山　花子 |
| 住所 | ○○県○○市○○町○丁目○番地○ |
| 遺言執行者等　　（遺言書に記載された法務局における遺言書の保管等に関する法律第9条第1項第3号に掲げる者） | |
| 氏名又は名称 | 東京　和男 |
| 住所 | ○○県○○市○○町○丁目○番地○ |

# 遺 言 書

1　私は，私の所有する別紙1の不動産を，長男遺言一郎（昭和〇年〇月〇日生）に相続させる。

2　私は，私の所有する別紙2の~~不動産~~（預貯金）㊞を，次の者に遺贈する。

　　住　　所　〇〇県〇〇市〇〇町〇丁目〇番地〇

　　氏　　名　甲山花子

　　生年月日　昭和〇年〇月〇日

3　私は，この遺言の遺言執行者として，次の者を指定する。

　　住　　所　〇〇県〇〇市〇〇町〇丁目〇番地〇

　　職　　業　弁護士

　　氏　　名　東京和男

　　生年月日　昭和〇年〇月〇日

　　令和2年7月10日

　　　　住所　〇〇県〇〇市〇〇町〇丁目〇番地〇

　　　　　　　遺　言　太　郎　㊞

上記2中，3字削除3字追加　　遺言太郎

1 / 3

別紙1

2020/04/01 08:40 現在の情報です。

| 表　題　部 | （土地の表示） | 調製 | 余白 | | 不動産番号 | △△△△△△△△△△△△ |
|---|---|---|---|---|---|---|
| 地図番号 | 余白 | | 筆界特定 | 余白 | | |
| 所　　在 | △△△△区□□□一丁目 | | | | 余白 | |
| ① 地　番 | ② 地　目 | ③ 地　　積　　㎡ | | 原因及びその日付〔登記の日付〕 | | |
| 1番2 | 宅地 | 300:00 | | 1番から分筆<br>〔平成20年10月14日〕 | | |
| 所　有　者 | △△△△区□□□一丁目1番1号　民　事　記　子 | | | | | |

| 権　利　部　（甲　区） | （所　有　権　に　関　す　る　事　項） | | |
|---|---|---|---|
| 順位番号 | 登　記　の　目　的 | 受付年月日・受付番号 | 権　利　者　そ　の　他　の　事　項 |
| 1 | 所有権保存 | 平成20年10月15日<br>第△△△号 | 所有者　△△△△区□□□一丁目1番1号<br>　　　　民　事　記　子 |
| 2 | 所有権移転 | 平成20年10月27日<br>第△△△号 | 原因　平成20年10月26日売買<br>所有者　△△△△区□□□一丁目1番2号<br>　　　　遺　言　太　郎 |

| 権　利　部　（乙　区） | （所　有　権　以　外　の　権　利　に　関　す　る　事　項） | | |
|---|---|---|---|
| 順位番号 | 登　記　の　目　的 | 受付年月日・受付番号 | 権　利　者　そ　の　他　の　事　項 |
| 1 | 抵当権設定 | 平成20年11月12日<br>第△△△号 | 原因　平成20年11月4日金銭消費貸借同日<br>　　　　設定<br>債権額　金4,000万円<br>利息　年2・6％（年365日日割計算）<br>損害金　年14・5％（年365日日割計算）<br>債務者　△△△△区□□□一丁目1番2号<br>　　　　遺　言　太　郎<br>抵当権者　△△△△区□□□一丁目1番6号<br>　　　　株　式　会　社　○○銀　行 |

＊　下線のあるものは抹消事項であることを示す。

遺　言　太　郎　㊞

2 / 3

別紙2

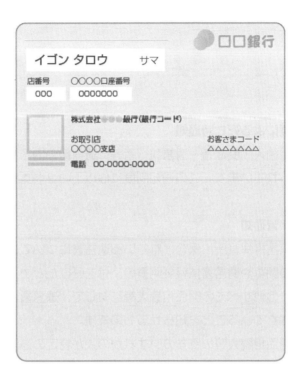

遺言太郎 ㊞

**3 / 3**

上記のとおり遺言書保管ファイルに記録されていることを証明する。

令和2年10月10日
○○法務局

遺言書保管官
法務　三郎

整理番号　ア000001

6 / 6

（出典：法務省HP「自筆証書遺言書保管制度」を一部加工）

#### ④　遺言書保管制度による死亡時通知

　遺言者の死後、相続人・受遺者・遺言執行者等に遺言書の内容を周知するために、通知という制度が設けられています。この通知制度には以下の2種類があります。

#### ㋑　関係遺言書保管通知

　この通知は、遺言書保管所に保管されている遺言書について、遺言者死亡後、関係相続人等が遺言書の閲覧や遺言書情報証明書の交付を受けたとき（以下合わせて「閲覧等」といいます。）、その他すべての関係相続人等に対して、遺言書保管官が、遺言書が遺言書保管所に保管されていることを知らせるものです。

　この通知は、関係相続人等のうちのいずれかの人が特定の遺言者の遺言書の閲覧等をしたことにより、その添付書類から、遺言書保管官が、当該遺言者が死亡したことを確認できるため、その他の関係相続人等に知らせることが可能となるため行われるものです。

※　遺言者死亡後であっても、関係相続人等のうちのいずれかの人が遺言書の閲覧等をしなければ、通知はされません。

---

## 遺言書の保管に関する通知

下記の遺言書の申請に係る遺言書を保管している旨を通知します。

| | |
|---|---|
| 遺言者の氏名 | 遺言　太郎 |
| 遺言者の出生の年月日 | 昭和○年○月○日 |
| 遺言書が保管されている<br>遺言書保管所の名称 | ○○法務局 |
| 保管番号 | H0101-202007-100 |

【注意事項】
1　本通知は、法務局における遺言書の保管等に関する法律（平成30年法律第73号）第9条5項等の規定により、遺言者の相続人並びに遺言書に記載された受遺者等（遺言書に記載された同法第9条第1項第2号に掲げる者）及び遺言執行者等（遺言書に記載された同項第3号に掲げる者）に宛てて行うものです。
2　あなたは、上記遺言書について、その閲覧又は遺言書情報証明書（遺言書の内容を確認することができる書面）の交付を請求することができます。必要な書類等の詳細については、法務省HP（https://www.moj.go.jp/MINJI/minji03_00051.html）を御覧ください。なお、本通知は、遺言書の閲覧又は遺言書情報証明書の交付の請求をするために利用する書類です。
3　遺言書の閲覧又は遺言書情報証明書の交付の請求には、あらかじめ遺言書保管所（法務局）に手続のための日時を予約していただくことが必要です。

令和○年○月○日
○○法務局

遺言書保管官
　　法務　三郎

（出典：法務省HP「自筆証書遺言書保管制度」をもとに作成）

### ㋺　死亡時通知

　この通知は、戸籍担当部局と連携して遺言書保管官が遺言者の死亡の事実を確認した場合に、あらかじめ遺言者が指定した人1名に対して、遺言書が保管されている旨を知らせるものです。なお、この通知は、遺言者が希望する場合に限り行われます。

　このことにより、遺言者が遺言書を遺言書保管所に保管していることを一切誰にも伝えないまま亡くなった場合でも、まず、この死亡時通知を受領した人にその事実が伝わり、その人が遺言書の閲覧等を行うことにより、関係遺言書保管通知によって、結果としてその他すべての関係相続人等にも、遺言書が保管されていることが通知されます。

## 遺言書の保管に関する通知（指定による通知対象者用）

下記の遺言書の申請に係る遺言書を保管している旨を通知します。

| 遺言者の氏名 | 遺言　太郎 |
|---|---|
| 遺言者の出生の年月日 | 昭和○年○月○日 |
| 遺言書が保管されている遺言書保管所の名称 | ○○法務局 |
| 保管番号 | H0101-202007-100 |

【注意事項】
1　本通知は、遺言者が遺言書の保管の申請に際して通知の対象者に指定した方に宛てて行うものです。
2　あなたが、上記遺言者の相続人又は上記遺言書に記載された受遺者等（遺言書に記載された法務局における遺言書の保管等に関する法律（平成30年法律第73号）第9条第1項第2号に掲げる者）若しくは遺言執行者等（遺言書に記載された同項第3号に掲げる者）である場合には、上記遺言書について、その閲覧又は遺言書情報証明書（遺言書の内容を確認することができる書面）の交付の請求をすることができます。必要な書類等の詳細については、法務省HP（https://www.moj.go.jp/MINJI/minji03_00051.html）を御覧ください。なお、本通知は、遺言書の閲覧又は遺言書情報証明書の交付の請求をするために利用する書類です。
3　遺言書の閲覧又は遺言書情報証明書の交付の請求には、あらかじめ遺言書保管所（法務局）に手続のための日時を予約していただくことが必要です。

令和○年○月○日
○○法務局

遺言書保管官
法務　三郎

みほん
電子
公印

（出典：法務省HP「自筆証書遺言書保管制度」をもとに作成）

　なお、保管の申請をした後も、受遺者及び遺言執行者等として遺言書に記載されている方の転居等の変更、推定相続人との間での身分関係に変更等があった場合には、遺言書保管所に変更の届出が必要です。変更の届出は、全国どこの遺言書保管所でも対応可能です。

### ⑤　複数の遺言書が見つかった場合

　複数の遺言書が発見され、その内容が抵触する場合には、遺言書の種類にかかわらず、その抵触する部分については後日付の遺言が優先して効力を有します。

◆ COLUMN｜コラム｜ ◆

**貸金庫にある遺言書**

　自筆証書遺言の原本または保管証（法務局保管制度を利用）、公正証書遺言の正・謄本などは、銀行の貸金庫にて保管されている可能性がありますが、銀行における貸金庫の内容物の確認や持出しは厳格に管理されている場合が多く、一般的には相続人全員の立会いや同意が必要になります。

　そのため、貸金庫の中の遺言書の有無を確認したくとも、相続人同士が不仲である場合は、その同意を取ることが困難なケースも考えられます。それでも遺言書の有無は最優先の確認事項であるため、そのような場合は、公証人の立会い（事実実験公正証書を作成）のもと、貸金庫の開閉等について、銀行と交渉する余地があるものと考えられます。

　大切なものを厳重に保管できる銀行の貸金庫ですが、遺言書についてはその発見や内容確認に困難さが生じるだけでなく、貸金庫からの引出しができない可能性があるため遺言書は貸金庫に保管しておかない方がよいでしょう。

## （3）　遺言書が見つからない場合

### ①　公正証書・秘密証書遺言の検索

#### ㈤　検索方法

　公正証書遺言及び秘密証書遺言については、全国どこの公証役場に対してでも、その有無について照会をかけることが可能です（東京都内は昭和56年以降、それ以外の地域は平成元年以降作成されたものに限ります。）。なお、遺言書の有無の照会は最寄りの公証役場で無料で行うことが可能です。

【遺言検索の必要書類】

| | |
|---|---|
| （ⅰ） | 遺言者の死亡の事実が確認できる書類（戸籍謄本等） |
| （ⅱ） | 請求者が相続人であることを確認できる書類（戸籍謄本等） |
| （ⅲ） | 請求者の本人確認書類（運転免許証や発行から3か月以内の印鑑登録証明書等） |
| （ⅳ） | 請求者の代理人が手続きを行う場合に追加で必要な書類<br>・委任状（公証役場で取得可能）<br>・代理人の本人確認書類 |

#### ㈥　検索によって遺言書が発見された場合

　公正証書遺言は公証役場にその原本が保管されていることから、謄本の請求に関しては、その遺言書を作成した公証役場に対して行わなければなりません。謄本の交付にかかる費用は1枚につき250円です。

秘密証書遺言については作成の有無のみの確認となり、原本は本人保管のため、照会により存在が確認できたとしても、自宅等で原本の捜索はしなければなりません。

【委任状（サンプル）】

正・謄本交付
原本閲覧　　　　申　請　書

令和　　　年　　　月　　　日

大阪法務局所属　公証人＿＿＿＿＿＿＿＿＿＿＿殿

1　申請人

| 住　　所 | | |
| 商　号<br>氏　名 | | 印 |
| 代表者<br>代理人 | | |
| | TEL（　　）　　　局　　　　番号 | |

2　申請に係る証書の表示

公証人＿＿＿＿＿＿＿＿＿　作成

昭和・平成　　　年第　　　号　　　　　　　　公正証書
　　　　　　　　　　　　　　　　　　　　　　定　　款

3　申請事項（該当するものに○をして下さい）

| 1 | 公正証書原本及び付属書類の閲覧を申請します。 |
| 2 | 同　　謄本　　　　通の交付を申請します。 |
| 3 | 同　　正本　　　　通の交付を申請します。 |
| 4 | 同　　付属書類（　　　　　　　）謄本　　　通の交付を申請します。 |
| 5 | 定款原本及び付属書類の閲覧を申請します。 |
| 6 | 同　　謄本　　　　通の交付を申請します。 |
| 7 | 遺言者　　　　　　　　　　　　の遺言公正証書検索を申請します。 |

上記申請書類を受領しました。

令和　　　年　　　月　　　日

申請人　　　　　　　　　　　印

| 委任状 |
| --- |

前記申請並びに受領の代理人に＿＿＿＿＿＿＿＿＿を選任する。

令和　　　年　　　月　　　日

印

＊3ヶ月以内発行の印鑑証明書（法人は資格証明書も）添付して下さい。

## ② 自筆証書遺言の検索

　上記⑵③(イ)の保管証が見つからなかった場合でも、遺言書保管所に遺言書が保管されていないかどうかの確認を行うことが可能です。検索対象者が亡くなった後、遺言書保管所に対して「遺言書保管事実証明書」の交付請求を行います。

　この証明書を請求することにより、①請求者がその対象者の相続人である場合に、遺言書が保管されているかどうか、②請求者がその対象者の相続人でない場合に、請求者を受遺者等・遺言執行者等とする遺言書が保管されていないかどうかを確認することができます。

　交付請求は郵送により行うことも可能ですが、遺言書保管所に出向いて手続きする場合は、専用ホームページか電話にて必ず事前予約が必要です。当日に予約を行うことはできません。なお、遺言書保管事実証明書の交付請求を行った場合も、遺言書保管所は遺言者の死亡事実を把握することとなりますので、遺言者が希望していたときは、上記⑵④の死亡時通知の対象となります。

【交付請求の概要】

| 請求者 | 誰でも可能 |
|---|---|
| 申立先 | 全国どこの遺言書保管所でも可能 |
| 必要書類 | ・交付請求書（法務局の窓口または法務省HPよりダウンロードで取得可能）<br>**【手続に共通して必要となるもの】**<br>・遺言者が死亡したことを確認できる戸籍謄本等<br>・請求者の住民票の写し（原本返却を希望する場合は、コピーに「原本に相違ない」旨を記載し、記名が必要です。）<br><br>**【請求者に応じて必要となるもの】**<br>(A)　請求者が数次相続人の場合<br>　・請求者が遺言者の相続人に該当することを証明する戸籍謄本等<br>(B)　請求者が相続人以外（受遺者等、遺言執行者等）の場合<br>　・請求者の住民票の写し（コピーの場合は「原本に相違ない」旨を記載し、記名が必要です。）<br>(C)　請求者が法人の場合<br>　・法人の代表者事項証明書（作成後3か月以内）<br>(D)　法定代理人が請求する場合<br>　・戸籍謄本（親権者）（作成後3か月以内） |
| 費用 | 手数料（証明書1通につき800円相当の収入印紙） |

〈関係遺言書であるか否かに注意〉
　遺言書保管事実証明書の交付請求は、あくまで、自己が関係相続人等（相続人、受遺者または遺言執行者）に該当する遺言書の保管の有無を確認するものです。そのため、請求者が関係相続人等に該当するか否かによって、回答が異なります。つまり、遺言書が保管されている場合でも、その遺言書が請求者にとって関係する遺言書でなければ、保管がされていない旨の証明書が交付されることに注意が必要です。

【遺言書保管事実証明書（サンプル）】（請求人が相続人で、遺言書が保管されている場合）

## 遺言書保管事実証明書

| 請求人 | |
|---|---|
| 資格 | ☑相続人　□相続人以外 |
| 氏名又は名称 | 遺言　一郎 |
| 住所 | ○○県○○市○○町○丁目○番地○ |

| 遺言者 | |
|---|---|
| 氏名 | 遺言　太郎 |
| 出生の年月日 | 昭和○年○月○日 |

| 遺言書 | |
|---|---|
| 作成の年月日 | 令和2年7月10日 |
| 遺言書が保管されている遺言書保管所の名称 | ○○法務局 |
| 保管番号 | H0101-202007-100 |

　上記の遺言者の申請に係る遺言書が遺言書保管所に保管され，上記のとおり遺言書保管ファイルに記録されていることを証明する。

令和3年7月10日
○○法務局

遺言書保管官
法務　三郎

整理番号　ア000001

1 / 1

（出典：法務省HP「自筆証書遺言書保管制度」）

**【遺言書保管事実証明書（サンプル）】（請求人が相続人以外で、遺言書が保管されていない場合）**

## 遺言書保管事実証明書

| 請求人の資格 | ② 1：相続人／2：相続人以外 |
| --- | --- |

**請求人の<br>氏名又は名称**

姓　| 乙 | 山 | | | | | | | | | | | | | | | |

名　| 月 | 子 | | | | | | | | | | | | | | | |

**請求人の住所**　〒 ○○○ － ○○○○

都道府県<br>市区町村<br>大字丁目　| ○○県○○市○○町○丁目 |

番地　| ○ | 番 | 地 | ○ | | | | | | | | | | | | |

建物名　| | | | | | | | | | | | | | | | | |

**遺言者の氏名**　セイ　| イゴン |

姓　| 遺 | 言 | | | | | | | | | | | | | | | |

メイ　| タロウ |

名　| 太 | 郎 | | | | | | | | | | | | | | | |

**遺言者の<br>出生の年月日**　③ 1：令和／2：平成／3：昭和／4：大正／5：明治　　○○ 年 ○○ 月 ○○ 日

　　上記の遺言者の申請に係る請求人を受遺者等（遺言書に記載された法務局における遺言書の保管等に関する法律第9条第1項第2号に掲げる者）又は遺言執行者等（遺言書に記載された同項第3号に掲げる者）とする遺言書が遺言書保管所に保管されていないことを証明する。

令和3年7月10日
○○法務局

遺言書保管官
法務　三郎

整理番号　ア000001

（出典：法務省HP「自筆証書遺言書保管制度」）

## 遺言書保管制度の利用状況

　令和2年7月10日から始まった遺言書保管制度ですが、既に多くの利用件数があります。遺言書の保管申請件数は累計で35,888件にのぼり、制度開始当初からの月平均は約1,500件程度が利用されています（令和4年5月時点）。今後、さらなる利用件数の増加が予想されます。

（単位：件）

| | 遺言者の手続き | 相続人等の手続き | |
|---|---|---|---|
| | 遺言書の保管申請 | 遺言書情報証明書の交付請求 | 遺言書保管事実証明書の交付請求 |
| 令和2年分<br>（7月10日より開始） | 12,631 | 63 | 91 |
| 令和3年分 | 17,002 | 684 | 984 |
| 令和4年1月分 | 1,116 | 73 | 110 |
| 令和4年2月分 | 1,039 | 90 | 112 |
| 令和4年3月分 | 1,420 | 97 | 157 |
| 令和4年4月分 | 1,276 | 96 | 132 |
| 令和4年5月分 | 1,404 | 99 | 146 |

（法務省HP　「遺言書保管制度の利用状況」に一部加筆）

## （4）遺言書の有効性の検討

　公正証書遺言の場合、その有効性が問題視されるのは極めて稀ですが、自筆証書遺言や秘密証書遺言の場合は、その有効性について相続人間で争いが生じるケースがあります。そのような場合は、弁護士に有効性についての相談をするほか、不動産登記実務上の問題として、法務局または司法書士に対し、その遺言書を用いて登記が可能かどうかも確認しておく必要があります。

## （5）遺贈の放棄

### ①　放棄の方法

　遺贈は遺言者の単独行為であるため、受遺者は、遺言者の死亡後いつでも遺贈の放棄をすることが認められています（民法986条）。遺贈の放棄がされた財産については、相続人

による遺産分割協議の対象となります。

　遺贈の放棄は相続放棄と違って口頭でも成立しますが、遺贈の放棄は財産について指定する「特定遺贈」についての規定と考えられているため、割合について指定する「包括遺贈」には適用されません。包括遺贈は、遺言者の財産上の権利義務を包括的に承継することから、相続人と同一の権利義務を有すると解されており、包括受遺者が遺贈の対象財産の取得を望まない場合は、相続放棄によることとなります。

　また、特定財産承継遺言（「相続させる」旨の遺言）の場合は、相続人に対して遺産分割方法の指定があったものと考えられていますので、放棄は口頭等ではなく、相続放棄の手続きをとらなければなりません。

〈遺贈の放棄の念書を取る〉

　遺贈の放棄は口頭でも成立するものの、事実関係を明らかにするために念書を作成し、遺贈の放棄者には実印を押してもらっておいた方がよいでしょう。

②　遺贈の承認または放棄の催告

　上記①のとおり、遺贈の放棄には期限が設けられていないため、受遺者の意思がはっきりしない場合には、受遺者以外の利害関係人は不安定な状況に置かれることとなってしまいます。

　そのため、相続人その他の利害関係人は受遺者に対し、相当の期間を定めて、その期間内に遺贈の承認または放棄をすべき旨を催告することが可能です。受遺者がその期間内に意思表示をしないときは、遺贈は承認されたものとみなされます。なお、一度行った遺贈の承認または放棄は撤回することができません。

# （6）遺言執行者の選任

　遺言書に遺言執行者が指定されていない場合、利害関係人から家庭裁判所に請求をすることで、遺言執行者を選任してもらうことが可能です。遺言執行者は、遺言内容を実現するための権利義務を有する人です（遺言執行者の職務については第7章参照。）。請求の際に候補者を推薦することは可能ですが、実際に候補者が選任されるかどうかは候補者の適格性次第となり、家庭裁判所によって判断が行われます。

　ただし、遺言執行者の選任は必ずしも必要という訳ではありません。遺言執行者でなければ執行できない事項には次のようなものがあります。

【遺言執行者でなければ執行できない事項の例示】

①　認知

②　推定相続人の廃除

③　推定相続人の廃除の取消し

④　一般社団法人の設立　等

　そのため、他の相続人から遺言執行の妨害行為がある場合などを除き、遺言執行者の選任は必ず必要とも限らないものと考えられます。遺言執行者の指定や選任がされていない場合でも、相続人から専門家へ遺産整理業務を委任することは可能です。

〈非弁行為に注意〉
　弁護士以外の者が遺産整理業務の委任を受ける場合は、相続人全員からの委任であり、法的紛議が生じていないことが前提である必要があります。既に相続人間で紛争が生じている、または仲が悪いなどの原因で紛争が生じる可能性が高い場合は、弁護士法72条（非弁護士の法律事務の取扱い等の禁止）に違反する恐れがあるため、遺産整理業務は辞任すべきと考えます。

# （7）遺言執行者の辞任

　遺言書に遺言執行者が指定されている場合でも、相続人や受遺者等が遺言執行者と協議することにより、または遺言執行者が自ら、職務を辞任することがあります。遺言執行者にも遺言内容を執行する義務がありますので、辞任の判断は遺言執行者が行った上で、家庭裁判所の許可により正式な辞任が決定します。遺言執行者の自らの辞任については、例えば相続人間で遺言内容に関する争いが生じ、遺言執行が困難と判断された場合に行われます。

　令和元年7月1日以降に開始した相続では、遺留分の侵害があった遺言であっても、遺留分権利者は金銭債権として遺留分侵害額請求権を得ることとなり、相続人や受遺者が受ける物権には影響を与えません。そのため、遺留分の侵害がある遺言書でも遺言執行は可能であると考えられますが、相続人間で法的紛争がある場合は、弁護士以外の者が報酬を得る目的で遺言執行を行うと、弁護士法72条（非弁護士の法律事務の取扱い等の禁止）に抵触する恐れがあります。特に、信託銀行が遺言執行者の場合は内部規定により遺言執行者の辞退が早々に決まるケースもありますが、これは日本弁護士連合会と一般社団法人信託協会との間で合意があり、その合意に基づいた運用が行われているものと考えられます。

　遺言執行者が就職を辞退した場合、遺言内容の執行については受遺者等が自身で行うこととなりますが、内容に応じて専門家に遺産整理業務を委任することは可能です。遺言執行者が辞任しても遺言内容が無効になる訳ではありません。

　なお、遺言執行者が就職を辞退した場合は、各種相続手続きにおいて遺言執行者の辞職に関する通知書が必要になります。

【遺言執行者の辞退通知（サンプル）】

〇〇年〇月〇日

〒〇〇〇-〇〇〇〇

大阪府…

　国税　太郎様

東京都…

〇〇信託銀行株式会社

通知書

　粛啓　平素より格別のお引き立てを賜り誠にありがとうございます。

故　国税　花子様の遺言公正証書にかかる遺言執行者に就職するか否かにつきまして、弊社は、諸般の事情を熟慮させて頂きました結果、就職を辞退することをご通知申し上げます。

敬具

担当：〇〇業務部

〇〇課　〇〇

TEL　…

# 第4章

## 財産・債務の確定

本章では、遺言書が作成されていない場合に税理士等が主体となって、財産・債務を確定させる流れを解説します。

　前章で確認した相続人や遺言書の有無により、財産・債務の確定をする進め方が異なってきます。遺言書が作成されていた場合は、遺言執行者を定めているケースがあり、その場合は遺言執行者により名義変更等の手続きを進めていくことになります。遺言執行者による手続きの流れに関しては、第7章をご参照ください。

## （1）　相続人との面談

　最初に相続人と面談をすることからスタートしますが、面談をどこで行うかが重要となります。委任を受けた税理士の事務所、紹介者の事務所や自宅、相続人の自宅など面談場所は様々に考えられますが、可能であれば被相続人の自宅で行うのがよいでしょう。

　相続が開始してそれほど時間が経っていなければ、書類は被相続人の自宅でそのままになっているケースが多く、書類の保管されていない場所で面談すると確認する書類に漏れの生じる可能性が高くなるからです。なお、書類を既に相続人の自宅等へ移しているのであれば、面談は移動先で行うとよいでしょう。

　面談にあたっては、チェックリストなどを用いて相続人に聞き取りを行い、各書類の確認を行います。

---

### ● COLUMN｜コラム｜ ●

### 相続税の申告のためのチェックシート

　国税庁から「相続税の申告のためのチェックシート」という書類が公表されています。これは相続税の申告書作成に使用する書類で、各種の検討項目に関するチェックリストとなっています。

　チェックリストは、①遺産分割、②相続財産、③債務・葬式費用、④生前贈与、⑤財産評価、⑥各種特例、⑦課税価格、⑧基礎控除額、⑨税額計算等の9項目がまとめられており、財産・債務の調査のためのものではないものの、相続税の申告も行う場合には網羅的に確認できる内容となっているため使ってみるのもよいでしょう。

■相続税の申告のためのチェックシート（国税庁HP）

　https://www.nta.go.jp/publication/pamph/sozoku-zoyo/2019/pdf/04-067-0a.pdf

【被相続人に関するチェックリスト（簡易版サンプル）】

| 種　類 | 確認事項 | 確認資料 | 確認<br>(✓) |
|---|---|---|---|
| | 確定申告はしていましたか？ | 所得税確定申告書（控）<br>財産・債務の明細書 | ☐ |
| 不動産 | 不動産はお持ちでしたか？（未登記、共有、先代名義も含む） | 権利証（登記済証・登記識別情報通知）<br>売買契約書<br>固定資産税の納税通知書・課税明細書 | ☐ |
| | 借りている土地・建物等はありましたか？ | 賃貸借契約書・使用貸借契約書 | ☐ |
| 有価証券 | 株式、公社債等の有価証券はお持ちでしたか？（名義に関わらず実質的に被相続人のものを含む） | 取引残高報告書<br>株主総会招集通知<br>配当金支払通知書 | ☐ |
| | 上場されていない株式・出資はありましたか？ | 法人税申告書<br>決算書<br>株主名簿 | ☐ |
| 現金・<br>預貯金 | 預貯金口座はお持ちでしたか？（名義に関わらず実質的に被相続人のものを含む） | 預貯金通帳<br>定期預貯金証書 | ☐ |
| 生命<br>保険金 | 生命保険金はありませんか？ | 保険証券<br>支払保険金計算書 | ☐ |
| 死亡<br>退職金 | 死亡退職金はありませんか？ | 退職手当金等受給者別支払調書<br>株主総会議事録等 | ☐ |
| その他の<br>財産 | 貸付金などの金銭債権はありましたか？ | 金銭消費貸借契約書 | ☐ |
| | 自動車やバイクはお持ちでしたか？ | 車検証<br>購入時の明細書等 | ☐ |
| | ゴルフ会員権やリゾート会員権はお持ちでしたか？ | 会員証 | ☐ |
| | 貴金属、書画、骨董等はお持ちでしたか？ | 購入時の領収書等<br>預り証 | ☐ |
| 債務 | 借入金はありましたか？ | 金銭消費貸借契約書 | ☐ |
| | 未納の税金はありますか？ | 納付書<br>納税通知書 | ☐ |
| 葬式費用 | 葬式費用はありましたか？ | 請求書<br>領収書 | ☐ |
| | お布施はありましたか？ | ※ヒアリングにて確認 | ☐ |

## （2） 相続人からの依頼

　相続人から遺産整理業務などの依頼を受けた場合、税理士等が主体となって財産調査を行うために、委任状の作成をしましょう。

　委任状には相続人の署名と実印での押印が必要となり、使用する時には印鑑登録証明書も必要になります。印鑑登録証明書は、提出する先によって発行から3か月以内、6か月以内など有効期限を定めている場合が多いので、相続人に取得を依頼をする際には手続きのタイミングと有効期限に注意しましょう。

---

### 委任状

事　務　所：大阪太郎税理士事務所
所　在　地：〇〇市〇〇区〇〇1丁目1番1号
電話番号：××－××××－××××
受　託　者：税理士　大阪太郎（〇〇税理士会所属　登録番号012345号）

　上記の者に被相続人関西花子（生年月日：昭和〇年〇月〇日、相続開始日：令和〇年〇月〇日、住所：〇〇市〇〇区〇〇1丁目1番1号、本籍：〇〇市〇〇区〇〇1丁目1番地）に係る下記の権限を委任します。

　1．すべての金融機関の被相続人名義の残高証明、異動証明、取引記録の請求・受領
　2．すべての証券会社の被相続人名義の残高証明、異動証明、取引記録の請求・受領
　3．被相続人の固定資産評価証明書及び固定資産課税台帳の請求・受領
　4．上記1から3に付帯する一切の権限

令和4年〇月〇日

委託者　住所：〇〇市〇〇区〇〇2丁目2番2号
　　　　氏名：相続人　関西一郎　（実印）

---

## （3） 財産調査、書類の収集

　相続人から聞き取った内容や確認した書類から、財産・債務の存在する可能性のある金融機関等に問合わせを行うことになります。

　実際に問い合わせる際には、①委任状、②印鑑登録証明書、③法定相続情報一覧図（被相続人と相続人であることが分かる戸籍）、④本人確認書類を提示し、財産・債務が存在

するかどうか確認を行います。存在が確認された場合には、残高証明書などの書類を請求・取得します。

　また、取得した書類から他の財産・債務の手がかりを探し、芋づる式に新たな財産・債務を発見していきましょう。

## 1　不動産（土地・建物）について

### （1）　はじめに確認すること

　被相続人の自宅などや所有・使用していた不動産について相続人から聞き取りを行い、保管されている固定資産税に関する書類や権利証など下記の書類を確認します。また、預金口座から固定資産税の引き落としや不動産会社からの入金・出金など、不動産に関係する履歴がないかの確認もしておきましょう。

#### ①　固定資産税の納税通知書・課税明細書
　固定資産税の納税通知書・課税明細書は、固定資産税の納税義務者である不動産の所有者に対して送られてくる書類で、納税通知書に納税額が記載され、課税明細書に課税対象となる不動産の情報が記載されています。市町村ごとに様式は異なりますが、記載されている内容は基本的に変わりありません。

　課税明細書には、所在地、登記地目、現況地目、登記面積、課税面積、固定資産税評価額（「価格」と表示されている場合もあります。）など様々な情報が記載されています。なお、登記地目と現況地目が異なる場合は登記されている地目と異なる利用をしている可能性が考えられますし、登記面積と課税面積が異なる場合は建物を増築している可能性が考えられるなど、課税明細書から多くの情報を得ることができます。これらの情報を基に不動産の調査を進めていきましょう。

　また、納税通知書・課税明細書は納税の通知のために送られてくる書類のため、課税標準額の合計額が免税点（土地30万円、建物20万円）未満の場合、固定資産税は課税されないこととなり、書類も送られてこない点に注意が必要です。

（参考）「課税明細書」　固定資産の価格

平成19年度 固定資産税・都市計画税（土地・家屋）課税明細書

大阪 花子 様　　　　　　　　　　　　　　　　　　　北　区分 51 51- 1320-0

| 資産 種類 | 資産の所在 | 当該年度価格（千円）<br>地 積（土地）<br>床面積（家屋）（㎡） | 前年度分の固定資産税<br>課税標準額（千円）<br>前年度分の都市計画税<br>課税標準額（千円） | 当該年度固定資産税<br>課税標準額（千円）<br>当該年度都市計画税<br>課税標準額（千円） | 固定資産税<br>相当税額（円）<br>都市計画税<br>相当税額（円） | 固定資産税<br>軽減税額（円）<br>都市計画税<br>軽減税額（円） | 特例・減額等 |
|---|---|---|---|---|---|---|---|
| 土地 | 中之島1丁目3番○ | | | 小規模住宅 | | | |
| | 宅地 | 30,900 | 5,150 | 5,150 | 72,100 | | 100・・ |
| | | 100.00 | 10,300 | 10,300 | 30,900 | | 100・・ |
| 家屋 | 中之島1丁目3番地○ | | | 13-20 | | | |
| 1 | 居宅 | 7,920 | | 7,920 | 110,880 | | |
| | 鉄筋コ | 120.00 | | 7,920 | 23,760 | | |

（出典：大阪市HP「登記申請時には課税明細書がご利用いただけます」）

## ②　不動産契約書（賃貸借・使用貸借）

　不動産の賃貸借契約書や使用貸借契約書が見つかった場合には、被相続人やその先代が貸主となっていれば、相続財産に不動産が含まれていることが想定されるため、その情報を基に対象不動産の調査を行いましょう。

　次に、賃貸借契約の借主の場合であれば、不動産の賃借権（借地権・借家権）が相続財産に含まれていることが想定されるため、権利の対象となる不動産の調査を行いましょう。ただし、公営住宅に関しては、最一小判平2・10・18で「入居者が死亡した場合には、その相続人が公営住宅を使用する権利を当然に承継すると解する余地はないというべきである。」との判例があり、相続の対象とならないとされています。

　なお、使用貸借契約の借主の場合は、民法597条3項において「使用貸借は、借主の死亡によって終了する。」と規定されているため、相続の対象となる権利は原則としてありません。

## ③　権利証（登記済証・登記識別情報通知）

　権利証とは、不動産の所有権に関する登記が完了した際に、登記名義人に対して法務局が発行する書類をいいます。現在発行される書類は「登記識別情報通知」ですが、平成17年の不動産登記法の改正前に登記がされたものは「登記済証」という書類が発行されています。権利証から所在地の確認ができるため、その情報を基に調査を行いましょう。

　なお、不動産の権利証が見つかった場合に調査の対象とするのは、被相続人名義だけでなく、被相続人の先代以前の名義の分も含めておきましょう。先代以前の名義に関しては、名義変更が行われていないだけで相続財産に含まれる可能性があるため、遺産分割の状況等も含めて確認が必要となります。

　また、権利証とともに、次に説明する売買契約書などの関連する書類をまとめて保管されているケースがよくありますので、確認しておきましょう。

登記識別情報通知

次の登記の登記識別情報について、下記のとおり通知します。

【不動産】
　大阪市中央区上町一丁目４番８の土地

【不動産番号】
　１２０００００９９５９５
【受付年月日・受付番号（又は順位番号）】
　平成２７年１月１５日受付　第７３号
【登記の目的】
　所有権移転
【登記名義人】
　大阪市中央区上町一丁目１００番地
　法務花子

（以下余白）

見　本

＊下線のあるものは抹消事項であることを示す。

平成２７年１月１６日
大阪法務局
登記官　　　　大阪登記官一郎

記
登記識別情報

| 4 | 4 | A | T | 3 | W | P | 3 | 7 | X | C | N |

#### ④　売買契約書

　不動産の売買契約書が見つかった場合、被相続人やその先代が買主となっていれば、不動産が相続財産に含まれていることが想定されるため、その情報を基に対象不動産の調査を行いましょう。また、換価分割や将来的に不動産を売却する場合には、譲渡所得の計算に取得費が必要となるため、見つけておくとよいでしょう。

　次に売主の場合であれば、売却資金が被相続人名義の口座に入金されているかを確認しましょう。預金口座に資金が入っていなければ、把握していない預金口座が存在する可能性や相続人に資金が流れている可能性があります。

# （2） その後収集する資料

面談の際の聞き取りや取得した書類から、追加で下記の書類を取得していきましょう。

## ① 登記事項証明書（登記簿謄本）

相続財産に不動産が含まれる可能性がある場合には、まず権利関係が記載されている不動産の登記事項証明書（登記簿謄本）を取得しましょう。不動産の登記事項証明書は土地と建物の2つの種別に分かれていますが、マンションなどの「区分所有建物」の「敷地権」については建物の登記に含めて表示されています。

昔は「登記簿」という紙の帳簿で保管されており、その写しを取得していたことから「登記簿謄本」といいましたが、現在ではデータでの管理となり書類も「登記事項証明書」となっています。ただ、現在も昔の名残で「登記簿謄本」と呼ぶ場合があります。

相続財産調査のため登記事項証明書を取得する場合には、過去の情報も含めて記載されている「全部事項証明書」と現時点の情報のみを記載している「現在事項証明書」のいずれかを取得することとなります。どちらを取得してもよいのですが、過去の情報も調査の役に立つケースがよくあるので、全部事項証明書を取得した方がよいでしょう。「全部事項証明書」と「現在事項証明書」は、どこの登記所においても全国すべての登記所のものを取得可能です。具体的な取得方法は、①登記所の窓口で直接請求、②請求用紙を郵送しての請求、③インターネットを介してオンラインでの請求のいずれかで行います。いずれの方法でも、証明書は郵送か窓口での受取りのみで、オンラインでの交付はありません。

登記事項証明書は、土地と建物のいずれも上から順に「表題部」と「権利部」と「共同担保目録」の3つの区分に分けて記載されています。表題部はその物件自体の情報（所在場所、面積など）、権利部は所有権に関する情報（「甲区」として所有者、取得日、取得原因、共有の場合の持分などが記載）と抵当権などの所有権以外の権利に関する情報（「乙区」として記載）、共同担保目録は他の物件と一緒に抵当権が設定されている場合の情報が載っています。共同担保目録の記載がある場合、記載されているものが把握していない物件であれば相続財産の可能性がありますので、調査を行いましょう。

なお、権利部や共同担保目録は土地と建物でも違いは特にありませんが、表題部に関してはそれぞれ以下のような情報が記載されています。

### ㈠ 土地の登記事項証明書

土地の表題部には、その土地の所在場所（所在・地番）、利用状況（地目）、地積が記載されています。所在場所は住居表示（住所）ではなく、登記管理上の地番によるものとなります。

次に、利用状況は地目にて表示されていますが、登記された当時の地目を示しているにすぎず、現況と異なる場合もよくあります。前述のとおり登記上の地目と固定資産税

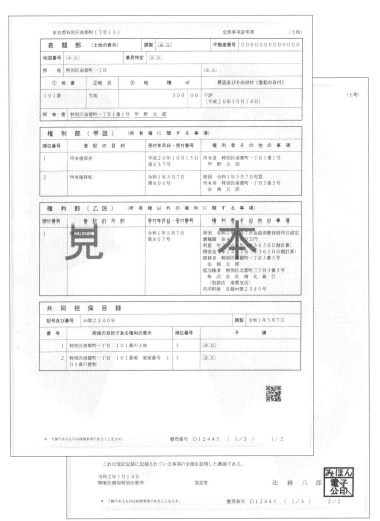

(出典：法務省HP)

での現況地目が異なっていれば、登記された当時から利用状況が変わっている可能性があるので、現地の状況の確認もしておきましょう（登記地目と固定資産税の現況地目ともに現況と異なる場合もあります。）。

## ㋺ 建物の登記事項証明書

　建物の表題部は、所在場所（所在・家屋番号）、利用状況（種類）、構造、床面積が記載されています。主たる建物と一体利用されている附属建物がある場合には、その利用状況（種類）、構造、床面積も記載されています。

　所在場所は、所在する土地の所在（地番）と建物の登記管理上の家屋番号で表示されています。なお、建物は未登記になっている場合や存在しない建物が登記上残っている場合があるため、固定資産税の課税明細書などを確認して市町村における管理状況や現地の状況を確認する必要があります。

　また、種類にて表示されている利用状況が現況と異なっている場合や表示されている

構造（材質、階数）や床面積（各階の床面積）の内容が増改築を反映していない場合も
あるため、こちらも固定資産税の課税明細書や現地の状況との確認をしておきましょう。

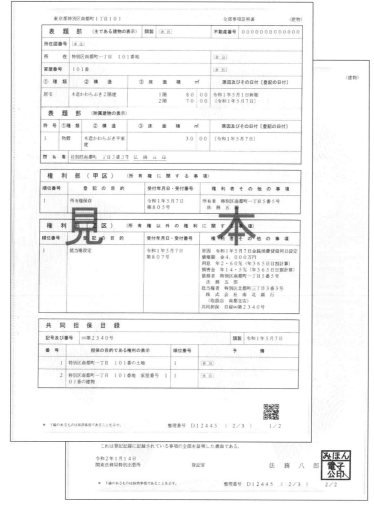

（出典：法務省HP）

〈地番と住居表示（住所）の違い〉

　地番は登記管理のために一筆ごとの「土地」に法務局が付した番号で、住居表示
（住所）は住居表示に関する法律に基づき「建物」に市町村が付した番号となります。
そのため、地番と住居表示では番号が異なり、どちらか一方しか分からないという
ケースがよくあります。

　地番から住居表示を調べる場合には、㈱ゼンリンが発行しているブルーマップと
いう住宅地図に青色の公図をあわせた地図帳を使用します。住居表示から地番を調
べる場合には、ブルーマップに加えて、登記情報提供サービスの「地番検索サービ
ス」というホームページの地図上から地番を検索することで調べることができます。

　なお、都市部では住居表示を実施している場合が多いですが、実施していない区
域の住所は地番と同じになります。

## ⒣　区分所有建物の登記事項証明書

　区分所有建物は、所有権が独立した部屋ごとに区分されたマンション等の建物で、前述の建物をベースとした登記内容となりますが、次の2点が異なってきます。

　1点目は表題部において、「一棟の建物の表示」として建物全体の内容と、「専有部分の建物の表示」として区分された専有部分に関する内容の両方が記載されている点です。

　2点目は建物が所在する土地について、「敷地権の目的である土地の表示」として建物全体の所在地の内容と、「敷地権の表示」として専有部分に対応する敷地権の内容（所有権・借地権）と所有割合が記載されている点です。このように区分所有建物は土地を紐づけした状態で建物に一体として登記されています。

　なお、専有部分の所有者で土地全体の権利を共有している状態となりますので、それぞれの敷地権の評価を行う場合は、土地全体を評価したうえで敷地権の割合を乗じて算定することとなります。

（出典：法務省HP）

83

## ㈡　登記情報のオンラインでの取得

### ㈠　登記情報提供サービス

　登記事項証明書を受領するためには郵送または窓口に行かなければならないため、必要となった際に即座に情報の確認等ができないという難点があります。それを解消する方法として「登記情報提供制度」というものがあります。登記情報提供制度とは、登記所の保有する登記情報を、インターネットを介して利用者がパソコン等で確認することができる制度で、一般財団法人民事法務協会が「登記情報提供サービス」という形で提供をしています。

　なお、登記情報の確認だけでなく、PDFデータで取得することも可能ですが、登記事項証明書とは異なり公的な証明書ではない点に注意が必要です。

### ㈢　登記情報の二次利用

　前述の登記情報提供サービスは法律に基づき提供されていますが、登記情報提供サービスで取得した情報を蓄積して二次利用するサービスを提供する民間団体があります。登記情報自体には著作権がないため提供可能なサービスですが、登記情報提供サービスではタイムラグがかなり少ない形での情報提供がされているものの、二次利用の場合には最新でない情報である可能性があるため、注意が必要です。

　このようなサービスを提供している民間団体は、例えば㈱登記簿図書館という会社があり、「登記簿図書館」という名称でサービス提供がされています。前述のとおり最新でない情報の可能性もありますが、登記情報提供サービスにはないサービスが提供されています。例えば、365日24時間利用可能（登記情報提供サービスでは平日 8 時30分から23時までと土日祝日 8 時30分から18時まで）、所有者からの検索が可能（名寄せ機能）、登記情報のCSV出力、ブルーマップの閲覧・印刷など財産調査に便利な機能があるため、利用してみるのもよいでしょう。

### ②　固定資産税評価証明書

　不動産の登記を行う際には、登記時にかかる登録免許税の計算のため固定資産税評価額が必要となります。不動産の存在が確認できているものの、**（ 1 ）** ①の固定資産税の課税明細書がなく固定資産税評価額が分からない場合などは、市役所等で固定資産税評価証明書を取得しておきましょう。

### ③　名寄帳

　前記の固定資産税の課税明細書の場合、固定資産税が非課税となるものが含まれていない、固定資産税の評価額が免税点未満のため書類が送られていない、共有物件で代表となる別の共有者にしか送られていないなど漏れの生じる場合があります。そのため、不動産の所在する可能性がある市役所等で名寄帳の取得をしておきましょう。

名寄帳では基本的に固定資産税が非課税となる物件も含めて記載がされており、被相続人単独名義だけでなく共有名義も含めて確認ができるため、その市町村に所在する不動産を網羅的に調べることが可能です。

　なお、固定資産税の課税明細書に載っている物件については、名寄帳も固定資産税の課税明細書も物件ごとの情報は基本的に同じ内容となります。

---

**● COLUMN |コラム| ●**

## 所有不動産記録証明制度

　令和 3 年 4 月に公布された不動産登記法の改正により、令和 6 年 4 月 1 日より相続登記の申請が義務化されることになりました。そこで相続登記の漏れを防止する目的で、被相続人名義の不動産を把握しやすくするための「所有不動産記録証明制度」が令和 8 年 4 月までに施行される予定となっています。

　現状で不動産の調査をする際には、不動産の存在する可能性のある市町村で個別に名寄帳を取得するなどしか方法がありません。そのため、固定資産税が免税点未満や非課税物件しか存在しない市町村の場合には、その存在を把握できず漏れの生じる可能性もあります。

　しかし、新しい「所有不動産記録証明制度」であれば、全国の不動産について所有権の登記名義人で名寄せができるようになる予定です。具体的には、請求した名義人で登記されている不動産を一覧にした証明書が法務局から発行されます（該当する不動産がなければない旨の証明がされる予定です。）。

　請求した名義人の氏名と住所で調査されるため、住所変更等の登記がされていなければ名寄せされない等の課題はありますが、財産調査の助けになるものと期待されています。

第 **4** 章

財産・債務の確定

# 名寄帳の見方

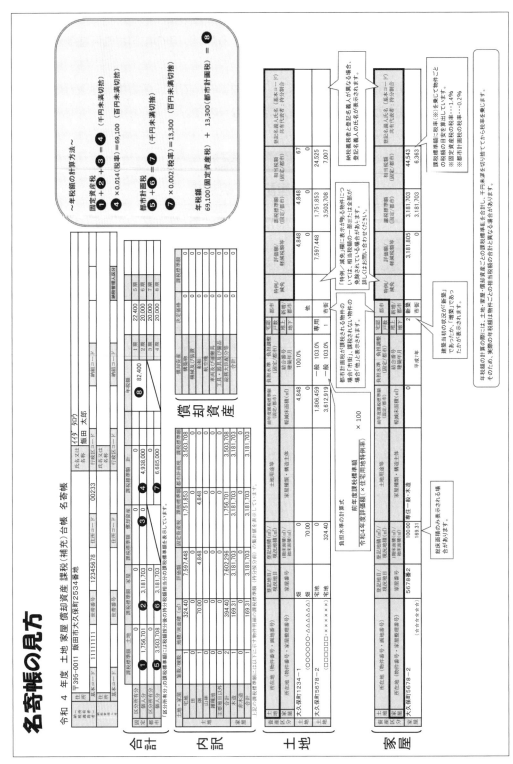

86

## 課税明細書、評価証明書、名寄帳の違い

　固定資産税の評価額等を確認できる書類として、前述のとおり市町村の発行する課税明細書、評価証明書、名寄帳があります。課税明細書はその年度の課税内容を確認するため、評価証明書は評価額を証明するため、名寄帳は所有物件の明細を確認するためにそれぞれ作成された書類です。

　それぞれの書類の違いは下表のとおりです。相続財産の漏れを防ぐには名寄帳が最も有効であると考えられるため、共有物件を含めて名寄帳を取得しておきましょう。

| | 課税明細書 | 評価証明書 | 名寄帳 |
|---|---|---|---|
| 送付時期 | 毎年4〜5月ごろ | 送付なし | |
| 免税点未満の場合 | 発行されない | 請求して取得できる | |
| 共有物件の扱い | 代表者1名にしか送付されないことが多い | 請求して取得できる | |
| 非課税物件の扱い | 記載されないことが多い | 記載されないことがある | 記載される |

#### ④　公図または地図

　法務局に備え付けの公図を取得することで、土地の位置を把握することが可能です。ただし、公図の多くは明治時代の測量技術が未熟であった頃に作成されたものを基にしているため、大きさや形状については正確性に欠けます。

　国土調査が進み、不動産登記法14条に規定される「地図」（一般的に「14条地図」と呼ばれています。）が法務局に備わっている場合には、位置だけでなく大きさや形状も信頼できる高精度なものといえます。

#### ⑤　地積測量図

　土地は㎡あたりの単価を基に評価が行われることから、正確な㎡数や形状の確認が必要です。しかし、登記簿上に表示されている地積は、登記申請時の測量技術や測量方法の問題により、実際の面積とは一致していないことがあります。

　法務局に「地積測量図」が備え付けられていれば、正確な実測値を確認できることもありますが、特に平成17年の不動産登記法の改正以前の「残地」が存在する図面などでは、現況と異なることが少なくありません。

　実際の地積や形状が書面で確認できない場合は、現地で簡単に測ってみるまたはグーグルマップでおおまかに測定してみるなどして、登記地積と大きく乖離していないかの確認

が必要になるものと考えられます。

## （3）先代名義の不動産がある場合

　被相続人のさらに先代名義の不動産がある場合、①相続人間で遺産分割協議がまだ調っていないか、②遺産分割協議は成立しているものの相続登記が未了なのかの確認が必要です。

　単に相続登記が未了の場合は、必要書類を収集すれば相続登記を行うことができますが、遺産分割協議が調っていない場合には、遺産分割協議を経て当該不動産を取得する必要があります。ただし、数次相続などにより、現時点での相続の権利を有している者は変動していることがありますので、まずは相続人の確認作業から行う必要があります。

　なお、遺産分割協議が調っていない場合の当該不動産については、法定相続分が被相続人の相続財産となります。

## （4）遺産分割時における評価

　遺産分割をするにあたり、不動産をどのようにして評価するのかがポイントになります。

　相続税評価では相続税法22条に「財産の取得の時における時価」と規定されており、相続開始時点における「時価」が原則となるものの、実務上は財産評価基本通達に定められた方法で画一的に評価されているケースが多いです。それに対して遺産分割においては、評価時点や評価額も双方の合意によって自由に決めることが可能です。ただ、双方の合意があれば自由に決めることができるとはいえ、何の基準もなく合意に至るということは考えづらく、何らかの基準をもって評価することが必要となります。

　評価は遺産分割時点での「時価」が前提となりますが、何をもって「時価」とするのかが難しく、しばしば争いの起こる原因ともなります。

　建物の「時価」を評価する方法は、下表のような方法が考えられます。

| | 評価方法 | 具体的な方法 |
|---|---|---|
| (i) | 固定資産税評価額で評価する方法 | 固定資産税評価額をもって評価 |
| (ii) | 取得価額から算定する方法 | 取得価額から減価償却して評価する方法 |
| (iii) | 不動産会社の査定による方法 | 不動産会社の査定書で評価 |
| (iv) | 不動産鑑定による方法 | 不動産鑑定士による鑑定評価 |

次に、土地の「時価」を評価する方法は、下表のような方法が考えられます。

| | 評価方法 | 具体的な方法 |
|---|---|---|
| (ⅰ) | 公示価格による方法 | 地価公示法に基づく公示価格に地積を乗じて評価 |
| (ⅱ) | 都道府県地価調査価格による方法 | 国土利用計画法施行令に基づく地価調査価格に地積を乗じて評価 |
| (ⅲ) | 相続税評価額から算定する方法 | 相続税の路線価が公示価格の8割とされているため、相続税評価額を8割で割り戻して評価 |
| (ⅳ) | 固定資産税評価額から算定する方法 | 固定資産税の路線価が公示価格の7割とされているため、固定資産税評価額を7割で割り戻して評価 |
| (ⅴ) | 売買事例から算定する方法 | 近隣で実際に行われた売買事例の価格を基に評価する方法 |
| (ⅵ) | 不動産会社の査定による方法 | 不動産会社の査定書で評価 |
| (ⅶ) | 不動産鑑定による方法 | 不動産鑑定士による鑑定評価 |

どの方法も一長一短がありますが、仮に遺産分割協議が調わず、調停等でも評価合意に至らない場合には、当事者間で鑑定を行うことについて合意したうえで、裁判所が選任する鑑定人（不動産鑑定士）が評価することとなるため、最も客観的な「時価」は鑑定評価によるものと考えられます。ただし、鑑定を行う場合は、鑑定費用が発生してしまうため、当事者が鑑定を行うことを望まなければ鑑定評価以外の方法により当事者間で評価合意できるよう努めることが多くなります。

なお、評価は遺産分割時とするのが基本ですが、遺産分割協議に相当な年数を要して評価額に乖離が生じている訳でなければ、協議中に評価した「時価」をもって遺産分割を行うケースが多くなるようです。

---

**◆ COLUMN|コラム|◆**

### 建築途中の家屋

家屋の相続税評価は、一般的に財産評価基本通達89に基づき固定資産税評価額をもって評価されます。しかし建築中の家屋は固定資産税評価額が付されていないため、実務的には費用現価額（課税時期までにかかった建築費用）の70%相当額として評価をします。

### 資本的支出等があった場合の相続税への影響

家屋のメンテナンスにかかった修繕費などは、基本的に相続税評価額に影響を与えません。

しかし、増改築などのいわゆる「資本的支出」に関しては、その家屋の価値を高めるものとして、相続税の課税対象となってきます。増改築が行われた後に固定資産税評価額の見直しが行われ、増改築分が評価額に加算されているのであれば、固定資産税評価額で評価すれば問題ありません。

ただ、市役所等で増改築の事実を把握できていないなど、固定資産税評価額の見直しがされていないケースがよくあります。その場合には、建築途中の家屋と同様に、増改築部分を評価して相続財産に計上する必要があります。

## 2 事業用資産

## （1） はじめに確認すること

被相続人が個人事業や不動産の賃貸を行っていなかったかどうかについて、相続人から聞き取りを行います。事業を行っていた場合には、基本的に確定申告を行っているはずなので、過去の確定申告書などの書類を確認しましょう。

### ① 確定申告書（第一表及び第二表）

確定申告書の第一表からは下表のような内容を把握することができ、第二表では第一表の詳細が記載されているため、確認をしておきましょう。

確定申告書を破棄しているなど書類の確認ができない場合には、税務署にて「申告書等閲覧サービス」により閲覧する方法もあります。閲覧は、税務署の担当官の立会いのもと行われ、書き写すか写真撮影（デジタルカメラ等その場で撮影した写真が確認できるものに限られます。）での情報の取得のみが認められています。

なお、亡くなった方の書類を閲覧するためには、相続人全員からの委任状が必要となりますので、相続手続きを協力的に進められない場合には閲覧することができません。

| 第一表 | 記載欄 | 確認事項 |
|---|---|---|
| 収入金額等<br>所得金額等 | 事業所得<br>不動産所得 | 事業や不動産賃貸を行っているかどうかの確認 |
| | 利子所得 | 海外に口座を持っているかなどの確認 |
| | 雑所得 | 個人年金や事業以外の収入の有無の確認 |
| 所得から差し引かれる金額（所得控除） | 小規模企業共済等掛金控除 | 共済金の確認 |
| | 生命保険料控除 | 生命保険契約の確認 |
| | 医療費控除 | 亡くなる前の入院状況などを領収書等で確認 |
| 税金の計算 | 住宅借入金等特別控除 | 住宅ローンの確認 |
| その他 | 青色申告特別控除 | 55万円または65万円の控除がある場合は貸借対照表の作成あり |

---

**COLUMN | コラム |**

## 本人による過去の確定申告書の確認方法

　代理人などの本人でない方が過去の確定申告書を無償で確認する場合には、申告書等閲覧サービスによる方法を選択することになります。しかし、本人が確認をする場合には、e-Taxソフトを利用して過去の確定申告書をPDFファイル形式で取得することができます。

　具体的には、e-Taxのメッセージボックスの受信通知からダウンロードする方法と、令和4年5月23日に開始したe-Taxソフトによる「申告書等情報取得サービス」を利用して取得する方法があります。なお、受信通知からダウンロードする方法はパソコンからe-Taxで申告をした場合にしか利用できませんが、新たに始まった「申告書等情報取得サービス」ではスマートフォン・タブレットや書面での申告でも利用可能となっています。

　ただし、「申告書等情報取得サービス」で取得できるのは、直近3年分（令和2年分以降）の確定申告書、青色申告決算書、収支内訳書のみとなります。

■申告書等情報取得サービス
https://www.e-tax.nta.go.jp/shutoku-service/index.htm

## ②　収支内訳書・青色申告決算書（減価償却費の計算明細・貸借対照表）

　事業所得や不動産所得がある場合には、確定申告書に加えて収支内訳書や青色申告決算書の作成がされているはずなので、それらの書類の確認をしましょう。

　収支内訳書の2ページ目と青色申告決算書の3ページ目には、減価償却費の計算の欄があるため、事業に使用している減価償却資産の確認をすることができます。

　また青色申告特別控除の55万円または65万円を受けている場合には、貸借対照表の作成が必要となるため、事業に関係する財産・債務の確認をすることができます。記載されている財産・債務で相続財産から漏れているものがないかの確認をしましょう。なお、相続開始時点とは時期が違うため、既に存在しないものや金額が異なることもある点に注意が必要です。

# 【記載例】（収支内訳書２ページ）

（令和二年分以降用）

## ○売上（収入）金額の明細

| 売上先の名称 | 所 | 住 | 地 | 売上（収入）金額 |
|---|---|---|---|---|
| ○○ （株） | ○ | ○ | ○ | 15,026,000 円 |
| ○○商店 | ○ | ○ | ○ | 10,141,000 |
| ○○ （有）商事 | ○ | ○ | ○ | 8,337,000 |
| ○○商事 | ○ | ○ | ○ | 7,819,000 |
| 上記以外の売上先の計 |  |  |  | 6,627,000 |
| ① 計 |  |  |  | 47,950,000 |

右記①のうち軽減税率対象　うち　3,000,000 円

## ○仕入金額の明細

| 仕入先の名称 | 所 | 住 | 地 | 仕入金額 |
|---|---|---|---|---|
| △△ （株） | ○ | ○ | ○ | 17,006,000 円 |
| △△商店 | ○ | ○ | ○ | 7,837,000 |
| △△ （有）商会 | ○ | ○ | ○ | 5,469,000 |
| △△商店 | ○ | ○ | ○ | 5,133,000 |
| 上記以外の仕入先の計 |  |  |  | 3,384,000 |
| ⑥ 計 |  |  |  | 38,829,000 |

右記⑥のうち軽減税率対象　うち　2,000,000 円

## ○減価償却費の計算

| 減価償却資産の名称等（繰延資産を含む） | 面積又は数量 | 取得年月 | ⑦取得価額（償却保証額） | ⑧償却の基礎になる金額 | 償却方法 | 耐用年数 | 償却率又は改定償却率 | 本年中の償却期間 | ⑨本年分の普通償却費（⑧×⑦×⑦） | ⑩特別償却費 | 本年分の償却費合計（⑨+⑩） | 事業専用割合% | ⑫本年分の必要経費算入額（⑪×⑫） | 未償却残高（期末残高） | 摘要 |
|---|---|---|---|---|---|---|---|---|---|---|---|---|---|---|---|
| 木造建物(店舗) | 500.0 | H4·7 | 10,000,000円 (10,000,000円) | 9,000,000 | 定額 | 22年 | 0.046 | 12/12 | 414,000円 | — | 414,000 | 80 | 331,200円 | 1,927,000円 | |
| シャッター | | R3·9 | 600,000 | 600,000 | 定額 | 22 | 0.046 | 4/12 | 9,200 | — | 9,200 | 100 | 9,200 | 590,800 | |
| 照明設備 | 1台 | H5·1 | 800,000 | 40,000 | 旧定率 | 15 | 0.142 | 12/12 | 8,000 | — | 8,000 | 100 | 8,000 | 16,000 | 均等償却 |
| 耐火キャビネット | 1台 | H9·3 | 700,000 | 84,299 | 旧定率 | 15 | 0.142 | 12/12 | 11,968 | — | 11,968 | 100 | 11,968 | 72,311 | |
| レジスター | 1台 | R3·7 | 260,000 | 260,000 | 定率 | 5 | 0.400 | 6/12 | 52,000 | — | 52,000 | 100 | 52,000 | 208,000 | |
| 一括償却資産 | | R3· | 180,000 | 180,000 | — | — | 1/3 | — | 60,000 | — | 60,000 | 100 | 60,000 | 120,000 | |
| 計 | | | | | | | | | 555,168 | | 555,168 | | ⑬472,368 | 2,934,111 | |

(注)　平成19年4月1日以後に取得した減価償却資産について定率法を採用する場合にのみ⑨欄のカッコ内に償却保証額を記入します。

## ○地代家賃の内訳

| 支払先の住所・氏名 | 賃借物件 | 本年中の賃借料・権利金等 | 左の賃借料のうち必要経費算入額 |
|---|---|---|---|
| ○○市△△町×-×× ○○ ○○ | 土地 | 権・更新 240,000円<br>賃 | 192,000円 |

## ○利子割引料の内訳（金融機関を除く）

| 支払先の住所・氏名 | 期末現在の借入金等の金額 | 本年中の利子割引料 | 左のうち必要経費算入額 |
|---|---|---|---|
| | 円 | 円 | 円 |

## ○本年中における特殊事情

（空欄）

（出典：国税庁HP）

# 【記載例 （決算書３ページ）】

## ○減価償却費の計算

（令和三年分以降用）

| 減価償却資産の名称等（繰延資産を含む） | 面積又は数量 | 取得年月 | 取得価額（償却保証額） | ⊙償却の基礎になる金額 | 償却方法 | 耐用年数 | Ⓐ償却率又は改定償却率定額法 | ⊝本年中の償却期間 | ⊛本年分の普通償却費 | ⊘割増（特別）償却費 | ⊝本年分の償却費合計（⊛＋⊘） | 事業専用割合% | ⊝本年分の必要経費算入額（⊝×⊘） | ⊗未償却残高（期末残高） | 摘要 |
|---|---|---|---|---|---|---|---|---|---|---|---|---|---|---|---|
| 木造装飾設備 | 43㎡ | H4·7 | 6,000,000 | 5,400,000 | 旧定額 | 22 | 0.046 | 12/12 | 248,400 | — | 248,400 | 100 | 248,400 | 1,156,200 | |
| 〃 シャッター分 | | R3·9 | 600,000 (600,000) | 600,000 | 定額 | 22 | 0.046 | 4/12 | 9,200 | — | 9,200 | 100 | 9,200 | 590,800 | |
| 照明設備 | 1台 | H5·1 | 900,000 | 40,000 | 旧定額 | — | — | 12/12 | 8,000 | — | 8,000 | 100 | 8,000 | 16,000 | 均等償却 |
| 耐火キャビネット | 1台 | H6·3 | 700,000 | 84,279 | 旧定率 | 15 | 0.142 | 12/12 | 11,968 | — | 11,968 | 100 | 11,968 | 72,311 | |
| ビジスター | 1台 | R3·7 | 390,000 (42,120) | 390,000 | 定率 | 5 | 0.400 | 6/12 | 78,000 | — | 78,000 | 100 | 78,000 | 312,000 | |
| ソフト代償却金 | 1台 | R3·7 | 250,000 | 250,000 | 定率 | 5 | 0.200 | 12/12 | 50,000 | — | 50,000 | 100 | 50,000 | 100,000 | |
| 一括償却資産 | — | H31·1 | 180,000 | 180,000 | — | — | 1/3 | 12/12 | 60,000 | — | 60,000 | 100 | 60,000 | 120,000 | 措法28の2 |
| 冷蔵庫他 | — | R3· | 合計990,000 （特例は別途検討） | | | — | | 12/12 | | | | 100 | 980,000 | — | |
| | | R3· | | | | | | 12/12 | | | | | | | |
| | | R3· | | | | | | 12/12 | | | | | | | |
| | | ・ ・ | | | | | | 12/12 | | | | | | | |
| 計 | | | | | | | | | 465,568 | — | 465,568 | | 1,445,568 | 2,367,311 | |

（注）平成19年4月1日以後に取得した減価償却資産について定率法を採用する場合にのみⒷ欄のカッコ内に償却保証額を記入します。

## ○利子割引料の内訳（金融機関を除く）

| 支払先の住所・氏名 | 期末現在の借入金等の金額 | 本年中の利子割引料 | 左のうち必要経費算入額 |
|---|---|---|---|
| | 円 | 円 | 円 |

## ○税理士・弁護士等の報酬・料金の内訳

| 支払先の住所 | 氏名 | 本年中の報酬等の金額 | 左のうち必要経費算入額 | 所得税及び復興特別所得税の源泉徴収税額 |
|---|---|---|---|---|
| | | 円 | 円 | 円 |

## ○地代家賃の内訳

| 支払先の住所・氏名 | 賃借物件 | 本年中の賃借料・権利金等 | 左の賃借料のうち必要経費算入額 |
|---|---|---|---|
| ○○市△△町×-×× ○○ ○○ | 土地 | 権／更 賃 240,000 | 120,000 |

## ◎本年中における特殊事情

# 【記載例（決算書4ページ）】

整理番号 [　　　　] FA3075

## 貸 借 対 照 表 （資産負債調）
（令和3年12月31日現在）

（令和二年分以降用）
● 65万円又は55万円の青色申告特別控除を受ける人は必ず記入してください。それ以外の人で記入できる箇所はできるだけ記入してください。

### 資 産 の 部

| 科目 | 1月1日(期首) | 12月31日(期末) |
|---|---|---|
| 現金 | 292,300 | 372,772 |
| 当座預金 | 576,000 | 1,183,000 |
| 定期預金 | 1,463,400 | 1,826,500 |
| その他の預金 | 98,000 | 133,000 |
| 受取手形 | | |
| 売掛金 | 1,172,000 | 1,348,000 |
| 有価証券 | | |
| 棚卸資産 | 3,705,000 | 3,814,000 |
| 前払金 | | |
| 貸付金 | | |
| 建物 | 1,404,600 | 1,747,000 |
| 建物附属設備 | 24,000 | 16,000 |
| 機械装置 | | |
| 車両運搬具 | | |
| 工具器具備品 | 84,279 | 504,311 |
| 土地 | 150,000 | 100,000 |
| 繰延資産 | | |
| | | |
| 事業主貸 | | 2,986,000 |
| 合計 | 8,969,579 | 14,028,583 |

### 負 債 ・ 資 本 の 部

| 科目 | 1月1日(期首) | 12月31日(期末) |
|---|---|---|
| 支払手形 | | |
| 買掛金 | 1,672,000 | 2,036,000 |
| 借入金 | 2,283,000 | 2,290,000 |
| 未払金 | 238,000 | 246,000 |
| 前受金 | | |
| 預り金 | 3,080 | 24,202 |
| | | |
| 貸倒引当金 | 64,460 | 74,140 |
| | | |
| 事業主借 | | |
| 元入金 | 4,709,039 | 4,709,039 |
| 青色申告特別控除前の所得金額 | | 544,450 |
| 合計 | 8,969,579 | 14,028,583 |

（注）「元入金」は、「期首の資産の総額」から「期首の負債の総額」を差し引いて計算します。

－4－

## 製 造 原 価 の 計 算
（原価計算を行っていない人は、記入する必要はありません。）

| | 科目 | | 金額 |
|---|---|---|---|
| 原材料 | 期首原材料棚卸高 | ① | 円 |
| | 原材料仕入高 | ② | |
| | 小計 (①＋②) | ③ | |
| | 期末原材料棚卸高 | ④ | |
| | 差引原材料費 (③－④) | ⑤ | |
| | 労務費 | ⑥ | |
| | 外注工賃 | ⑦ | |
| その他の製造経費 | 電力費 | ⑧ | |
| | 水道光熱費 | ⑨ | |
| | 修繕費 | ⑩ | |
| | 減価償却費 | ⑪ | |
| | | ⑫ | |
| | | ⑬ | |
| | | ⑭ | |
| | | ⑮ | |
| | | ⑯ | |
| | | ⑰ | |
| | | ⑱ | |
| | | ⑲ | |
| | 雑費 | ⑳ | |
| | 計 | ㉑ | |
| | 総製造費 (⑤＋⑥＋㉑) | ㉒ | |
| | 期首半製品・仕掛品棚卸高 | ㉓ | |
| | 小計 (㉒＋㉓) | ㉔ | |
| | 期末半製品・仕掛品棚卸高 | ㉕ | |
| | 製品製造原価 (㉔－㉕) | ㉖ | |

（注）㉖欄の金額は、1ページの「損益計算書」の③欄に移記してください。

95

### ③ 財産債務調書

　平成27年分以降の所得税の確定申告書の提出義務等がある人のうち、その年の合計所得金額2,000万円超で、かつ、12月末時点における財産総額3億円以上または有価証券等の合計額1億円以上を保有する人は、財産債務調書の提出をする必要があります。財産債務調書は、自身の財産を把握している被相続人が財産の種類・数量・価額、債務の金額などを記載していたか、被相続人から税理士に依頼して記載してもらっていた書類となるため、相続財産の把握に大いに役立つ書類となります。そのため、提出の有無を確認しておきましょう。

「財産債務調書」の記載例

| 整理番号 | 0XXXXXXX |
|---|---|

令和××年12月31日分　財産債務調書

| 財産債務を有する者 | 住　　　所（又は事業所、事務所、居所など） | 東京都千代田区霞が関3-1-1 | | | | | |
|---|---|---|---|---|---|---|---|
| | 氏　　　名 | 国税　太郎 | | | | | |
| | 個 人 番 号 | 0000 0000 0000 | | | 電話番号（自宅・勤務先・携帯）03-××××-×××× | | |

| 財産債務の区分 | 種類 | 用途 | 所　　　在 | 数量 | （上欄は有価証券等の取得価額）財産の価額又は債務の金額 | 備考 |
|---|---|---|---|---|---|---|
| 土地 | | 事業用 | 東京都千代田区○○1-1-1 | 1　250 ㎡ | 　　　　　　円250,000,000 円 | |
| 建物 | | 事業用 | 東京都港区○○3-3-3 | 1　500 ㎡ | 110,000,000 | |
| 建物 | | 一般用事業用 | 東京都千代田区霞が関3-1-1 | 1　95 ㎡ | 89,000,000 | 土地を含む |
| | | | 建物計 | | (199,000,000) | |
| 現金 | | 一般用 | 東京都千代田区霞が関3-1-1 | | 1,805,384 | |
| 預貯金 | 普通預金 | 事業用 | 東京都千代田区○2-2-2○○銀行△△支店 | | 38,961,915 | |
| 有価証券 | 上場株式（B社） | 一般用 | 東京都港区○○3-1-1△△証券△△支店 | 5,000株 | 6,500,0006,450,000 | |
| 特定有価証券 | ストックオプション（○○株式会社） | 一般用 | 東京都港区○○1-2-1 | 600 個 | 3,000,000 | |
| 匿名組合出資 | C匿名組合 | 一般用 | 東京都港区○○1-1-1株式会社　B | 100 口 | 100,000,000140,000,000 | |
| 未決済デリバティブ取引に係る権利 | 先物取引（○○） | 一般用 | 東京都品川区○○5-1-1××証券××支店 | 100 口 | 30,000,00029,000,000 | |
| 貸付金 | | 事業用 | 東京都目黒区○○2-1-1○○　△△ | | 3,000,000 | |
| 未収入金 | | 事業用 | 東京都豊島区○○2-1-1株式会社　C | | 1,500,000 | |
| 貴金属類 | ダイヤモンド | 一般用 | 東京都千代田区霞が関3-1-1 | 3個 | 6,000,000 | |
| その他の動産 | 家庭用動産 | 一般用 | 東京都千代田区霞が関3-1-1 | 20個 | 3,000,000 | |
| その他の財産 | 生命保険契約 | 一般用 | 東京都品川区○○1-5-5××証券××支店 | | 10,000,000 | |
| その他の財産 | 暗号資産（△△コイン） | 一般用 | 東京都千代田区霞が関3-1-1 | 10△△コイン | 8,500,000 | |
| 借入金 | | 事業用 | 東京都千代田区○○2-2-2○○銀行△△支店 | | 20,000,000 | |
| 未払金 | | 事業用 | 東京都港区○○7-8-9株式会社　D | | 1,500,000 | |
| その他の債務 | 保証金 | 事業用 | 東京都台東区○○2-3-4株式会社　E | | 2,000,000 | |
| 国外財産調書に記載した国外財産の価額の合計額（うち国外転出特例対象財産の価額の合計額（34,000,000）円） | | | | | 89,000,000 | |
| 財産の価額の合計額 | 789,217,299 | | 債務の金額の合計額 | | 23,500,000 | |
| （摘要） | | | | | | |

（1）枚のうち1枚目

（出典：国税庁HP）

## ④ 国外財産調書

平成25年以降において、12月末時点で国外に5,000万円超の財産を有する日本の居住者は、国外財産調書を提出する必要があります。財産債務調書とは違い、確定申告書の提出義務のない方でも提出している場合がありますので、確定申告をしていなくても提出の有無を確認しておきましょう。

国外財産に関しては、資料の入手が困難となる場合も多く、入手できたとしても国内財産にくらべて入手に時間がかかるため、国外財産調書で手がかりをつかんだら早急に調査にとりかかりましょう。

### 「国外財産調書」の記載例

整理番号 0XXXXXXX

**令和××年12月31日分　国外財産調書**

| 国外財産を有する者 | | |
|---|---|---|
| 住所 又は事業所、事務所、居所など | 東京都千代田区霞が関3-1-1 | |
| 氏名 | 国税　太郎 | 電話番号（自宅・勤務先・携帯）03-××××-×××× |
| 個人番号 | 0000 0000 0000 | |

| 国外財産の区分 | 種類 | 用途 | 所在 国名 | 在 | 数量 | （上段は有価証券等の取得価額）価額 | 備考 |
|---|---|---|---|---|---|---|---|
| 土地 | | 事業用 | オーストラリア | ○○州△△XX通り 6000 | 1 200㎡ | 円 54,508,000 円 | |
| 建物 | | 事業用 | オーストラリア | ○○州△△XX通り 6000 | 1 150㎡ | 80,000,000 | |
| 建物 | | 一般用 事業用 | アメリカ | △△州○○市 XX通り 4440 | 1 95㎡ | 77,800,000 | 土地を含む |
| | | | | 建物計 | | (157,800,000) | |
| 預貯金 | 普通預金 | 事業用 | オーストラリア | ○○州△△XX通り 40 （XX銀行○○支店） | | 58,951,955 | |
| 預貯金 | 普通預金 | 一般用 | アメリカ | △△州△△XX通り 123 （○○銀行△△支店） | | 23,781,989 | |
| 預貯金 | 定期預金 | 一般用 | アメリカ | △△州△△XX通り 123 （○○銀行△△支店） | | 5,000,000 | |
| | | | | 預貯金計 | | (87,733,944) | |
| 有価証券 | 上場株式 （○○securities, Inc.） | 一般用 | アメリカ | △△州○○市 XX通り 321 △△証券××支店 | 10,000株 | 3,000,000 3,300,000 | |
| 特定有価証券 | ストックオプション （○○Co, Ltd.） | 一般用 | アメリカ | ○○州△△市 XX通り 400 | 600個 | 3,000,000 | |
| 匿名組合出資 | C匿名組合 | 一般用 | アメリカ | △△州××市○○通り 456 （Cxxx D. Exxx） | 100口 | 100,000,000 140,000,000 | |
| 未決済信用取引等に係る権利 | 信用取引（××） | 一般用 | オーストラリア | ○○州△△XX通り 567 △△証券××支店 | 400口 | 0 △4,500,000 | |
| 未決済デリバティブ取引に係る権利 | 先物取引（○○） | 一般用 | オーストラリア | ○○州△△XX通り 567 △△証券××支店 | 100口 | 30,000,000 29,000,000 | |
| 貸付金 | | 一般用 | アメリカ | △△州○○市 XX通り 10 123号室 （Axxx B. Yxxxx） | | 15,600,000 | |
| 未収入金 | | 事業用 | オーストラリア | ○○州△△XX通り 40 （Bxxx A. Jxxxx） | | 4,400,000 | |
| 書画骨とう | 書画 | 一般用 | アメリカ | △△州○○市 XX通り 4440 | 2点 | 2,000,000 | |
| 貴金属類 | 金 | 一般用 | アメリカ | △△州○○市 XX通り 4440 | 1Kg | 5,000,000 | |
| その他の動産 | 自動車 | 一般用 | アメリカ | △△州○○市 XX通り 4440 | 1台 | 6,000,000 | |
| その他の財産 | 委託証拠金 | 一般用 | アメリカ | ○○州△△XX通り 987 ○○証券○○支店 | | 10,000,000 | |
| 合　計　額 | | | | | | 513,841,944 | |

（摘要）

（1）枚のうち（1）枚目

（出典：国税庁HP）

## 3 有価証券について

## （1） はじめに確認すること

　相続人から投資について聞き取りを行い、取引をしている証券会社などの確認を行います。また預金口座に証券会社などからの入金・出金や配当金の入金がないかなど、有価証券に関する履歴がないかの確認もしておきましょう。なお、取引相場のない株式等については第5章をご参照ください。

### ① 確定申告書（第三表）

　確定申告書の第三表では、上場株式等の譲渡・配当等の有価証券に関する収入の概要をつかむことができます。また、「株式等に係る譲渡所得等の金額の計算明細書」で取引を行った証券会社などの情報を得られるため、あわせて確認しておきましょう。

### ② 取引残高報告書

　証券会社に口座を開設していても、預貯金口座とは異なり通帳のように年間を通じた取引の記載がされた資料は基本的にありません（ネット証券は専用のホームページから取得できる場合もあります。）。通帳に代わるものとして、証券会社から取引残高報告書という書類が送られてきていますので、確認しておきましょう。

　取引残高報告書は、書類の作成時点の残高、時価評価額、取得価額、売買や入出金の取引情報などが記載されており、取引があった場合は、原則、3か月に1度の頻度で送付されています。また、取引がない場合でも預り残高があれば、1年に1回以上送付されます。

---

取引残高報告書　　　　作成基準日：2022年〇月〇日

関西 花子様　　　　　　　　　　　　　△△証券株式会社
口座番号123-456789　　　　　　　　　　△△△△支店

お預り残高等の明細

【お預り金等の残高】

| 内訳 | 残高（評価額） | 備考 |
|---|---|---|
| MRF | 4,597,512口 | ご参考価格　1口：1円 |
| お預り金 | 0円 | |
| 合計 | 4,597,512円 | |

【国内株式等の残高】

| 銘柄名（証券コード） | 数量 | ご参考価格 | 評価額 | 備考 |
|---|---|---|---|---|
| ○○ 銀 行　（＊123） | 1,000株 | 4,526円 | 4,526,000円 | 株主等確定日：3／9月末日 |
| △△ 証 券　（＊456） | 500株 | 725円 | 362,500円 | 株主等確定日：3／9月末日 |
| ×× 自動車　（＊789） | 2,000株 | 1,364円 | 2,728,000円 | 株主等確定日：3／9月末日 |
| 合計 | | | 7,616,500円 | |

### ③　配当金計算書（配当金支払通知書）

　上場株式を保有している場合、財務状態が相当悪化しているという訳でなければ、通常は年1回以上の配当があります（非上場株式の場合はケースバイケースとなります。）。配当を受領している場合は、支払額や所有株数が記載された配当金計算書（配当金支払通知書）が送られてきていますので、確認しておきましょう。

　なお、上場株式は証券会社での管理が前提となりますが、平成21年1月の株券電子化の際に証券保管振替機構（ほふり）へ預託されなかった株式や単元未満株については、その株式の発行会社の株主名簿を管理する信託銀行等に開設された特別口座で管理されています。そのため、前述の取引残高報告書で把握している株数と配当金計算書に記載されている株数に違いが生じている場合、特別口座で管理されている株式が存在する可能性があるため、特別口座の確認をする必要があります。

配当金計算書

| 株主番号 | ******** |
| --- | --- |

| 所有株式数 | 1株あたり配当金 | 配当金額 | 所得税率 | 所得税額 | 支払金額 |
| --- | --- | --- | --- | --- | --- |
| 1000 株 | 100 円 | 100,000円 | 15.315 % | 15,315 円 | 79,685 円 |
| | | | 住民税率 | 住民税額 | |
| | | | 5 % | 5,000 円 | |

所得税には復興特別所得税が含まれております。

上記のとおり計算いたしましたのでご通知申し上げます。

本票は、租税特別措置法の規定に基づき作成する「支払通知書」を兼ねております。

〒***-****
〇〇市〇〇区〇〇1丁目1番1号
関西　花子様

2022年〇月〇日

支払確定日　2022年〇月〇日
支払開始日　2022年〇月〇日

〇　〇　銀　行　株　式　会　社
株主名簿管理人事務取扱場所
〇〇信託銀行株式会社 証券代行部
〒***-****　〇〇市〇〇区〇〇四丁目1番1号
　電話 0120-***-***（通話料無料）

### ④　株主総会招集通知

　配当金計算書（配当金支払通知書）は配当がない場合は送られてきませんが、株主総会招集通知は年に1回以上送られてきますので、そこで保有銘柄、所有株数等の把握をすることができます（株主が身内だけの会社の場合は送られていないケースも多いです。）。なお、特別口座にある配当のない株式の場合は、株主総会招集通知で存在を把握できるケースもありますので、漏れのないように確認をしておきましょう。

令和 4 年〇月〇日

株主各位

株式会社〇〇

代表取締役 関西　一郎

第〇回定時株主総会招集ご通知

拝啓 平素は格別のご高配を賜り厚く御礼申し上げます。

　さて、下記のとおり第〇回定時株主総会を開催いたしますので、ご通知申し上げます。

敬具

記

1. 開催日時 令和〇年〇月〇日（〇曜日）午前〇時～
2. 開催場所 〇〇市〇〇区〇〇 1 丁目 1 番 1 号 当社本店会議室
3. 目的事項

　〔報告事項〕

　　1. 第〇期（令和〇年〇月〇日から令和〇年〇月〇日まで）事業報告及び計算書類報告
　　2. 会計監査人及び監査役会の計算書類監査結果報告

　〔決議事項〕

　第 1 号議案　剰余金配当の件

　第 2 号議案　取締役〇名選任の件

　第 3 号議案　監査役〇名選任の件

以上

## （2）　その後収集する資料等

　面談の際の聞き取りや取得した書類から、追加で下記の書類を取得していきましょう。

### ①　登録済加入者情報の開示請求

　株券が電子化されてからは、上場株式等についての株主等の権利については証券保管振替機構（ほふり）で管理を行うこととされています。具体的には証券会社などの口座で保有株数に変動があった場合などに、その情報を証券会社などから発行会社に直接通知するのではなく、証券保管振替機構を介して行うことで、一元的に情報の管理を行っています。通知されるのは口座開設者である株主の氏名・住所などの情報（加入者情報）です。

　証券保管振替機構に対して「登録済加入者情報の開示請求」という手続きを行うことで、

請求した氏名・住所からその者が開設している証券会社や信託銀行等の口座がどこなのかを把握できます。開示されるのは口座がどこに存在するかだけですので、後述の残高証明書にて保有銘柄・株数などの確認をしておきましょう。

　なお、非上場の投資信託や社債など対象とならない金融商品もあるため、口座のあるすべての金融機関の情報が取得できる訳ではない点に注意が必要です。また、開示される情報は請求時点のものとなるため、請求前に既に解約手続きが行われている場合には、解約された口座の情報は記載されません。

## 口座が存在した場合（登録済加入者情報通知書）

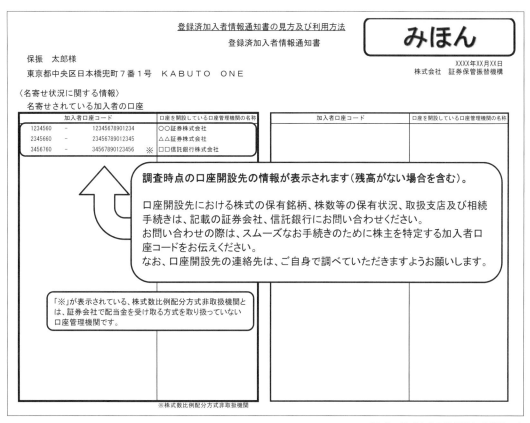

（出典：株式会社証券保管振替機構HP）

## 口座が存在しなかった場合

### 【開示請求の対象者となる株主（被相続人）の情報記入欄】

**■6. 株主（被相続人）の氏名又は名称**

お調べになりたい氏名又は名称（法人名）は、本人確認書類等（議決権行使書、配当金計算書等を含む。）
どおりにご記入ください。本人確認書類等で確認が取れない氏名又は名称（法人名）での調査はできません。
現姓・旧姓両方で請求する場合は姓ごとに1枚ずつ開示請求書をご記入ください。

（フリガナ）　カンサイ　ハナコ

関西　花子

| ■7. 株主（被相続人）の生年月日 | □明治　□大正　□昭和　□平成 | 年 | 月 | 日 |
|---|---|---|---|---|

**■8. 株主（被相続人）の住所**

住所ごとに、住所の確認書類として本人確認書類等（議決権行使書、配当金計算書等を含む。）を添付したこと
を請求前にご確認ください。戸籍の本籍欄の記載（本籍地）では、住所の確認書類とすることはできません。

| | | 開示費用（税込） | 機構使用欄 該当有 | 機構使用欄 該当無 |
|---|---|---|---|---|
| ① | ○○市○○区1丁目1番1号 | 6,050 円 | | ○ |
| ② | | 1,100 円<br>計 7,150 円 | | |
| ③ | | 1,100 円<br>計 8,250 円 | | |
| ④ | | 1,100 円<br>計 9,350 円 | | |
| 機構使用欄　法務局発行の法定相続情報一覧図の利用　有 | | −1,100 円<br>計　　円 | | |

| 機構使用欄 | |
|---|---|
| | |
| | |
| | |

（出典：株式会社証券保管振替機構HPを一部加工）

### ②　残高証明書

　ヒアリングや各書類の確認により財産のある可能性がある金融機関には、残高証明書の
発行を依頼しましょう。前述の書類では財産のある可能性がわかるものの、相続開始時点
で存在するかどうかまでは分かりません。そのため、相続開始時点での残高証明書であれば
発行した金融機関に存在した財産を網羅的に把握できるので、必ず取得しておきましょう。

　なお、特別口座については信託銀行等の株主名簿管理人に残高証明書の発行を依頼する
こととなりますが、株主名簿管理人において証明が可能となるのは、発行会社の定めた基
準日（会社法124条）時点となります。そのため、相続開始時点での証明はできないこと

から、相続開始時点の直前と直後の基準日時点の残高証明書を取得して確認することとなります。

---

**• COLUMN |コラム| •**

## 投資信託の信託財産留保額等の確認

中期国債ファンドやMMF等の日々決算型の証券投資信託以外の証券投資信託について受益証券を評価する場合、財産評価基本通達199で相続税計算上の評価方法が定められています。具体的には下記の①から②と③を控除して計算をします。

① 課税時期の１口当たりの基準価額×口数
② 課税時期で解約等した場合に源泉徴収されるべき所得税額相当額
③ 信託財産留保額及び解約手数料（消費税額に相当する額を含む。）

一般的に、残高証明書に記載される情報は、１口当たりの基準価額と口数のみであるため、信託財産留保額等の情報を確認したい場合には、当該残高証明書を発行した証券会社等に問い合わせる必要があります。

---

**• COLUMN |コラム| •**

## 株式異動証明書

株主名簿管理人である信託銀行等では、残高証明書のほかに「株式異動証明書」という書類を取得することができます。この書類には、対象者の銘柄ごとの保有株数の増減の履歴が記載されています。

いつ取得したかということが分かれば、取得時の株価から取得価額の算定が可能となります。そのため、取得価額の不明な銘柄を売却した場合には、確定申告のために「株式異動証明書」を取得するとよいでしょう。

---

### ③ 顧客口座元帳（顧客勘定元帳）

前述のとおり、証券口座には預貯金口座の通帳のような年間を通じた取引の記載された資料が基本的にありません。しかし、証券会社に依頼をすれば「顧客口座元帳（顧客勘定元帳）」という過去10年分の取引の記載された書類を取得することができます。書類には、証券口座内で行われた売買取引や資金の入出金・株式等の入出庫が記載されています。ただ、顧客が日常的に取引を確認する通帳とは異なり、証券会社の説明書きを見ながらでないと読み取るのは相当難しいのが難点です。

なお、証券口座内での売買取引は財産内容が変わるだけですが、資金の入出金や株式等の入出庫は認識していない預貯金口座や証券口座などにつながる可能性もあるため、きちんと確認をしておきましょう。

## （1） はじめに確認すること

取引銀行等を聞き取りし、手元に保管されている通帳、定期証書などを確認します。加えて税務調査の際も確認をされますが、カレンダーやボールペンに銀行名などの記載があれば、取引があったかを確認します。

亡くなられた方の住所地付近にはない銀行等がある場合には理由なども確認し、他の財産を発見する糸口とします。

## （2） その後に収集する資料

相続人等から得た情報から各銀行等に連絡をとり、次の書類を収集します。第1章でも記載のとおり、銀行等へ連絡をしてしまうと口座が凍結されてしまい、水道光熱費の引き落とし、クレジットカードの引き落としなどができなくなります。また、銀行等によっては亡くなった旨を書面に記載し提出する必要のあるところもあります。

### ① 通帳、定期証書、取引履歴

#### (イ) 通帳がなければ入出金明細発行

次の（3）において、通帳等の取引内容を確認することについて解説していますが、通帳なし口座・ネットバンク口座などを契約している場合、通帳を捨てられているときには、過去の取引を紙の通帳のみでは確認できないことが考えられます。

その場合には、金融機関に入出金明細の発行を依頼し、取得する方法があります。しかし、ペーパーレスが進む現代では、この入出金明細発行の手数料も増加してきており、請求期間によっては多額の費用負担が生じる可能性があります。加えて、通帳なし口座やネットバンク口座の取引履歴はweb上で閲覧が可能ですが、遡って確認できる期間が短い金融機関もあります。

なるべく請求する資料を減らすためには、通帳を保管しておくこと、通帳なし口座・ネットバンク口座については、定期的にデータで保管しておくなどの事前対応が必要となります。

なお、取引履歴の発行手数料については、各金融機関によってかなり異なりますが、次の表のような例があります。

| 金融機関等 | A銀行 | B銀行 | C銀行 | D銀行 |
|---|---|---|---|---|
| 手数料 | 1,100円<br>口座ごとに請求から過去10年までの期間 | 1か月@330円<br>口座ごと | 1年@1,100円<br>5年以上遡ると1か月@550円 | 1年@550円<br>依頼書1通で複数口座を請求可能 |

#### ㈹　解約した口座がある場合

　相続発生日の直前に解約している口座がある場合には、その口座も確認が必要となります。これについてもまず通帳を確認しますが、なければ入出金明細を取得して取引を確認します。

　明らかに過去から休眠口座となっているなど、利用されていない口座であることを相続人等が知っていれば、入出金明細を取得しない場合もあります。

#### ②　残高証明書
#### 定期預金の既経過利息の把握

　金融機関によって、残高証明書に定期預金の既経過利息を記載しているもの（次ページ参照）と記載していないものがあります。相続財産には、既経過利息が含まれます。そのため、記載がない場合には既経過利息を計算することになります。

## 相続預金等残高証明書（兼相続預金等評価額証明書）

作成日　令和〇年〇月〇日

被相続人　△△△△様

依　頼　人　××××様

株式会社□□銀行

（取扱店）　　　□□支店

〒×××-××××

大阪府××××

　令和〇年〇月〇日現在における△△△△様名義の預金等につきまして下記のとおり証明いたします。

記

| 種　　　類 | 口座番号等 | 残　　　高 | 評　価　額 | 備　　考 |
|---|---|---|---|---|
| 普通預金 | ××××　××× | ¥5,406,210 | ¥5,406,210 | |
| 普通預金 | ××××　××× | ¥5,559,012 | ¥5,559,012 | |
| 普通預金 | ××××　××× | ¥144,959 | ¥144,959 | |
| 定期預金 | ××××　××× | ¥1,000,000 | ¥1,001,777 | |
| 定期預金 | ××××　××× | ¥1,000,000 | ¥1,001,231 | |
| 定期積金 | ××××　××× | ¥3,200,000 | ¥3,202,036 | |
| 定期積金 | ××××　××× | ¥2,100,000 | ¥2,100,868 | |
| 定期積金 | ××××　××× | ¥60,000 | ¥60,000 | |

　この証明書の金額は訂正いたしません。

　評価額については、国税庁の財産評価基本通達197-2、198、199、203および204などによる評価となっております。

以　上

### ③ 現存が不明な預貯金を調査

#### (イ) 被相続人住所地の周辺にある金融機関を調査

　近年、高齢者の単身世帯による孤独死なども増えており、面談の際に、相続人等が被相続人の財産情報等を把握していないことがあります。このような場合には、手元に現存する書類、相続後に金融機関から送られてくる書類を確認することが第一ですが、被相続人住所地の周辺にある金融機関に調査をして、現存するかを把握することも一つの方法です。

　これについては、電話で問い合わせができる場合もありますが、電話では相続人であることの確認ができないことを理由に、回答ができないと断られることも多くあります。その場合は、相続人またはその相続人から委任を受けた代理人が、直接窓口にて確認を行います。

#### (ロ) ゆうちょ銀行は現存調査制度を活用

　ゆうちょ銀行は、ゆうちょ銀行独自の制度で調査を受け付けた日から遡って10年間の間に口座等が現存したか、10年内にいつ何を解約しているかを調査することが可能です。

　手続きとしては、貯金等照会書と一定の必要書類を持って、最寄りの郵便局の貯金窓口、ゆうちょ銀行で手続きを行います。その後、口座等を有するか否かにかかわらず、調査結果のお知らせ（図表）が請求者の住所地に郵送にて届きます。

　なお、委任（委任状で代理権が確認できる行為に限ります。）があれば、照会書の代筆、調査結果の受領も代理人が行えます。

　※　現存調査の手続き及び様式は執筆時点のものであり、今後変更となる可能性があります。

**【調査結果のお知らせサンプル（1枚目は特定日のもの、2枚目は一定期間のもの)】**

貯金事務センター整理番号

# 調査結果のお知らせ

年　　月　　日

＿＿＿＿＿＿＿＿＿＿　様

株式会社ゆうちょ銀行
貯金事務センター所長

いつもゆうちょ銀行をご利用いただきまして、誠にありがとうございます。
ご指定の内容に基づき、貯金等の有無について調査しました結果を下記のとおり回答いたします。
今後とも一層のご愛顧を賜りますようお願い申し上げます。

記

**【調査対象者】**
名義人さま　　＿＿＿＿＿＿＿＿＿＿　様
お届けの住所　〒　　　－

**【調査結果】**
上記調査対象者名義の　　　年　　月　　日時点において現存する貯金等は、次のとおりです。

| 種類 | 記号番号 | 備　考 |
|---|---|---|
| 通常・担保定額定期・定額 定期 □　貯金<br>（　　　　　　　　　　　）□　郵便貯金 | | |
| 通常・担保定額定期・定額 定期 □　貯金<br>（　　　　　　　　　　　）□　郵便貯金 | | |
| 通常・担保定額定期・定額 定期 □　貯金<br>（　　　　　　　　　　　）□　郵便貯金 | | |
| 通常・担保定額定期・定額 定期 □　貯金<br>（　　　　　　　　　　　）□　郵便貯金 | | |

※　お預入れの際に、氏名のフリガナやマンション名等を省略等されている場合や、転居された後に貯金等の
　　ご住所変更のお届けがない場合は、調査結果に反映されていないことがございます。あらかじめご了承くだ
　　さい。
※　名義人がお亡くなりになっている場合、財産保全のため、相続手続のご請求がなされるまでは、支払停止
　　の設定を行っております。
※　調査結果に別名使用の振替口座が含まれている場合、「名義人さま」欄には口座名称または別名を記載して
　　おります。
※　残高証明書が必要な場合（有料）や本書の内容にご不明な点がある場合には、次の書類をお持ちのうえ、
　　お近くのゆうちょ銀行または郵便局（投資信託は投資信託取扱郵便局に限ります）の貯金窓口でお手続きく
　　ださい。
　　　・調査結果のお知らせ（本書）
　　　・ご本人さまであることを確認できる証明書類（運転免許証や健康保険証など）
　　　・ご印鑑（各種請求をされる場合）
※　独立行政法人郵便貯金簡易生命保険管理・郵便局ネットワーク支援機構が管理する郵便貯金につきましては、
　　同機構から郵便貯金管理業務の委託を受けてこのお知らせをお送りしています。

| お問合せ先 | 株式会社ゆうちょ銀行　○○貯金事務センター<br>○○○○課○○○○担当<br>Tel（○○○）○○○-○○○○<br>（平日9：00～17：00） |
|---|---|

（出典：株式会社ゆうちょ銀行）

# 調査結果のお知らせ

年　　月　　日

＿＿＿＿＿＿＿＿　様

株式会社ゆうちょ銀行

貯金事務センター所長

いつもゆうちょ銀行をご利用いただきまして、誠にありがとうございます。

ご指定の内容に基づき、貯金等の有無について調査しました結果を下記のとおり回答いたします。

今後とも一層のご愛顧を賜りますようお願い申し上げます。

記

【調査対象者】

名義人さま　＿＿＿＿＿＿＿＿＿＿　様

お届けの住所　〒　　　　－

【調査結果】

上記調査対象者名義の　　　　年　　月　　日から　　　　年　　月　　日の期間において現存する貯金等は、次のとおりです。

| 種類 | | | 記号番号 | 備　考 |
|---|---|---|---|---|
| 通常・担保定額定期・定額 定期 | □ | 貯金 | | |
| （　　　　　　　　　　　　） | □ | 郵便貯金 | | |
| 通常・担保定額定期・定額 定期 | □ | 貯金 | | |
| （　　　　　　　　　　　　） | □ | 郵便貯金 | | |
| 通常・担保定額定期・定額 定期 | □ | 貯金 | | |
| （　　　　　　　　　　　　） | □ | 郵便貯金 | | |
| 通常・担保定額定期・定額 定期 | □ | 貯金 | | |
| （　　　　　　　　　　　　） | □ | 郵便貯金 | | |

※　お預入れの際に、氏名のフリガナやマンション名等を省略等されている場合や、転居された後に貯金等のご住所変更のお届けがない場合は、調査結果に反映されていないことがございます。あらかじめご了承ください。

※　名義人がお亡くなりになっている場合、財産保全のため、相続手続のご請求がなされるまでは、支払停止の設定を行っております。

※　調査結果に別名使用の振替口座が含まれている場合、「名義人さま」欄には口座名称または別名を記載しております。

※　残高証明書が必要な場合（有料）や本書の内容にご不明な点がある場合には、次の書類をお持ちのうえ、お近くのゆうちょ銀行または郵便局（投資信託は投資信託取扱郵便局に限ります）の貯金窓口でお手続きください。

　・調査結果のお知らせ（本書）

　・ご本人さまであることを確認できる証明書類（運転免許証や健康保険証など）

　・ご印鑑（各種請求をされる場合）

※　独立行政法人郵便貯金簡易生命保険管理・郵便局ネットワーク支援機構が管理する郵便貯金につきましては、同機構から郵便貯金管理業務の委託を受けてこのお知らせをお送りしています。

| お問合せ先 | 株式会社ゆうちょ銀行　〇〇貯金事務センター<br>〇〇〇〇課〇〇〇〇担当<br>Tel（〇〇〇）〇〇〇-〇〇〇〇<br>（平日９：００～１７：００） |
|---|---|

（出典：株式会社ゆうちょ銀行）

第4章　財産・債務の確定

109

## （３） 資料から確認する財産等

　収集した資料からは相続発生日時点の預貯金の残高だけでなく、通帳等に記載された取引内容を確認し財産等を発見する糸口とします。

　通帳等の取引に関して確認する期間については、次の理由から相続発生日前10年を確認するとよいでしょう。これは、金融機関においては、取引の行われた日から７年間の取引記録を保存する義務が課されていますが、民法では10年間が消滅時効期間ですので、10年間をめどに抹消及び廃棄していると考えられるためです。加えて、遺留分侵害額の算定における特別受益となる期間は、原則として相続開始から10年以内とされています。

　また、10年より前でも大きな金額の取引があれば過去の流れを把握するきっかけとなりますので、あわせて聞き取り等で確認することも必要となります。

### ① 財産等の発見

#### (イ) 固定資産税の支払い

　居宅周辺の普段から認識している不動産については、基本的に確認が漏れることは少ないと思われますが、遠隔地などに不動産を所有する場合に、そのことに気づかないことがあります。これについては、口座から固定資産税が支払われていれば、支払っている市区町村を確認し、認識している不動産の所在地と照らし合わせましょう。なお、同じ市区町村に対して２つの支払いがあるなどの場合には、共有や先代（祖父、曽祖父など）名義となっているものがないかも確認が必要です。

#### (ロ) 定期預金利息、公社債利子・投資信託分配金等の受取り

　昨今は、銀行等に残高証明書を依頼する際に、具体的な口座番号等を指定しなくても、被相続人名義で保有するすべての預貯金等が証明書に記載されることが大半です。しかし、誤った内容の証明書が発行されることなどもあるため、事前に把握しておくことは誤りを未然に防ぐための一つの方法であると考えます。

　例えば、定期預金の有無は通帳で取引されていれば把握しやすいですが、証書等で別管理されているものであればすぐに把握できないこともあります。こういったものを発見するため、普通預金の口座に定期預金利息が入金されていないかを確認します。

　また、銀行等は業務範囲が広がり有価証券の取引にも力を入れているため、公社債の利息や投資信託の収益分配金の入金などもあわせて確認しておきましょう。

　加えて、上場株式等の配当金が口座に入金されていれば、その配当金額から銘柄、株数等がわかり、証券会社に預けていない信託銀行（証券代行部）管理となっている特別口座株式を発見する糸口となります。

（ハ）　他の金融機関との取引

　一般的には、１つの金融機関だけを利用する方は少なく、多くは複数の金融機関を利用され、銀行だけでなく証券会社などにも口座を持っています。

　そのため、主として利用している銀行から他の銀行、証券会社へ資金を振り替える取引が確認できることがあります。この取引によりどこの金融機関に口座があるかを把握します。

　証券会社口座の取引履歴は顧客勘定元帳（証券会社によって名称が異なります。）により確認します。この元帳は証券会社に請求します。

（ニ）　生命保険料、損害保険料の支払い、保険金等の受取り

　通帳の摘要欄等でどの生命保険会社、損害保険会社に対して保険料の支払いがあったか、満期保険金・入院給付金・手術給付金・災害保険金などの受取りがあったかを確認し、その保険会社等に対して相続に関連する保険契約がないかを確認します。

　また、個人年金保険の保険金については、相続人等が継続して受け取ることができる契約もあるため、その場合には保険会社の手続きを忘れないようにしましょう。

（ホ）　貸金庫手数料支払い

　銀行等で貸金庫を契約をすると、１年分の貸金庫手数料を年１回口座から引き落とす形で支払うことになります。貸金庫がある場合には内容物を確認しましょう。

（ヘ）　銀行借入金等の返済、借入取引

　借入金の返済取引があれば、相続発生日時点の残債の額が債務となります。昨今では、新型コロナウイルスの影響による事業資金の融資を受けている場合があり、数年に渡って返済が据え置かれているものもあります。これについては、返済がないため借入金に気付かないことも考えられるため、借入時の取引も確認しておきましょう。

② **多額の出金、端数のない現金出金などの判断**

（イ）　多額の出金や振込取引

　特に100万円を超えるような大きな金額の出金や振込は、その内容を確認しておく必要があります。

　出金であれば、現金を金庫などで保有していないか、親族等の誰かに贈与していないかなどの確認が必要です。

　振込であれば、何を購入したのか、保有している家屋の改修をしていないかなどを確認します。新たな財産を取得したのであればその財産が増加し、家屋に改修等をしたのであれば価値増加の原因となる可能性があります。

（ロ）　端数のない現金出金（直前引出には特に注意！！）

　キャッシュレス決済が進む昨今でも、生活費・医療費・介護費・養育費などのために30万円、50万円といったような端数のない出金を定期的に行われる方は少なくありません。その資金が相続発生日時点で手元に残っていたり、被相続人以外の方の口座へ蓄積していたりすると相続財産となります。

　生活費等については、その資金を支出した被相続人だけでなく、被相続人からみて扶養義務がある方の生活費等を負担することも課税上の問題はありません。これは、扶養義務の関係性があれば同居している親族でなくても同様です。しかし、あくまで生活費等で通常必要な範囲のものでなければなりません。

　また、余命を宣告されたのちに、相続後のことを考えて多額に出金する方も多く見受けられます。これについても、相続発生日時点で手元に現金が残っていれば相続財産となります。

（ハ）　相続人等への資金移動

　被相続人から相続人に対して資金移動があった場合には、名義財産または贈与に該当するかをどのように判断するかについて簡単に解説します。

| 名義財産となる場合 | 被相続人が相続人等にかわって、被相続人が管理する相続人等名義の口座に預金を振替え、相続人等はこの口座の存在を知らず利用もしていなかった場合には、名義が相続人等であっても被相続人の財産であると考えます。<br>仮に、上記の取引を始めて数年経過後に通帳、印鑑等の管理を相続人等に移転した場合には、口座の全額がその時点で贈与されたと考えられる可能性もあります。 |
|---|---|
| 贈与となる場合 | 被相続人はあげた（贈与）と認識し、相続人等はもらった（受贈）と認識している場合には、贈与契約が成立します。 |

　上記の内容はいずれも相続人等へ資金移動がないかを注視しています。つまり、相続人や親族名義の口座についても確認しておく必要があります。その際には、通帳・印鑑の所在、口座開設の経緯などをあわせて確認しましょう。

## 紙通帳の廃止化が進む未来、デジタル資産の把握

通帳なし口座やネットバンク口座などをお持ちの方も多く、新たに通帳を作成する場合に手数料を請求する銀行も現れています。今後もこういった金融機関が増加する傾向で、遠くない将来通帳がこの世の中からなくなることも予想されます。

これに伴って問題となるのは、紙資料がないことにより上記（3）の確認ができないことやメモなどの記載がないことにより取引の詳細を思い出せず、様々な判断に困る場面が生じるかもしれません。相続人等が忘れていても、金融機関には記録が残り、遺産分割の争いの火種となる場合や課税庁から税務調査で指摘を受けることがあるかもしれません。こういった場合に備え、日頃から取引履歴をデータでダウンロードし、そこにメモしておくなどの対策が必要となるでしょう。

また、ネットバンキングやネット証券、FX口座内にある財産や、暗号資産、電子マネーなど、インターネット上のいわゆるデジタル資産が増えており、何も情報がない状況での発見は非常に困難と考えられます。一般的に、スマートフォンまたはパソコンなどで取引することが多いため、相続発生後すぐに解約しないようにしましょう。

加えて、デジタル資産を管理しているアプリやブラウザを確認する際にはパスワードが必要なケースも多く、複数回パスワードを間違えると一定時間ログインできなくなる場合があります。また、スマートフォンを起動する際に複数回パスワードを間違えたときはスマートフォン自体が初期化されることもあるため、被相続人にパスワードなどを保管しておくように伝えておきましょう。

なお、課税庁は暗号資産について、ほぼすべての暗号資産通貨取引所から年間取引データの提供を受けており、財産として把握しています。デジタル資産が多種多様に増える現代では、その他のデジタル資産についても把握できる仕組みを構築していくと考えられます。

# 5 生命保険金について

被保険者の死亡を原因として保険金が支給される保険契約で、その被保険者が被相続人である場合に発生する死亡保険金は相続財産ではなく、受取人固有の財産となります。

しかし、相続税の課税においては財産とみなす"みなし相続財産"に該当します。

## （1） はじめに確認すること

取引のあった保険会社を聞き取りし、手元に保管されている保険証券、毎年の定時報告資料などを確認します。聞き取り等により確認できた保険会社に対しては、その他の保険契約がないかを確認するとよいでしょう。そこで発見された保険契約について、保険料負担者が被相続人であるかなどを確認していきます。

## （2）　その後に収集する資料

### 保険金受取時の通知書

　保険金の請求が完了したら受取人宛に通知書（次ページ参照）が届きます。この通知書にて、保険金額・受取人等を確認します。保険金以外にも、配当金・割戻金・前納保険料等が記載されていることがありますが、これらについても同様にみなし相続財産となります。

　また、1つの契約に受取人が複数名指定されているものがあり、保険金が代表者に振り込まれることもあります。その際には、受取人と割合を確認しましょう。

## （3）　資料から確認すること

### ①　死亡保険金

　死亡保険金は相続財産ではなく受取人固有の財産となり、原則として遺産分割の対象となる財産ではありません。

　しかし、相続税の課税においては財産とみなす"みなし相続財産"に該当します。これに対しては、死亡保険金の受取人が相続人である場合には一定金額までは非課税となる規定※があります。

　※　生命保険金等の非課税規定
　死亡保険金の受取人が相続人（相続を放棄した人や相続権を失った人は含まれません。）である場合、すべての相続人が受け取った保険金の合計額が次の算式によって計算した非課税限度額を超えるとき、その超える部分が相続税の課税対象になります。
　500万円 × 法定相続人の数 ＝ 非課税限度額
　　　　　　（引用：国税庁タックスアンサー「No.4114　相続税の課税対象になる死亡保険金」令和3年9月1日現在法令等）

### ②　入院保険金、手術保険金等

　入院や手術などの際に保険金給付を受けられる保険契約は、保険証券等にその旨が明記されています。死亡直前は入院や手術を受けることも多く、請求した保険金を相続発生日後に受給した場合には相続財産となります。

　また、これらの保険金を請求しないままとなっている方が見受けられます。これは保険契約を被相続人が行っていることにより、親族が把握していないことなどが原因であると考えられますので注意しましょう。なお、この請求の際には医療費の領収書が必要となるため、確定申告で利用した領収書は忘れずに返却を受けるようにしましょう。

【保険金受取時の通知書（サンプル）】

担当者　△△△△
拠　点　××××××××
ＴＥＬ　××××××××

〇〇〇〇様

お支払い手続完了のお知らせ

〇〇生命保険株式会社

拝啓　　平素は格別のご愛顧を賜り厚く御礼申しあげます。

　さて、過日ご請求いただきましたご契約のお支払い手続が完了しましたので、お知らせいた
します。お支払いを証する書類となりますので大切に保管してください。

敬　具

| お支払い手続日 | 2021年（令和　3年）12月〇日 |
| お支払い金額 | 600,000円 |

■ご契約
　証券番号　第××××××××号
　契　約　者　□□□□様

　保険種類　総合医療120日終身70歳払済

（単位：円）

| お支払い金額内訳 | | 控除金額内訳 | | |
|---|---|---|---|---|
| 死亡給付金 | 600,000 | | | |
| | | | 計　B | 0 |
| | | 小　計（A－B） | C | 600,000 |
| 計　A | 600,000 | | | |

通信欄

| 遅延利息 | D | 0 |
| お支払い金額（C＋D） | | 600,000 |

■ご指定口座（お支払い先）
　金融機関　　　〇〇〇〇銀行
　預金種目　　　普通
　口座番号　　　××××××
　口座名義人名　〇〇〇〇　　　　様

作成日　2021年12月〇日

# （4） 生命保険照会制度（令和3年7月1日よりスタート）

　一般社団法人生命保険協会は、平時の死亡等によって照会対象者が契約していた生命保険契約が確認できず、保険金等の請求を行うことが困難な場合等において、生命保険契約の有無の照会を受け付けています。相続が発生した場合には死亡を原因として生命保険契約の有無の照会をすることができます。

　なお、照会できる生命保険契約の範囲や照会手続きが行える方は次のとおりです。

### ① 調査対象となる生命保険契約の範囲

　生命保険協会の会員となっている各保険会社は、生命保険協会が照会を受け付けた日現在有効に継続している個人保険契約※で、被相続人が保険契約者または被保険者となっている生命保険契約の有無について調査を行います。

　※　財形保険契約及び財形年金保険契約、支払いが開始した年金保険契約、保険金等が据置きとなっている保険契約は除きます。

### ② 照会手続きが行える方

　照会対象者が死亡した場合、次の方が申請することが可能です。

・照会対象者の法定相続人

・照会対象者の法定相続人の法定代理人または任意代理人※

　※　弁護士、司法書士その他照会対象者の財産管理を適切に行うために、その生命保険契約の有無を照会するのにふさわしい者（税理士は含まれていない。）。

・照会対象者の遺言執行人

### ③ 照会手続き

　郵送での申請方法もありますが、WEB申請が比較的簡単に手続きができます。具体的な手続きの流れについては、生命保険協会のホームページに掲載の「ご利用の手引き」に示されています。

　照会には、まずユーザー登録が必要となり、その際にメールアドレスの登録を行います。一度登録したメールアドレスは別の方の照会には利用できない点に注意してください。相続人の代表の方などのメールアドレスで登録していただくことになります。メールアドレス登録が完了すると、初期設定情報がそのメールアドレスに届き手続きを進めていきます。

　制度利用料は、クレジットカードまたはコンビニエンスストアでの支払いとなります。

## ④ 照会結果

　現状、照会結果の回答書には、会員会社名の横に契約の有無が「○」「×」形式で記載されます。

　死亡を原因として照会する場合、回答書には、照会対象者の死亡日現在に継続している個人保険が調査対象となり、死亡日時点での被相続人の生命保険契約がすべて記載される旨が書かれています。しかし、照会時点で保険金請求手続きが完了している契約については、回答書に「×」と表示されます。これは、あくまで保険請求漏れが生じないようにするために調査をすることを前提としているためであると考えられます。

　なお、回答書に保険内容・金額は記載されません。

【照会結果のご回答について（サンプル）】

2022 年 9 月○日

○○○○様

照会結果のご回答について

　○○○○様が契約者または被保険者である保険契約の有無についての照会結果について、以下のとおり回答いたします。

| 会社名 | 契約の有無 | 備考欄 |
|---|---|---|
| △△△△生命 | × | |
| ××××生命保険株式会社 | ○ | |
| □□□□生命保険相互会社 | × | |
| 株式会社○○○○生命保険 | × | |
| | | |

　相続人間に争いがある場合などで、他の相続人の死亡保険金の受取りを把握できないことがあります。これは、相続税の納税義務者にとって必要な情報ではありますが、納税義務者間で互いに情報を提供しあわなければ把握できません。

　この照会制度においても情報は不十分であり、相続税申告をサポートできるまでの内容とはいえません。

〈死亡保険金受取人を選択〉

　相続対策の相談を受ける際には、相続税の負担がどうなるか、財産をどう分ける
かを相談することになります。そのため財産状況を把握する作業が必要です。その
際に、みなし相続財産としての課税や、納税資金の確保などの面から、死亡保険金
の発生する保険契約も確認します。なお、保険契約の内容を確認するうえでは、特
に「受取人」が誰になっているかが重要となります。

　死亡保険金を相続人が受け取った場合には、一定金額までは相続税の非課税財産
となります。それとは別に配偶者には、配偶者に対する相続税額の軽減という制度
があり、配偶者が相続等により取得した正味の遺産額が、配偶者の法定相続分相当
額（1億6千万円以下であれば1億6千万円）までであれば、配偶者に相続税を
生じなくすることができます。

　そのため、配偶者は非課税財産となる死亡保険金ではなく現金等で受け取る形で
も相続税の負担が軽減される場合が考えられ、逆に他の相続人が現金等で相続すれ
ば相続税を通常どおり負担することになります。つまり、受取人を配偶者から他の
相続人にすることにより他の相続人の相続税負担を軽減できます。

　また、相続人以外が受取人となる場合には非課税財産とはならないため、これも
受取人変更の検討が必要です。もちろん、受取人をその人にした意向があれば、そ
れを優先しつつ相談しますが、現金などで受け取る形でも問題なければ贈与などの
別の方法で、保険金で受け取れる予定だった現金を渡すことができるかもしれませ
ん。

　新たな契約を結ぶことにより節税効果を高めることはもちろん有効ですが、現存
する契約に手を加えるだけでも、手続きが比較的簡単で効果が得られます。

---

## 6　退職手当金等について

### （1）　はじめに確認すること

　中小企業の個人事業主や会社役員であれば小規模企業共済に加入されていることが多
く、確定申告書（小規模企業共済金払込証明書）・掛金納付状況等のお知らせ・共済契約
締結証書などから契約状況等を確認します。

　また、同族会社を経営されている場合には、同族会社からの死亡退職金、弔慰金も確認
します。

**【掛金納付状況等のお知らせ（サンプル）】**

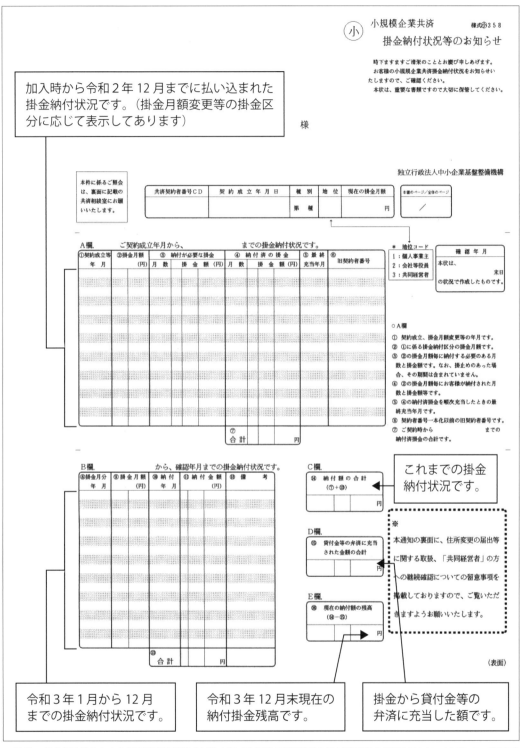

加入時から令和2年12月までに払い込まれた掛金納付状況です。（掛金月額変更等の掛金区分に応じて表示してあります）

○小規模企業共済　様式①358
掛金納付状況等のお知らせ

時下ますますご清栄のこととお慶び申しあげます。
お客様の小規模企業共済掛金納付状況をお知らせいたしますので、ご確認ください。
本状は、重要な書類ですので大切に保管してください。

様

独立行政法人中小企業基盤整備機構

本件に係るご照会は、裏面に記載の共済相談室にお願いいたします。

| 共済契約者番号CD | 契約成立年月日 | 種別 | 地位 | 現在の掛金月額 |
| --- | --- | --- | --- | --- |
| | | 第　種 | | 円 |

本書のページ／全体のページ

＊　地位コード
1：個人事業主
2：会社等役員
3：共同経営者

確認年月
本状は、　　末日
の状況で作成したものです。

A欄.　ご契約成立年月から、　　　　　までの掛金納付状況です。

| ①契約成立等年月 | ②掛金月額(円) | ③納付が必要な掛金 | | ④納付済の掛金 | | ⑤最終充当年月 | 旧契約者番号 |
| --- | --- | --- | --- | --- | --- | --- | --- |
| | | 月数 | 掛金等額(円) | 月数 | 掛金額(円) | | |
| | | | | | | | |
| | | | | ⑦合計 | 円 | | |

○A欄
① 契約成立、掛金月額変更等の年月です。
② ①に係る掛金納付区分の掛金月額です。
③ ②の掛金月額毎に納付する必要のある月数と掛金額です。なお、掛止めのあった場合、その期間は含まれていません。
④ ②の掛金月額毎にお客様が納付された月数と掛金額です。
⑤ ④の納付済掛金を順次充当したときの最終充当当年月です。
⑥ 契約者番号一本化以前の旧契約者番号です。
⑦ ご契約時から　　　　　までの納付済掛金の合計です。

B欄.　　　　　から、確認年月までの掛金納付状況です。

| ⑧掛金月分年月 | ⑨掛金月額(円) | ⑩納付年月 | ⑪納付金額(円) | ⑫備考 |
| --- | --- | --- | --- | --- |
| | | | | |
| | | | ⑬合計 | 円 |

C欄.

| ⑭ 納付額の合計(⑦＋⑬) |
| --- |
| 円 |

これまでの掛金納付状況です。

D欄.

| ⑮ 貸付金等の弁済に充当された金額の合計 |
| --- |
| 円 |

E欄.

| ⑯ 現在の納付額の残高(⑭－⑮) |
| --- |
| 円 |

※
本通知の裏面に、住所変更の届出等に関する取扱、「共同経営者」の方への継続確認についての留意事項を掲載しておりますので、ご覧いただきますようお願いいたします。

（表面）

令和3年1月から12月までの掛金納付状況です。

令和3年12月末現在の納付掛金残高です。

掛金から貸付金等の弁済に充当した額です。

第4章　財産・債務の確定

（出典：独立行政法人中小企業基盤整備機構「令和4年「小規模企業共済掛金納付状況等のお知らせ」について」を一部加工）

# （2） その後に収集する資料

## ① 小規模企業共済

共済金の支払決定通知書（下図）には、共済金のみならず、過納掛金・前納減額金・未収納掛金などが記載されています。

共済金のみ相続税法上、みなし相続財産として相続税の課税対象となり、退職手当金等として非課税制度の適用の対象となります。なお、それ以外の過納掛金・前納減額金として受取りがあるものについては相続財産となりますが、非課税制度の適用はなく、未収納掛金として支払いがあるものについては債務となります。

【共済金の支払決定通知書】

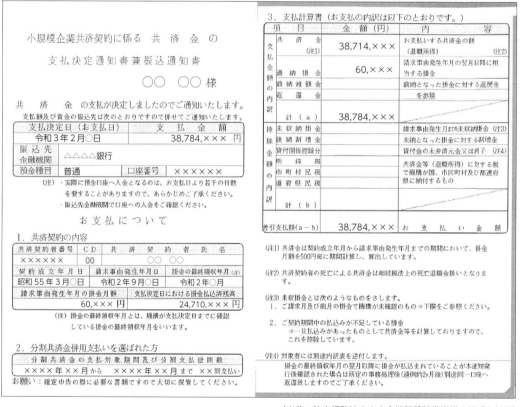

（出典：独立行政法人中小企業基盤整備機構の様式を加工）

## ② 同族会社からの死亡退職金

次の書類を確認することとなります。

・退職金規定（退職金、弔慰金をあわせて規定）

・株主総会（取締役会）議事録

・法人決算申告書

# （3） 小規模企業共済

　小規模企業共済を契約している個人が死亡した場合には、共済金の請求を行うか、または契約を引き継ぐことになります。

## ① 受取順位

　小規模企業共済法において共済金を請求できる者の範囲及び順位は、下表の最も上位の者になります。

| 受給権順位 | 続　柄 | 備　考 |
|---|---|---|
| 第1順位者 | 配偶者 | 内縁関係者も含む（戸籍上の届け出はしてないが、事実上婚姻と同様の事情にあった人） |
| 第2順位者 | 子 | 共済契約者が亡くなった当時、主として共済契約者の収入によって生計を維持していた人 |
| 第3順位者 | 父母 | |
| 第4順位者 | 孫 | |
| 第5順位者 | 祖父母 | |
| 第6順位者 | 兄弟姉妹 | |
| 第7順位者 | その他の親族 | |
| 第8順位者 | 子 | 共済契約者が亡くなった当時、主として共済契約者の収入によって生計を維持していなかった人 |
| 第9順位者 | 父母 | |
| 第10順位者 | 孫 | |
| 第11順位者 | 祖父母 | |
| 第12順位者 | 兄弟姉妹 | |
| 第13順位者 | ひ孫 | |
| 第14順位者 | 甥・姪 | |

〈生計を維持していた人〉

　勘違いしやすいのは「生計維持」と「生計一」の違いです。「生計維持」はXの収入によってYの生活が成り立っていることで、「生計一」はXとYが日常の生活の資金を共にしていることになります。具体的には、「生計維持」の場合はXがYの生活費等を負担し、「生計一」はXまたはYのどちらかが生活費等を負担している状況となります。

　例えば、被相続人に配偶者がいない場合に、3人いる子（A、B、C）のうちに自身の

収入等がなく生活資金を被相続人に援助されているB、Cがいた場合には、AよりB、Cの共済金の受給権順位が上位となり、B、Cが各1/2を受給することになります。

　なお、一般的には確定申告書、源泉徴収票などにより扶養控除等を適用していることが確認できれば、生計維持関係の証明は容易にできます。しかし、給与所得がある場合などは、被相続人の扶養親族となっていることは少ないと考えられます。そういった場合には、実際に生活費を援助していることを証明する必要があり、その手続きはかなり困難です。

〈代襲相続が発生している場合〉

　上記の順位では、子、父母、孫…の順であるため、代襲相続が発生している場合には次の問題が生じます。

　例えば、被相続人に配偶者がいない場合に子が2人（D、E）おり、被相続人の相続開始前にDは死亡していました。加えて、Dには子(a、b)がおり、a、bは被相続人の孫となります。誰も被相続人との生計維持関係はありませんでした。この場合には、a、bはEと同順位とはならず、受給権順位はEが上位となり、a、bに受け取る権利はありません。

　a、bが被相続人と養子縁組を結んでいた場合には、子（養子）となり、Eと同順位となります。

## ②　共済金の請求手続き

　共済金受取手続きの際に必要な書類等については、次のとおりです。なお、請求者が配偶者か配偶者以外かによって必要書類が異なります。

| 必要書類 | ・共済契約締結証書<br>・請求者の印鑑登録証明書（発行から3か月以内）<br>・請求者及び共済契約者のマイナンバー確認書類 |
|---|---|
| 請求者が配偶者<br>の場合 | ・共済契約者の戸籍謄本（死亡の記載がされたもの） |
| 請求者が配偶者<br>以外の場合 | ・共済契約者が成人してから死亡するまでの状況が把握できる戸籍（除籍）謄本<br><br>①　受給権が2人以上いる場合<br>・共済金の受領に関する代理人選任届<br>・代理人を選任した者の印鑑登録証明書（発行から3か月以内）<br><br>②　共済契約者の収入により生計を維持していた者からの請求の場合<br>・①の書類<br>・生計維持に関する証明願<br>・共済契約者及び請求者の住民票（発行から3か月以内）<br>・共済契約者の収入により生計を維持していたことを証明する書類<br>　健康保険の被扶養者の場合：健康保険被保険者証の写し<br>　税務上の扶養親族等の場合：確定申告書、源泉徴収票等の写し |

【小規模企業共済契約に係る共済金等請求書 記載例】

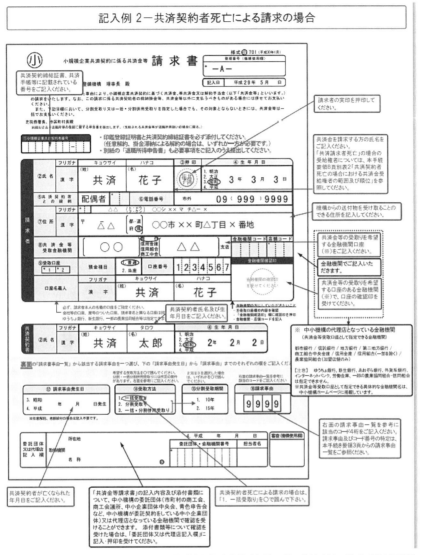

(出典：独立行政法人中小企業基盤整備機構「小規模企業共済契約に係る共済金等の請求手続き要領」)

### ③　事業承継し契約を引き継ぐことも

　共済金を受け取る以外に、それまで契約者が支払った掛金納付月数を引き継いで契約を継続することが可能です。これを「承継通算」といいます。

　承継通算が利用できるのは1回きりで、契約者の「配偶者または子」が承継者である場合に限り、次のいずれかに該当する場合には適用の可能性があります。さらに、共済金の受給権者が同順位に複数人いる場合には、承継者以外の者が権利を譲ることに承諾する必要があります。

　また、承継通算を選択することのメリットは、掛金納付月数が長いほど共済金等の支給割合も大きくなっていくため、将来の共済金の受取りが多くなると考えられます。

【承継通算が適用可能な場合】

| 個人事業の全部を譲り受けた場合 |
| --- |
| 個人事業主の死亡により、その事業の全部を相続した場合 |
| 個人事業主が配偶者または子へ事業を全部譲渡あるいは相続したことに伴い共同経営者の地位を譲り受けた場合 |
| 共同経営者の死亡により、その地位を相続した場合 |

【共済金等の受給権及び事業の全部または共同経営者の地位の承継に係る届出書 記入例】

## 記入例

小規模企業共済契約に係る共済金等の受給権及び事業の全部または共同経営者の地位の継承に係る届出書

旧共済契約者が死亡によりその事業の全部または共同経営者の地位を配偶者又は子が相続し、かつ、相続した者が小規模企業共済契約者として旧共済契約と同種の契約を続ける場合に、承継人が記入してください。

様式 ①143

## 小規模企業共済契約に係る共済金等の受給権及び事業の全部または共同経営者の地位の承継に係る届出書

独立行政法人　　　　　　　　　　　　　　　平成 23 年 3 月 1 日

中小企業基盤整備機構　殿

　私は、23 年 1 月 20 日に死亡した旧共済契約者 (以下「甲」という。) に係る民法所定の相続手続きを完了し、他の相続人の同意を得て甲の事業の全部または共同経営者の地位を承継し、かつ、小規模企業共済契約に係る共済金等の全部の支給を受ける権利を相続したことに相違ありません。
　又、甲が独立行政法人　中小企業基盤整備機構法 (平成14年法律第147号) 第15条第2項第6号に定める貸付金を貴機構から借り入れている場合には直ちに私が弁済することといたします。
　もし、後日にいたって他の相続人から共済金等の請求があったり、この承継について異議申し立て等の紛争が生じたときは、その紛争を即時に処理し、貴機構に対していっさい迷惑をかけません。

住　所　○×県□○市△△町6－8－1

氏　名　共済　一郎　　　　　　

(出典：独立行政法人中小企業基盤整備機構HP)

> 【必要書類】
> ・納付月数通算申出書兼契約申込書 (承継通算用)
> ・預金口座振替申出書
> ・共済金等の受給権及び事業の全部または共同経営者の地位の承継に係る届出書
> ・新共済契約者の印鑑登録証明書 (発行から3か月以内の原本)
> ・新旧共済契約者の続柄がわかる戸籍謄 (抄) 本 (死亡登記されたもの)

<承継通算を選択することの相続税への影響>

承継通算は、共済金等を受け取った場合と同様にみなし相続財産として相続税の課税対象となります。共済事由が発生した時点の共済金等の額（一時金）が課税の対象となります。

## （4）　同族会社からの退職金

同族会社からの死亡退職金を支給することにより、相続税の納税資金を確保、法人税等の税負担の軽減を図る対策の側面などから支給の有無や支給額の検討を行います。

まずは、退職金を支給できるように、法人において事前に退職金規定を完備しておき、支給時には議事録等の作成を忘れずに行う必要があります。

なお、支給額の決定等についてのポイントは第5章で解説しています。

## 7　その他の財産について

ここまで確認してきた財産に加えて、次のものも確認しておきましょう。

## （1）　"相続財産（みなし相続財産を含む）"となる保険契約等

### ①　どういったものが"相続財産"となるか

被相続人が保険料を負担している保険契約で、相続発生日に解約したと仮定したときに解約返戻金等の金額が生じる場合には、相続財産となることがあります。

これについては、相続財産として遺産分割の対象となるものと、相続財産とはなりませんが、生命保険金と同様に"みなし相続財産"に該当するものがあります。具体的には、相続発生日時点で保険事故が未発生の保険契約で、契約者と保険料負担者が誰であるかにより、その課税が分かれます。

| 契約者 | 保険料負担者 | 課税 |
|---|---|---|
| 被相続人 | 被相続人 | 民法上の財産として相続税課税 |
| 被相続人以外 | 被相続人 | 生命保険契約に関する権利<br>（みなし相続財産）として相続税課税 |
| 被相続人 | 被相続人以外 | 相続時点では課税なし |

その他にも、被保険者が亡くなってからも継続受取りのある年金保険契約などで、保険料負担者が被相続人であるものについては、残りの継続期間の年金保険金が指定された継続受取人に対してみなし相続財産として相続税の課税があります。

## ②　保険契約の確認

　上記 **5**（4）にも記載しました生命保険照会制度により、被相続人の保険契約を把握できます。あとは、保険会社、代理店等に対して契約の有無等を確認するしかありません。

　なお、かんぽ生命保険については、全国の各サービスセンターにおいて契約を一元管理しており、請求日から過去10年内にあった契約を名寄せできる制度があります。これについては、民営化前の簡易生命保険契約についてもまとめて調査が可能です（下記参照）。

【かんぽ生命保険の解約返戻金等証明書（サンプル）】

① 　ご契約についての詳細

| 保険証券記号番号 | | ×××××××号 |
|---|---|---|
| 保険種類 | | 普通養老保険 |
| 特約種類 | | 付加されておりません |
| 契約日 | | 平成29年〇月〇日 |
| 保険期間 | | 10年 |
| 契約者氏名 | | △△△△ |
| 被保険者氏名 | | △△△△ |
| 保険金受取人氏名 | 満期 | △△△△ |
| | 死亡 | □□□□ |
| 月額保険料 | | 45,000円 |
| 保険料払込期間 | | 平成29年〇月分〜令和9年〇月分<br>（令和元年〇月分まで払込済み） |
| 保険金額 | 満期 | 5,000,000円 |
| | 死亡 | 5,000,000円 |

② 　解約返戻金額等について

| 評価年月日 | 令和元年〇月〇日 |
|---|---|
| 解約返戻金額 | 664,000円 |
| 契約者配当金額 | 0円 |
| 未経過保険料額 | 267,300円 |
| 合計金額 | 931,300円 |

## ③　解約返戻金等の証明書発行依頼

　相続財産として計上することが確定した場合には、相続発生日に解約すると仮定したときの解約返戻金等の金額を確認するため、証明書の発行を保険会社等に依頼します。なお、解約返戻金等の金額には前納保険料・剰余金の分配額等が含まれます。

## （２）　損害保険契約で財産性があるもの

　被相続人が保険料を負担している損害保険契約で、保険期間が複数年の保険料を前払いしている契約や、JAの建物更生共済等の積立金部分がある契約で、相続発生日に解約したと仮定したときに解約返戻金等の金額（図表）が生じる場合には、相続財産となることがあります。

　これらの契約は、一般的に家屋等を対象として加入されているもので、その家屋等を取得する方が契約を引き継げるように、遺産分割協議をまとめるとよいでしょう。

【解約返戻金等の証明書（サンプル）】

　　　　　　　　　　　　　　　　　　　　　　　　　　　　　令和 2 年11月〇日

〇〇〇〇様

　　　　　　　　　　　　　　　　　　　　　　　　△△△△保険株式会社

　　　　　　　　　　　　　火災保険の解約返れい金について

拝啓　平素より当社をお引き立ていただき、誠にありがとうございます。

　ご契約いただいております当社保険契約のご指定日時点の解約返れい金について、下記のとおり回答申し上げます。

　なお、本件につきましてご不明な点がございましたら、上記連絡先までお問い合わせください。

　　　　　　　　　　　　　　　　　　　　　　　　　　　　　　　　　　敬具

　　　　　　　　　　　　　　　　　記

[契約内容]

| 保険種類 | 火災保険 |
|---|---|
| 証券番号 | ××××××× |
| 保険期間 | 平成13年 4 月〇日から令和13年 4 月〇日 |
| 契約者名 | 〇〇〇〇様 |

[解約返れい金]

| ご指定日 | 令和 2 年 9 月〇日 |
|---|---|
| ご指定日時点の解約返れい金（基本＋特約） | 168,150円 |
| ご指定日時点の解約返れい金（地震保険） | ― |
| ご指定日時点の解約返れい金（合計） | 168,150円 |

　　　　　　　　　　　　　　　　　　　　　　　　　　　　　　　　　以上

# （３）　会員権

## ①　ゴルフ会員権

　ゴルフ会員権とは、会員制のゴルフ場利用権のことで、非会員に比べて割安料金でプレーすることが可能であるなどの特典があります。種類としては、預託金会員制、株主会員制、社団会員制があります。

### （イ）　会員券等を確認

　ゴルフ会員権を保有しているかについては、倶楽部会員券や入会金預託証券、預り証などを確認します。書類が発見できず、過去に保有していたことを口頭で聞いているなどの場合には、会員権を管理しているゴルフ場（会社）に問い合わせることになります。

### （ロ）　評価額を確認

　会員権の相場をウェブサイトで確認する方法や、会員権の売買を仲介している業者（例えば、大阪・奈良税理士協同組合が紹介する業者として㈱メンバーズゴルフサービスがあります。）に売買参考価格を確認する方法などがあります。仲介業者の中には、証明書の発行を依頼できる場合もあります。

　なお、預託金を預け入れているものもありますが、返還を受けられるものがあればこれも相続財産となります。しかし、現状ではその返還が難しいものや、抽選形式で返還しているものなど様々です。こういった内容は個別に状況が異なるため、会員権を管理しているゴルフ場（会社）に問い合わせて確認する必要があります。

## ②　リゾート会員権

　リゾート会員権とは、リゾートホテルやマンションなどの施設を複数の会員で所有して相互利用することができる権利のことです。契約の種類としては所有権型と利用権型があり、一般的に所有権型の場合は、その会員権が相続財産となります。

　利用権型については、入会時に預託金や保証金、入会金などの支払いがあり、加入期間の途中退会時にその預託金や保証金の一部が返還されることがあります。そのため預託金、保証金等の返還金相当額は相続財産となります。

### （イ）　契約書、固定資産税課税明細書の確認

　契約書があればそれを確認することが優先です。その他に発見する糸口として、リゾート会員権は不動産を所有することになり、固定資産税の課税が生じます。そのため、固定資産税課税明細書でも確認ができます。

### （ロ）　評価額を確認

　リゾート会員権にはグレードがあります。そのグレードごとに部屋のタイプ・宿泊回数等が異なり、それに伴って評価額も異なります。契約書にはこういった内容が記載さ

れており、その内容をもとに、会員権の相場をウェブサイトで確認する方法や、会員権の売買を仲介している業者に評価額を確認する方法などがあります。

## （4） 後期高齢者医療保険料の精算金等

### ① 保険料等の精算金

#### (イ) 後期高齢者医療保険料

　75歳（一定程度の障害があれば65歳）以上の方は後期高齢者医療制度の加入が義務付けられており、国民健康保険料等に代わり後期高齢者医療保険料を納めることになります。

　原則、保険料の支払いは特別徴収（公的年金からの天引き）とされ、公的年金の支払い日ごとに2か月分を徴収されます（所得が多く保険料額が多額になる場合には、普通徴収となることもあります。）。なお、前年所得が確定するまでは、仮算定された保険料が徴収されることとなります。

　そのため、相続が発生した場合に保険料の過不足が生じることがあり、一般的に還付されることが多くあります。この還付される保険料は相続財産となり、支払い不足があれば債務となります。

#### (ロ) 介護保険料

　介護保険料は40歳から社会保険料や国民健康保険料に含まれ支払うこととなります。65歳以上になると強制的に第1号被保険者に該当し、介護保険料の支払い方法が変わることになります。

　65歳になった月から社会保険料や国民健康保険料に含めてではなく、別途介護保険料を納めることになります。保険料の支払い方法は基本的に後期高齢者医療保険料と同様で、還付される保険料は相続財産となり、支払い不足があれば債務となります。

### ② 高額な医療費等の負担に対する給付金

#### (イ) 高額療養費

　高額療養費は1～3割の自己負担分の医療費を支払った際に、ひと月の自己負担限度額を超過した場合に、その超過分が払い戻されます。

　なお、この給付を受けるまでには申請から数か月がかかり、支払いから給付までにタイムラグが生じることになります。つまり、相続が発生する直前の数か月において多額の医療費が発生している場合には、高額療養費が発生する可能性があり、これを相続発生日後に受給した時は相続財産となります。

#### (ロ) 高額介護サービス費

　高額介護サービス費は1～3割の自己負担分の介護サービス費を支払った際に、ひと

月の自己負担限度額を超過した場合に、その超過分が払い戻されます。

　なお、支払いから給付までにタイムラグがあること等は高額療養費と同様で、これを相続発生日後に受給した時は相続財産となります。

### ㈅　高額介護合算療養費及び高額医療合算介護（予防）サービス費

　1年間（毎年8月1日～翌年7月31日）の医療保険と介護保険の自己負担の合計額が高額な場合に、自己負担を軽減する制度です。これは、上記の2つとは異なり年間換算となります。これを相続後に受給した時は相続財産となります。

## （5）　同族会社との関係

　同族会社を経営している、または経営していた者に相続が発生した場合には、次のものが相続財産となる可能性があります。

### ①　貸付金

　同族会社は個人事業から法人事業へ事業転換している会社が多く、個人から法人に対して資金を貸し付ける形がよく見受けられます。こういった貸付金（名目を問いません。）は相続財産となります。

### ②　未収給与、地代、家賃

　役員等に就任している場合には役員報酬等を受け取られていることがあり、死亡月のものを受け取らず亡くなられていることがあります。この未収給与等は相続財産となります。

　また、経営者等が土地や建物を個人で所有し、これを同族会社へ賃貸する場合がありますが、これも死亡月の地代や家賃について受け取らずに亡くなられることがあります。これについては、契約書でいつ賃料の支払い義務が生じるかを確認し、契約内容に沿って未収が発生している場合には、相続財産となります。

## （6）未収配当金、配当期待権

　上場株式等を保有している場合、配当に関する次の相続財産が生じる可能性があります。

### ①　未収配当金

　配当金領収書により銀行、郵便局などで現金受取をされている方については、配当を受け取られていないことがあります。この配当金は未収配当金として相続財産となります。

### 〈未払配当証明書〉

　上場株式の未収配当金は信託銀行の証券代行部に請求が可能です。上場株式銘柄ごとに株主名簿管理人を各信託銀行が行っています。インターネットや四季報などからどの信託銀行が管理しているかを確認し問い合わせましょう。なお、本人宛の証明書等の発行であれば、電話での受付も行っています。

【未払配当金残高証明書（サンプル）】

2022年３月○日

○○○○様

△△信託銀行株式会社

#### 未払配当金残高証明書

下記のとおり、2021年12月○日現在の未払配当金残高を証明いたします。

記

| 名　義　人 | ○○○○ | |
| --- | --- | --- |
| 住　　　所 | ××××××× | |
| 銘　　　柄 | □□株式会社 | |
| 決算基準日 | 配　当　金　額 | |
| 2016年09月期 | 35,859円 | |
| | 以　下　余　白 | |
| | | |
| | | |
| | | |
| | | |
| | | |
| 備　　　考 | | |

以上

（注）証明の対象となる配当金は未払が確定しているものに限ります。
　　　（未払の確定は決算基準日から約半年後となります。）

#### ②　配当期待権

　配当金交付基準日にその株式の配当を受ける権利が確定するため、その翌日から実際に配当の支給が決定するまでの間において、配当金を受けることができる権利を保有することになります。これを配当期待権といい、相続財産となります。

〈決算短信〉

　インターネットや四季報などで企業の決算期等を確認し、対象となる配当金が生じる可能性があれば、各企業の決算短信にて配当の状況、配当支払開始予定日を確認します。

　一般的に多いのは、3月末（第二四半期が9月末）決算の企業ですので、相続発生日が4〜6月、10〜12月の場合は配当期待権が発生する可能性が高いです。

【決算短信】

```
□ 四半期第1号参考様式〔日本基準〕（連結）


**年＊月期　第＊四半期決算短信〔日本基準〕（連結）
                                                                      **年**月**日


上 場 会 社 名　○○○○○○株式会社                          上場取引所　東・名・福・札
コ ー ド 番 号　****                        ＵＲＬ　http://
代　表　者　（役職名）　○○○○○○○○○○　　（氏名）　○○○　○○○
問合せ先責任者　（役職名）　○○○○○○○○○○　　（氏名）　○○○　○○○　　（TEL）**（****）****
四半期報告書提出予定日　**年**月**日　　　　　配当支払開始予定日　**年**月**日
四半期決算補足説明資料作成の有無　：有・無
四半期決算説明会開催の有無　　　　：有・無（○○○向け）
                                                                      （百万円未満切捨て）
```

1．**年＊月期第＊四半期の連結業績（**年**月**日〜**年**月**日）
（1）連結経営成績（累計）　　　　　　　　　　　　　　　　（％表示は、対前年同四半期増減率）

|  | 売 上 高 | | 営 業 利 益 | | 経 常 利 益 | | 親会社株主に帰属する四半期純利益 | |
|---|---|---|---|---|---|---|---|---|
|  | 百万円 | ％ | 百万円 | ％ | 百万円 | ％ | 百万円 | ％ |
| **年 ＊月期第＊四半期 | | | | | | | | |
| **年 ＊月期第＊四半期 | | | | | | | | |

（注）包括利益　**年＊月期第＊四半期　　百万円（　　％）　**年＊月期第＊四半期　　百万円（　　％）

|  | 1株当たり四半期純利益 | 潜在株式調整後1株当たり四半期純利益 |
|---|---|---|
|  | 円　銭 | 円　銭 |
| **年 ＊月期第＊四半期 | | |
| **年 ＊月期第＊四半期 | | |

（2）連結財政状態

|  | 総 資 産 | 純 資 産 | 自己資本比率 |
|---|---|---|---|
|  | 百万円 | 百万円 | ％ |
| **年 ＊月期第＊四半期 | | | |
| **年 ＊月期 | | | |

（参考）自己資本　**年＊月期第＊四半期　　百万円　　**年＊月期　　百万円

2．配当の状況

|  | 年間配当金 | | | | |
|---|---|---|---|---|---|
|  | 第1四半期末 | 第2四半期末 | 第3四半期末 | 期 末 | 合 計 |
|  | 円　銭 | 円　銭 | 円　銭 | 円　銭 | 円　銭 |
| **年 ＊月期 | | | | | |
| **年 ＊月期 | | | | | |
| **年 ＊月期（予想） | | | | | |

（注）直近に公表されている配当予想からの修正の有無　：有・無

> ここには投資者が通期業績を見通す際に有用と思われる情報をご記載ください。
> （業績予想を修正する場合には、修正後の予想値を理由とともにご記載ください。）

（出典：日本取引所グループ「決算短信・四半期決算短信作成要領等」を一部抜粋）

# （7） 老人ホーム入居金の返還等

　被相続人が有料老人ホーム等に入所する際には、一般的に入居一時金を支払います。これは、施設の各種サービスを享受する権利を取得するために入居時に支払うものです。なお、入居から一定期間内に死亡等で契約終了となる場合には、入居一時金の一部を返還することとなっている契約があり、その契約終了に伴って返還される金額は相続財産となります。

## ①　夫婦での契約

　老人ホームですから、夫婦2人で入居することもあります。このような場合には、一部屋を2人で利用することがほとんどで、入居一時金を2倍支払うのではなく、入居一時金よりも少ない追加入居一時金を支払うことが一般的です。

　この場合、例えば、夫が妻より先に死亡したときは、追加入居一時金のみが返還され、入居一時金の返還はありません。こういった場合に、このすべての一時金を夫が支払っていたときは、返還される追加入居一時金はもちろんのこと、実際に返還されない入居一時金の相続発生日時点での返還見込額も相続財産となります。

## ②　老人ホームへの預け金精算

　上記の一時金とは別に、利用料・医療費・その他生活に係る費用などを月ごとに支払います。この支払方法としては、予め老人ホームに一定額を預け、そこから支払う形が一般的です。つまり、預けた資金の一部が相続後に精算され返還を受けることになれば、その金額は相続財産となります。

【証明書（サンプル）】

令和 2 年 9 月〇日

お問い合わせ窓口

株式会社□□□□

〇〇〇〇様

利用者名　△△△△様

保証人名　××××様

## ご返金のご案内

サービスご利用料金につきまして、以下の通りご返金をさせていただきます。
ご指定の口座にお振込をさせていただきますので、ご確認いただきますよう
お願い申し上げます。

| ご返金額 | ¥4,945,105 |
|---|---|

【内訳】

| 項目 | 金額 |
|---|---|
| 契約開始日 | 平成30年 7 月〇日 |
| 契約解除日 | 令和 2 年 7 月〇日 |
| 入居金預り額 | ¥12,080,000 |
| 入居金償却額 | ¥−7,029,920 |
| 月次利用料分精算 | ¥−104,975 |
| 合計 | ¥4,945,105 |

【ご返金先】

| 1 | 〇〇〇〇様 | | |
|---|---|---|---|
| | 〒×××-×××× | | |
| | ×××××××× | 返金日：　　令和 2 年 9 月〇日 | 返金額：　　¥4,945,105 |

| 備考 |
|---|
| |

## （8） 電子マネー、マイレージ、友の会の積立金等

　電子マネー、マイレージポイントなどについてはほとんどお金と変わらず利用ができ、相続財産となります。

### ①　電子マネー、マイレージポイントなど

　電子マネー、マイレージポイント、ネットバンク等については、被相続人が利用していたパソコン・スマートフォンなどはその財産を発見する糸口となります。パソコンにおいてはブラウザのブックマークを、スマートフォンにおいてはアプリなどを確認しましょう。

### ②　百貨店の友の会積立金

　百貨店はそれぞれに友の会があり、その会員となった場合には、毎月積立てを行います。満期時に積立金額にボーナスを上乗せして、現金ではなくお買い物カードなどで受け取ることとなります。そのお買い物カードなどに、相続発生日時点において使い切れずに残った金額があれば相続財産となります。

　特に百貨店外商などを利用されている方は会員となっている可能性が高いと考えられます。

## （9）　立木（樹木）

　山林を所有していると、その土地の上にある樹木も所有することとなり、相続財産となります。

　木材の価格は国内より海外の方が比較的安価で、国内のものの取扱いが減少するとともに林業を生業とする方が減少しており、その影響から山林を所有するものの販売価値のある樹木が管理のもと生育しているところは少なくなっていると思われます。

　そのため、特定の地域で管理されて育てられた吉野杉などのブランド樹木や、ある程度の面積がある山林で山守などの管理のもと樹木を生育させていたりといった状況でない限りは、多額の財産額とはなりません。

### 森林簿

　樹木の生育している山林を管理している森林組合等に確認し、森林簿の写しを取得します。森林簿には、山林の面積・樹木の種類・材積・成長量などが記載されます。

　なお、森林組合から「森林簿は必ずしも現状に合致していない」などの話をされることがあり、山守に管理を任せている場合、そちらに確認するなども考えられますが、それ以上に把握するのは極めて困難です。

## 8　債務、葬式費用について

ここでは相続税における債務控除の対象となるものについて解説します。

## （1）　税金関係

### ①　所得税等、消費税等

　被相続人が死亡した年の所得税等及び消費税等は、相続人（包括受遺者を含みます。）が1月1日から死亡した日までに確定した所得金額等及び税額を計算して、相続の開始があったことを知った日の翌日から4か月以内に申告と納税を行うことになります。これを準確定申告といいます。この申告により納税が発生した場合には債務となり、源泉所得税や予定納税などで予め納めていた税額が還付となれば相続財産となります。

　予定納税とは、その年の5月15日現在において確定している前年分の所得金額や税額などを基に計算した金額（予定納税基準額）が15万円以上である場合、その年の所得税及び復興特別所得税の一部をあらかじめ納付する制度です。予定納税の納税額と納期限は、予定納税基準額の3分の1を7月31日までと11月30日までの2回納税します。この予定納税による所得税の納税義務は、その年の6月30日（特別農業所得者の場合はその年の10月31日）を経過した段階で成立します。つまり、7月1日から11月29日に死亡したときは、全部または一部について納税を行わずに相続発生となるため、その未納分が債務となります。

　また、準確定申告において予定納税額（相続発生日時点での未納分を含みます。）は納付すべき所得税等から控除されます。

### ②　固定資産税等

　固定資産税は、毎年1月1日（賦課期日）に土地・家屋・償却資産を所有している者に課税されます。なお、納税については、毎年4月〜6月頃に市町村から納税通知書が郵送され、その納期は4期（例えば、4月、7月、12月、翌年2月など）に分かれています（1年分をまとめて納付することも可能です。）。

　つまり、3月までに相続が発生していれば1年分の固定資産税が未納となり、全額が債務となります。納税通知書を受け取ってから相続が発生した場合には、4期分を一括で納付することも考えられますので、支払い状況を確認し、相続発生日時点で未納分があれば債務となります。納税方法として、口座振替を行っている場合には納税通知書に口座の詳細が記載されているため、その口座からの引落しを確認しましょう。

　これと似たものとして住民税があり、毎年1月1日（賦課期日）に住所を有する方に、前年度の所得に応じて課税されます。納期は固定資産税と同様に4期に分かれます。

### ③　個人事業税

　個人の事業税は、事業を廃止（事業者が死亡した場合を含む。）した場合、その年の1月1日から事業の廃止の日までの期間の所得に基づいて課税されます。個人の事業者が死亡した場合、個人の事業税の納税義務は相続人（包括受遺者を含みます。）に承継されます。つまり、事業主が死亡した年分の所得により発生した最終の事業税は、相続人が相続発生日後に必ず納税することになるため債務となります。

　なお、死亡した年の前年の所得に対して課税される事業税についても、納期限が到来する前に相続が発生した場合は債務となります。

---

**〈上場株式の配当金等を申告して所得税還付〉**

　上場株式等の配当金・投資信託の収益分配金等は配当所得に区分されます。この配当金等からは源泉徴収がされ、申告不要制度により申告の必要はありません。

　しかし、源泉徴収されている所得税等（税率：15.315%）について、自主的に確定申告を行うことで、所得税等の還付を受けることができる場合があります。

　具体的には、総合課税（超過累進税率）の所得が低い方は、配当所得について総合課税を選択し、源泉された所得税等より低い税率で課税されることや配当控除の適用により、所得税等が還付されます。

　通常の確定申告時に配当所得について総合課税を選択して申告しないのは、その翌年に住民税や健康保険料等の負担を増加させることになる可能性があるからです。

　住民税は毎年1月1日（賦課期日）に住所を有する方に課税されます。つまり、死亡した年の翌年には課税されません。なお、国民健康保険料、後期高齢者医療保険料、介護保険料も前年所得に対して保険料が算出されることから、住民税と同様に納める必要はありません。

**〈固定資産税、個人事業税等の経費計上の選択〉**

　固定資産税、事業税等については、被相続人の準確定申告において経費計上すべきか、または相続人の確定申告において経費計上すべきかを迷われたことはありませんか。まず、固定資産税については、納税通知書が届いているか否かで次のように取扱いが異なります。

**【固定資産税の納税通知書と必要経費の選択】**

| 納税通知書の到着時期 | 必要経費に算入する固定資産額 | |
| --- | --- | --- |
| | 被相続人 | 相続人 |
| 相続開始前 | 次のいずれかを選択<br>①　全額<br>②　納期限到来分<br>③　納付済分 | 被相続人の選択に応じ、次の金額<br>・左記①の場合　　0円<br>・②、③の場合　　残額が上限 |
| 相続開始後 | 必要経費に算入できない | 次のいずれかを選択<br>・全額<br>・納期限到来分<br>・納付済分 |

　事業税については、事業を承継しない場合と、承継する場合で異なります。事業を承継せず廃業となる場合は、被相続人の準確定申告において経費とすることになりますが、事業税の見積額を当初申告に経費計上し実際確定した段階で更正の請求を行うか、当初申告には経費計上せず更正の請求を行うかの方法となります。事業を承継する場合には、相続人で経費計上します。

　なお、消費税等については原則として相続人の経費となりますが、未払消費税等を計上し被相続人の準確定申告において経費とすることができます。

　上記のとおり、その状況に応じて判断することになりますが、一部選択できるパターンもありますので、所得税等の負担が有利になるような選択をアドバイスしましょう。


# （2）　借入金

## ①　銀行融資

　自宅購入、賃貸マンション等の建築に対する融資や、事業資金に対する融資など銀行等から融資を受けた場合にその借入金は債務となります。これについては、返済予定表などからその状況を確認し、最終的には、残高証明書により債務の額を確定させます。

### ㈰　連帯債務の債務額

　1つの金銭消費貸借契約に対して複数人が債務者となる場合を連帯債務といいます。

この場合、残債の全額について、すべての債務者が負担すべき義務を負います。

しかし、相続税の債務控除の対象となる額は、被相続人が負担すべき金額が明らかとなっている場合にその額を控除することとなっています。

つまり連帯債務の場合、契約の際にそれぞれの債務の額を確定するような契約とはなっていないため、この債務の額を確定するには、融資実行の経緯（賃貸マンションの建築など）や、その後の支払い状況などを考慮して判断することになります。

### ㈣　住宅ローンの場合は団信に注意

自宅を購入する際に契約する住宅ローンに関しては、団体信用生命保険契約に加入している場合があります。被相続人が契約した住宅ローンは原則その相続人が承継することになります。これに対して、団体信用生命保険契約は債務者（被相続人）が被保険者となっているため保険事故（相続）が発生し、その保険金が住宅ローンを融資した銀行に支払われます。

ここで注意すべき点としては、相続税の計算に対する影響です。住宅ローンは生命保険金により完済されるため債務はなくなります。

### ㈥　信用情報機関への調査

借入れの状況などを確認する方法として、信用情報機関に情報開示を求める方法があります。具体的には、株式会社シー・アイ・シー（以下「CIC」）、株式会社日本信用情報機関（以下「JICC」）、全国銀行個人信用情報センター（以下「KSC」）といった信用情報機関があり、下記のとおり各機関でその保有する情報は異なります。なお、金融機関等によっては複数の信用情報機関に加入している場合があります。

| CIC | クレジットカード会社や消費者金融などが加盟 |
| --- | --- |
| JICC | 消費者金融から銀行まで、さまざまな金融業者が加盟 |
| KSC | メガバンク・地方銀行・ネット銀行・信用金庫・信用組合が加盟 |

### ②　同族関係者との貸借

上記**7**（**5**）と同様に同族会社を経営している、または経営していた方に相続が発生した場合には、同族法人から個人へ資金が流れていることもあり、その場合には借入金などの債務となる可能性があります。

### 金銭消費貸借契約書、法人決算申告書等

決算書、内訳書から「未収入金、貸付金」などがないか、それが誰に対してのものかを確認し、被相続人に該当するものがあれば、未払金、借入金などとして債務となりま

す。

　また、決算期末から課税時期までに返済等により残高が変動することが考えられますので、相続発生日の残高を確認しましょう。

## （3）　敷金、保証金（契約書を確認）

　土地・建物を賃貸借契約により貸し付ける際に、賃貸借契約書において保証金や敷金を預かり、賃貸借契約解消時にその保証金や敷金を返還する旨が記載されていることがあります。これについては、その返還義務を被相続人から承継することになり、債務となります。なお、礼金や敷引きといった返還義務を要しないものについては、その対象となりません。

　また、賃貸不動産の管理を任せている管理会社が預かっていることもあり、この場合には、敷金・保証金の債務とあわせて、預け金が相続財産となります。

　さらに、不動産を共有し、複数人が貸主となっている賃貸借契約を結んでいる場合は、実際その保証金等を誰が預かっているかも確認が必要です。

## （4）　未払金

### ①　相続後に支払った医療費、介護費等
　相続発生前に被相続人は医療機関や介護施設を利用されることも多く、その医療費、介護費等を支払うまでに数日期間が空いてしまい、相続発生日後に支払うことが多々あります。これについては、被相続人が負担すべきものとして、債務となります。

### ②　支払いが相続後になるその他のもの
　水道光熱費、携帯電話利用料など、利用後すぐに料金を支払うわけではないため、上記（4）①と同様に相続発生日後に支払うものは債務となります。

　昨今は、こういった費用をクレジットカードの支払いとしている方も多く、さらに支払いまでの期間にズレが生じることになり、債務となる場合があります。

## （5）　葬式費用

### ①　葬儀会社、火葬場への支払い
　葬儀会社から発行された領収書、請求書などから金額を確認します。なお、昨今は初七日を葬儀と同日に行う方も多く、その場合には初七日の費用のみ債務控除の対象とはなりません。

　また、互助会へ冠婚葬祭に備えてお金を積み立てている方もおられ、被相続人により積

み立てられたのであれば、葬儀費用から積立金額を控除した金額が債務控除の対象となります。

## ② お寺等への支払い

信仰宗教によって異なりますが、葬儀を行うと、お寺であればお坊さんに御布施（御車料、御膳料）、戒名（院号）料、神道であれば宮司（斎主、齋員、祭員）さんに対する御祭祀料（謝礼）の支払いがあります。これについては領収書がない場合が多いため、聞き取りやメモによりその金額を確認します。

## ③ 通夜、本葬に直接必要となったもの

上記以外にも次のようなものが債務控除の対象となります。

・通夜の際に振る舞う食事代やその他の飲料、飲食物の購入代金
・遠方から、通夜、本葬に参加するための飛行機、新幹線などの交通費、ホテルなどへの宿泊代
・死亡診断書等のための文書料（火葬の際に必要なため）
・納骨費用

〈相続税の債務・葬式費用の控除対象者、社葬に関する相続税と法人税等への影響〉

債務、葬式費用については、その承継・負担をどうするかによって、相続税に影響を与えることとなります。

まず、債務控除ができる者は、相続または包括遺贈により財産を取得した相続人と受遺者に限られます。つまり、特定遺贈により財産を取得した受遺者は原則として債務控除ができないこととなります。しかし、特定遺贈により不動産を取得し、その不動産に係る借入金を負担することになった場合には、負担付遺贈として実質的に債務の部分を控除できます。

なお、相続放棄をした場合には、相続する権利を放棄しているため債務控除の適用はできませんが、葬儀費用は元々債務ではないことから、相続放棄した方が葬式費用を負担していても控除が可能です。

その他に、葬儀については一般的に喪主である個人が主宰する葬儀が多く、通夜・本葬に係る費用等は相続税申告における債務控除の対象となります。しかし、法人の役員でこれまでの貢献を考えて社葬とする場合、法人の費用負担となり経費計上となります。同族法人であれば、個人で行うか法人で行うか検討の余地はあります。この場合、被相続人の財産額等から考えられる相続税の負担と、法人の決算状況等から考えられる法人税等の負担のどちらがより軽減されるかを検討し、個人法人のどちらでの開催とするかを検討するとよいでしょう。

## 9　その他に確認しておきたいこと

### （1）　貸金庫、金庫の中身

　111ページで、貸金庫手数料の支払いがあった場合に、銀行等で貸金庫を持っているかどうかを確認できることについては説明しました。ここでは、貸金庫及び金庫のその中身について特に次のことを確認しておきましょう。

#### ①　権利書（登記識別情報通知）

　固定資産税納税通知書等からすでに把握しているものが大半であると思われますが、先代名義のままとなっており、名義変更されていない不動産を発見する場合などがあります。

　また、権利書には売買契約書等が一緒になっていることが多く、将来売却した際に取得価額等を確認する資料として保管しておくことも必要です。

#### ②　現金

　現金があれば、誰のものであるかを確認しましょう。特に被相続人名義の貸金庫であっても、被相続人のものと決めつけず、帯封（いつどこの銀行から）、銀行封筒、メモ書きなどを確認し、相続人等からも生前の状況を聞き取り、被相続人の財産であるかを確認しましょう。

#### ③　同族会社の株券等

　同族会社の株券、議事録、贈与契約書などを発見することがあります。現在は、株券を不発行としている会社がほとんどで、その株券は現状の所有者を表すものではない場合もあります。

　しかし、株券の裏書で過去の贈与などの流れを確認できたり、贈与の根拠となる議事録、贈与契約書が確認できることもあるため、その状況を確認しておきましょう。

#### ④　遺言書

　遺言書があれば第3章に記載のとおり、適切に手続きを進めていきましょう。特に、自筆証書遺言、秘密証書遺言のように家庭裁判所で検認手続きがいるものについては、現状のまま開封などせず適正な手続きを踏み、その内容を確認しましょう。

〈貸金庫の開閉記録〉

　貸金庫では、金融機関によって貸金庫の入出が記録されます。これを一般的に開閉記録といいます。

　相続が発生し、被相続人が死亡していることが届けられている場合には、貸金庫を開扉するためには、その金融機関の相続手続きが完了するか、相続人全員の合意が必要となります。しかし、被相続人が死亡していることを金融機関に届けていない場合で、その貸金庫を共同で利用できる登録をされているときには、その方だけは開閉できてしまいます。

　共同で貸金庫を利用していた方が相続後に貸金庫を開閉し、その他の相続人等に開閉記録を確認されてしまうと、他の相続人等から何かしらの疑念を抱かれる原因となることも考えられます。全員が周知しているもとで行われることであれば、その後の争いの火種にはならないと思われますが、できるだけ避けておく必要があるでしょう。

　また、相続に争いがある場合などには、被相続人契約の貸金庫の開閉ができなくなることが考えられるため、遺言書などの相続に大きな影響を与える書類の貸金庫保管は避けた方がよいでしょう。

　加えて、相続人等の名義で貸金庫を借りている場合に、相続税の税務調査が行われることが決まってから、貸金庫を確認すると、その行為自体に何らの意図がなくても、何かしらを疑われる原因となることもありますので、何もなければできるだけ開閉しない方がよいでしょう。

## （2）　贈与に関して

　相続税の対策などで、生前に被相続人から相続人等への贈与は頻繁に行われます。基本的に贈与は、相続と関係ない行為ではありますが、特定の相続人にだけ贈与を行った場合に「特別受益」として、遺産分割協議に影響を及ぼす場合があります。

　なお、相続税の申告においても、一定の要件のもと生前贈与加算として相続財産に含めて申告する必要があります。

### ①　贈与の認識と申告の確認

　相続人等それぞれに贈与を受けたか否かの認識を確認します。認識があれば「いつ」、「何を」を受贈したか、贈与税が発生する評価額であったかを確認します。書類としては、贈与契約書、贈与税申告書などを確認しましょう。

### ②　贈与税申告の調査

　次のような方法により税務署に調査をすることも可能です。

## (イ)　閲覧申請

　　納税者等及びその代理人は、過去に提出した申告書等を、その提出した税務署に対して、閲覧を申請することが可能です。申告書等には、その申告書と一緒に提出した添付書類、各種届出書も含まれます。こういった書類は、携帯電話、スマートフォンなどで写真を撮ることができるようになっていますが、収受日付印、氏名、住所等は被覆した状態で撮影するなどの一部制限があります。

　　なお、ここで確認するのは被相続人から相続人等に対する贈与で、贈与税申告書は相続人等が納税者となります。そのため、相続人等は一般的にご存命であるため、納税者または納税者が税理士等に依頼して代理で閲覧申請が可能です。仮に、相続人等が死亡していた場合には、その相続人等の相続人全員の同意が必要です。

## (ロ)　個人情報開示

　　上記の方法と同様に、申告書等の閲覧が可能で、納税者及びその代理人が申請できます。ですが、閲覧申請とは一部異なり、写しの取得が可能で収受日付印などが隠されることはありません。また、1件あたり手数料として300円の負担が生じます。

　　閲覧申請との使い分けとしては、写しを請求することが可能ですので、申請する税務署が遠方にある場合や税務署に出向くことが難しい場合に活用が考えられます。

## (ハ)　贈与税の開示請求

　　相続税法49条1項の規定に基づく開示請求という制度があります。これは、被相続人の死亡時の住所地等を所轄する税務署に対して、相続税の申告や更正の請求をしようとする者が、他の相続人等が被相続人から受けた相続開始前3年以内の贈与または相続時精算課税制度適用分の贈与に係る贈与税の課税価格の合計額について、開示を請求することができるものです。なお、この制度の趣旨としては、他の相続人と遺産分割に争いがあるなど、互いに情報開示をしない状況である場合に利用し、相続税申告の計算をできるだけ妨げないようにするためのものです。

　　また、請求にあたってのポイントや必要書類等は次のとおりです。

| 請求者と開示対象者について | 請求者は自分以外の他の相続人等への贈与を調査するため、請求者自身への贈与は含まれません。そのため、相続人等が一人であれば請求できません。基本的には、相続人のみが請求する権利を持ちますが、遺言書による受贈者、特定納税義務者（相続時精算課税適用財産を取得した個人）はその対象となります。 |
|---|---|
| 開示書の記載内容 | 開示対象者が特定の被相続人から贈与を受け、その贈与税申告を行ったもののうち、「相続開始前3年以内の贈与」及び「相続時精算課税による贈与」の贈与税の課税価格の合計が記載されます。<br>なお、贈与財産の詳細や納めた贈与税額は記載されません。 |
| 添付書類等 | ・全部分割の場合：遺産分割協議書の写し<br>・遺言書がある場合：開示請求者及び開示対象者に関する遺言書の写し<br>・上記以外の場合：開示請求者及び開示対象者に係る戸籍の謄（抄）本<br>※　その他にも印鑑登録証明書等が必要となる場合があり、上記の書類の代用として法定相続情報一覧図などを利用することもできます。 |
| 受領方法 | 受領方法には、直接受領と送付受領があります。<br>送付受領を希望される場合は、上記添付書類のほか、開示請求者の住民票の写し及び返信用の封筒に切手を貼ったものを添付する必要があります。 |

【開示書の見方】

　例題を交えて、開示書の見方を解説します。

　　相続人A、B、Cがそれぞれから開示請求手続きを行った。

〈各者の請求による開示書の結果〉

| 請求者 | 3年以内の贈与分 | 相続時精算課税適用分 |
|---|---|---|
| A | 0円 | 5,000万円 |
| B | 500万円 | 2,000万円 |
| C | 500万円 | 3,000万円 |

上記の内容から、各相続人の相続税の申告に加算される贈与財産額は次のとおりです。

| A | 3年以内の贈与分 | 500万円 |
|---|---|---|
| | Aが請求者の場合には0円となっているため、B・Cには3年以内の贈与分がない。B・Cが請求者の場合に3年以内の贈与分がどちらも500万円となっているため、Aに対して3年以内の贈与分が500万円あることになる。 | |
| B | 相続時精算課税適用分 | 3,000万円 |
| | Aが請求者の場合に相続時精算課税適用分5,000万円ということは、B・C二人で5,000万円となる。Bが請求者の場合に2,000万円ということは、5,000万円－2,000万円＝3,000万円がBとなる。 | |
| C | 相続時精算課税適用分 | 2,000万円 |
| | Bの解説の逆となるため、5,000万円－3,000万円＝2,000万円がCとなる。 | |

　なお、1人の相続人のみ相続税申告書の作成を依頼された場合などには、その1人の相続人から開示請求手続きを行えば、誰に対してどれだけの贈与財産額が贈与されたかが不明となるものの、相続税申告に必要な他の相続人等への贈与財産額は確認できます。

〈贈与税申告が誤っている場合〉

　贈与税の申告が誤っていれば修正申告が必要です。しかし、その贈与税が時効を経過していれば、修正申告は行えません。この贈与税の時効は原則6年、意図的に贈与税の申告をしなかった場合などは7年となります。つまり、申告期限は贈与を受けた年の翌年3月15日ですので、その翌日から7年の間に課税庁から指摘がなければ、贈与税は時効となります。

　ここで一つ疑問となるのが、時効を経過している相続時精算課税適用財産についての、相続税申告の際の取扱いです。もちろん、贈与税の修正申告を行えないことになります。しかし、その当時誤って評価されたものであれば、相続税の申告時に加算する際は、正しい贈与財産額で加算をする必要があります。つまり、贈与税申告書の評価額と相続税申告書に加算する評価額が異なることになります。

　現預金は評価額が変動することは考えられませんが、土地や取引相場のない株式などは念のため正しく評価されているかを確認しておきましょう。

**【相続税法第49条第 1 項の規定に基づく請求に対する開示書（サンプル）】**

第〇〇号

×××-××××

令和 3 年 1 月〇日

住所又は居所

（所在地）　××××××××

氏名又は名称　　〇〇〇〇　殿

△△税務署長　　印

### 相続税法第49条第 1 項の規定に基づく請求に対する開示書

　令和 2 年12月〇日に相続税法第49条第 1 項の規定に基づく請求があった贈与税の課税価格については、下記のとおり開示します。

　なお、この開示書は、令和 3 年 1 月〇日現在の課税価格に基づいて作成しています。

記

1　開示対象者（開示対象者が 7 名以上の場合は開示書付表に記載しています。）

| 住所又は居所（所在地） | 氏名又は名称 |
| --- | --- |
| ×××××××× | 〇〇〇〇 |
| ×××××××× | 〇〇〇〇 |
| 以下余白 | |
| | |

2　相続開始前 3 年以内の贈与（ 3 に該当する贈与を除く。）

| 贈与税の課税価格の合計額 | 0 円 |
| --- | --- |

3　相続税法第21条の 9 第 3 項に該当する贈与（相続時精算課税適用分）

| 贈与税の課税価格の合計額 | 50,000,000円 |
| --- | --- |

# 第5章

非上場会社の
株主等に相続が
発生した場合

会社法において、会社は株式会社、合同会社、合資会社、合名会社の4種類に分類されています。このうち、合同会社、合資会社、合名会社の3つを総称して持分会社といいます。本章では、非上場会社の株主・代表者等に相続が発生した場合に確認すべき事項や手続きを説明します。

## 1 株式会社

### （1） 非上場会社の株式の相続

#### ① 所有の確認

被相続人が非上場会社の役員等であった場合には、株式等の保有事実の確認が必要です。相続人が被相続人の株式等の保有事実を知らなかった場合でも、財産調査の際には、下記の書類等でその存在を見落とさないようにしましょう。

・株主総会の招集通知
・配当金の入金履歴
・会社設立時の出資に関する書類
・有価証券の譲渡契約書
・過去の相続に関する書類（相続税申告書、遺産分割協議書、遺言書等）

#### ② 所有株式数の確認

#### ㈥ 法人税申告書別表二

被相続人の所有株式数については、会社が税務署に提出した直前期の法人税の申告書別表二「同族会社等の判定に関する明細書」を確認することから始めます。別表二の下段では、上位3株主グループまでの株主名及び株式数等を記載することとなっています。

ただし、別表二では、直前期末時点の株主構成が記載されています。直前期末日以降に株式の異動がないか確認する必要があります。

同族会社等の判定に関する明細書

| 事業年度又は連結事業年度 | ・　・ | 法人名 | |
|---|---|---|---|

| |  | | | | |  | | |
|---|---|---|---|---|---|---|---|---|
| 同族会社の判定 | 期末現在の発行済株式の総数又は出資の総額 | 1 | 内 | 特定同族会社の判定 | (21)の上位1順位の株式数又は出資の金額 | 11 | |
| | (19)と(21)の上位3順位の株式数又は出資の金額 | 2 | | | 株式数等による判定 (11)/(1) | 12 | % |
| | 株式数等による判定 (2)/(1) | 3 | % | | (22)の上位1順位の議決権の数 | 13 | |
| | 期末現在の議決権の総数 | 4 | 内 | | 議決権の数による判定 (13)/(4) | 14 | % |
| | (20)と(22)の上位3順位の議決権の数 | 5 | | | (21)の社員の1人及びその同族関係者の合計人数のうち最も多い数 | 15 | |
| | 議決権の数による判定 (5)/(4) | 6 | % | | 社員の数による判定 (15)/(7) | 16 | % |
| | 期末現在の社員の総数 | 7 | | | 特定同族会社の判定割合 ((12)、(14)又は(16)のうち最も高い割合) | 17 | % |
| | 社員の3人以下及びこれらの同族関係者の合計人数のうち最も多い数 | 8 | | 判定結果 | | 18 | 特定同族会社 同族会社 非同族会社 |
| | 社員の数による判定 (8)/(7) | 9 | % | | | | |
| | 同族会社の判定割合 ((3)、(6)又は(9)のうち最も高い割合) | 10 | | | | | |

判　定　基　準　と　な　る　株　主　等　の　株　式　数　等　の　明　細

| 順位 | | 判定基準となる株主（社員）及び同族関係者 | | 判定基準となる株主等との続柄 | 株式数又は出資の金額等 | | | |
|---|---|---|---|---|---|---|---|---|
| | | | | | 被支配会社でない法人株主等 | | その他の株主等 | |
| 株式数等 | 議決権数 | 住所又は所在地 | 氏名又は法人名 | | 株式数又は出資の金額 19 | 議決権の数 20 | 株式数又は出資の金額 21 | 議決権の数 22 |
| 1 | 1 | ○○市○○区○○ 1丁目1番1号 | 関西　花子 | 本　人 | | | 600 | 600 |
| 1 | 1 | ○○市○○区○○ 2丁目2番2号 | 関西　一郎 | 子 | | | 400 | 400 |
| | | | | | | | | |
| | | | | | | | | |
| | | | | | | | | |
| | | | | | | | | |
| | | | | | | | | |
| | | | | | | | | |
| | | | | | | | | |
| | | | | | | | | |
| | | | | | | | | |
| | | | | | | | | |

## (ロ)　株主名簿

　会社の経営には参画していないこと等の理由で上記別表二を容易に入手できない場合でも、株主は発行会社に株主名簿の閲覧請求をすることが可能です。株式会社の場合、

151

株主名簿の備置き及び閲覧等について、会社法125条で規定されています。

・株式会社は、株主名簿を、その本店（株主名簿管理人がある場合にはその営業所）に備え置かなければならない。

・株主及び債権者は、株式会社の営業時間内は、いつでも、株主名簿の閲覧又は謄写の請求をすることができる。

・株式会社は、株主名簿の閲覧謄写請求があったときは、一定の事由に該当する場合を除き、閲覧謄写請求を拒むことができない。

（請求を拒否できる事由）

・請求者が、権利の確保又は行使のための調査以外の目的での請求

・請求者が、会社の業務の遂行を妨げ、又は株主の共同の利益を害する目的での請求

・請求者が、株主名簿の閲覧又は謄写によって知り得た事実を、第三者に利益を得て通報するための請求

・請求者が、過去2年以内において、株主名簿の閲覧または謄写によって知り得た事実を、第三者に利益を得て通報したことがあるものであるとき

【株主名簿（サンプル）】

### 株式会社○○　株主名簿

| 氏名または名称 | 住　　所 | 株式の種類 | 保有株式数 | 株式取得日 | 株券番号 |
|---|---|---|---|---|---|
| 関西　花子 | ○○市○○区○○ 1丁目1番1号 | 普通 | 600 | 平成9年○月○日 | ― |
| 関西　一郎 | ○○市○○区○○ 2丁目2番2号 | 普通 | 400 | 平成2年○月○日 | ― |
| 合計 | | | 1000 | | |

※　株式不発行のため株券番号の記載はありません。

当会社の株式名簿に相違ありません。

令和4年○月○日

　　株式会社○○
　　代表取締役　関西　一郎　㊞

　非上場会社では株主名簿を日常的に作成していない場合もありますが、株主名簿の備付けは会社法で規定されているため、閲覧請求等があった場合には対応せざるを得ないことになります。

## (ハ) 株主リスト

　平成28年10月1日より、登記すべき事項に株主総会の決議が必要な場合、登記申請時に株主リストの添付が求められるようになりました。

　株主リストについては、株主の氏名または名称、住所、株式数、議決権数等を記載する必要がありますので、登記時点での株主を確認する資料の一つとなります。

---

### 証　明　書

（株主リスト）

　令和4年○月○日付け定時株主総会の第1号議案及び第2号議案につき、総議決権数（当該議案につき、議決権を行使することができるすべての株主の有する議決権の数の合計をいう。以下同じ。）に対する株主の有する議決権（当該議案につき議決権を行使できるものに限る。以下同じ。）の数の割合が高いことにおいて上位となる株主であって、次の①と②の人数のうち少ない方の人数の株主の氏名または名称及び住所、当該株主のそれぞれが有する株式の数（種類株主総会の決議を要する場合にあっては、その種類の株式の数）及び議決権の数並びに当該株主のそれぞれが有する議決権の数に係る当該割合は、次のとおりであることを証明します。

① 　10名

② 　その有する議決権の数の割合をその割合の多い順に順次加算し、その加算した割合が3分の2に達するまでの人数

| | 氏名または名称 | 住　　所 | 株式数（株） | 議決権数 | 議決権数の割合 |
|---|---|---|---|---|---|
| 1 | 関西　花子 | ○○市○○区○○1丁目1番1号 | 600 | 600 | 60.0% |
| 2 | 関西　一郎 | ○○市○○区○○2丁目2番2号 | 400 | 400 | 40.0% |
| 3 | | | | | |
| 4 | | | | | |
| 5 | | | | | |
| 6 | | | | | |
| 7 | | | | | |
| 8 | | | | | |
| 9 | | | | | |
| 10 | | | | | |
| | | | 合計　1000 | 100.0% | |
| | | | 総議決権数　1000 | | |

令和4年○月○日

株式会社○○

代表取締役　関西　一郎

### ㈡　取締役会、株主総会議事録

　本来、株主は株式を自由に譲渡することができますが、株式会社は、その株式の譲渡をする際に、会社の承認を要する旨の定めを定款に設けることができます。定款に株式の譲渡制限に関する定めを設けている会社では、株主が株式を異動させたい時に、承認機関（取締役会、株主総会等）に対してその承認を求める必要があるため、取締役会議事録、株主総会議事録等で過去の株式の異動履歴を確認することができます。

　なお、譲渡制限の有無については、登記事項であるため、会社の履歴事項証明書で確認することができます。

※　譲渡制限付株式であっても、相続による株主の名義書換えの場合には、会社の承認は不要です。


【定款の記載例】

・第○条　当会社の発行する株式を譲渡により取得するには、株主総会の承認を受けなければならない。

・第○条　当会社の発行する株式を譲渡により取得するには、取締役会の承認を受けなければならない。

・第○条　当会社の株式を譲渡するには、取締役会の承認を要する。ただし、当会社の株主が当会社の株式を譲渡により取得するときは、当会社が承認をしたものとみなす。

## 株式の譲渡承認請求書

令和 4 年〇月〇日

株式会社〇〇

代表取締役　〇〇〇〇　殿

株主（住所）〇〇市〇〇区〇〇 1 丁目 1 番 1 号

（氏名）関西　花子　㊞

　貴社株式を下記のとおり譲渡したいので会社法第136条の規定により請求いたします。もし、承認されない場合は株式買受人のご指定をお願い申し上げます。

記

1．譲渡しようとする株式の種類及び数

　　株式会社〇〇　　　普通株式　　　1,000株

2．譲渡しようとする相手方

　　　　（住所）〇〇市〇〇区〇〇 2 丁目 2 番 2 号

　　　　（氏名）関西　一郎

以上

　上記株式は、当社取締役会において、貴殿のお申出のとおり承認されましたから通知いたします。

令和 4 年〇月〇日

株主　関西　花子　殿

株式会社〇〇

代表取締役　〇〇〇〇　　㊞

【取締役会議事録（サンプル)】

# 取　締　役　会　議　事　録

日　時　　　令和 4 年○月○日　午前○時
場　所　　　当社本社会議室
出席者　　　取締役　○名

議案　当会社の株式譲渡承認請求の件

　当社取締役　○○○○　は議長になり、当会社株主から次のとおり、当会社の株式譲渡承認の請求がなされている旨説明し、譲渡の承認をすべきか否か審議した結果、全員一致を持って、承認可決した。
　なお、特別利害関係を有する○○は決議に参加しなかった。

| | 譲渡人　氏名<br>住所 | 譲受人　氏名<br>住所 | 譲渡株式数 |
|---|---|---|---|
| 第一号 | 関西　花子<br>○○市○○区○○１丁目１番１号 | 関西　一郎<br>○○市○○区○○２丁目２番２号 | 1,000株 |

　以上、議事の経過及び結果を明確にするため本議事録を作成し、出席取締役は次に記名押印する。
令和 4 年○月○日

　　　　　　　　　　　　株式会社○○
　　　　　　　　　　　　議長取締役　○○○○　㊞

　　　　　　　　　　　　取締役　○○○○　㊞

　　　　　　　　　　　　取締役　○○○○　㊞

　　　　　　　　　　　　取締役　○○○○　㊞

156

【履歴事項全部証明書（サンプル）】

## 履歴事項全部証明書

| | |
|---|---|
| 会社法人等番号 | －　－ |
| 商　　号 | 株式会社 |
| 本　　店 | |
| 公告をする方法 | 官報に掲載してする。 |
| 会社成立の年月日 | 平成　　年　　月　　日 |
| 目　　的 | 1.<br><br>2.<br>3.<br>4.<br>5. |
| 発行可能株式総数 | 800株 |
| 発行済株式の総数<br>並びに種類及び数 | 発行済株式の総数<br>　　200株 |
| 株券を発行する旨<br>の定め | 当会社の株式については、株券を発行する<br>　　　　　　　　　平成17年法律第87号第136条<br>　　　　　　　　　の規定により平成18年5月<br>　　　　　　　　　1日登記 |
| 資本金の額 | 金1,000万円 |
| 株式の譲渡制限に<br>関する規定 | 当会社の株式を譲渡するには、取締役会の承認を受けなければならない。 |

### ㊭　名義株式の確認

　法人税申告書別表二や株主名簿に記載されている株主が名義を使用しているのみであり、真の資金出資者（またはその相続人）ではないことがあります。過去に贈与等による移転があった訳ではなく、単に名義のみを貸している場合は、そのような株主を名義株主といい、その名義株主が有する株式を名義株式といいます。

　下記の情報等で、名義株式の存在を見落とさないようにしましょう。
　　・配当金の入金状況、確定申告の状況
　　・名義を借りた際の覚書・念書等
　　・出資の時の入出金履歴
　　・株主総会の招集通知の受取り
　　・株主総会の出席状況

　被相続人が真の株主である名義株式が存在する場合、名義株主と合意のうえ、連名で、下記の「名義書換え依頼書」等を発行会社に提出し、名義書換えを行いましょう。その際に資金の出どころや、名義株主との関係、名義借りの理由等が分かる資料を保管しておくことが大切です。反対に被相続人が名義株主である可能性もあります。被相続人が名義株主である場合には、名義株式は被相続人の相続財産とはなりません。真の株主と合意のうえ、真の株主への名義書換えを行いましょう。

**【名義書換え依頼書（サンプル）】**

---

　　　株式会社○○御中

　　　　　　　　　　　　　　　　　　　　　令和 4 年○月○日

　　○○○○（以下、「甲」という）名義の普通株式1,000株については、株主名簿上は甲となっておりますが、甲が払込みをしたものではなく、私の父である故○○○○（以下、「乙」という）が払込みをしたものです。甲は当時、○○○○という関係にあった乙から依頼され名義を貸したにすぎません。当該株式について、甲は本来の権利者である乙の相続人である丁に名義書換えすることに合意します。

　　令和 4 年○月○日
　　　　氏名　甲　　　　　　　　㊞

　　　　乙の相続人
　　　　氏名　丙　　　　　　　　㊞
　　　　乙の相続人
　　　　氏名　丁　　　　　　　　㊞

---

### ③ 株式の評価額の算定

#### (イ) 評価方法

　上場株式等と違い、非上場会社の株式には客観的な時価がありません。そのため、相続税申告時には、「財産評価基本通達」の「取引相場のない株式等の評価」に基づいて評価を行います。

　遺産分割協議においても、他に客観的かつ合理的といえる評価方法がない限りは、財産評価基本通達に基づいた評価を用いることが一般的と考えられます。財産評価基本通達では、下記の3つの評価方式が用いられますが、どの方式が用いられるかは会社規模により判定が行われます。また、下記の評価方法以外に、裁判所等で使われる評価方法等を用いることも考えられます（P169（4）②ロ参照）。

#### (A) 類似業種比準方式

　評価会社と事業内容が類似する業種目に属する複数の上場会社（以下「類似業種」といいます。）の株式の株価の平均値に、評価会社と類似業種の比準割合（1株当たりの配当金額、利益金額及び純資産価額を基に算出）を乗じて、取引相場のない株式の価額を評価する方式です。

#### (B) 純資産価額方式

　純資産価額方式では、まず会社の資産や負債を相続開始時点の相続税評価額に洗い替えます。洗い替えにより相続税評価額と会計上の帳簿価額とで評価差額が発生することとなりますが、洗い替え後の純資産から評価差額に対する法人税額等相当額を差し引いた残りの金額を発行済株式数で割って1株当たりの評価額を算出する方法です。

#### (C) 配当還元方式

　配当還元方式とは、その株式を所有することによって受け取る1年間の配当金額を、一定の利率（10%）で還元して元本である株式の価額を評価する方法です。

#### (ロ) 評価書類の入手

　上記の評価額を算定する際には、決算書の他、法人税の申告書や資産・負債を評価するための書類が必要となります。計算書類、会計帳簿等の閲覧について、会社法では下記の定めがあります。ただし、実務上、同族株主以外の少数株主にとって、評価に必要な書類すべてを集めることは難しいと考えられます。

**【計算書類、会計帳簿等の閲覧】**

　会社法で株主が閲覧可能な計算書類、会計帳簿等は下記のとおりです。会計帳簿またはこれに関する資料の閲覧については、請求の理由を記載した書面等を会社に提出することにより行います。

| | 閲覧対象 | 株主の条件 |
|---|---|---|
| 開示義務のある書類 | ・計算書類等<br>　（貸借対照表、損益計算書、株主資本等変動計算書　等）<br>・株主総会議事録<br>・定款 | 1株以上所有 |
| 開示する必要はあるが、請求の事由によっては拒否できる書類※1 | ・会計帳簿またはこれに関する資料※2<br>　（総勘定元帳、現金出納帳、仕訳帳、契約書、領収書等） | 発行済株式総数の3％以上または議決権割合が3％以上 |

※1　会計帳簿の閲覧を拒否できる事由は下記のとおりです。なお、最高裁平成16年7月1日判決の判例において、相続により取得した株式の評価額を算定する目的で行った閲覧請求は、請求を拒否できる事由に該当しないとされています。
　　・株主がその権利の確保または行使に関する調査以外の目的で請求を行ったとき
　　・株主が会社の業務の遂行を妨げ、株主の共同の利益を害する目的で請求を行ったとき
　　・株主が会社の業務と実質的に競争関係にある事業を営み、またはこれに従事するものであるとき
　　・株主が請求によって知り得た事実を第三者に利益を得て通報するため請求したとき
　　・株主が過去2年以内に、請求によって知り得た事実を第三者に利益を得て通報したことがあるもの

※2　「会計帳簿」については、総勘定元帳、現金出納帳、仕訳帳等があり、「これに関する資料」については、契約書、領収書等があります。ただし、この請求できる資料の対象に、法人税の確定申告書の控え及びその添付資料である勘定科目内訳明細書等が含まれるかどうかについては、見解が分かれています。

④　**遺産分割協議に向けた権利の確認**

　(イ)　**普通株式における株主の権利**

　　株式会社の株式には、財産的価値の他、株主総会において議決権を行使する権利が含まれており、議決権の保有割合に応じて次の権利があります。

| 議決権 | 主な権利の内容等 |
|---|---|
| 〈普通決議〉<br>議決権の過半数を有する株主が出席し、出席株主の議決権の過半数の賛成により成立 | ・取締役の選任、解任及び監査役の選任<br>・決算の承認 |
| 〈特別決議〉<br>議決権の過半数を有する株主が出席し、出席株主の議決権の3分の2以上の賛成により成立 | ・自己株式の取得決議<br>・相続人等に対する株式売渡請求決議<br>・募集株式の募集事項を決定する決議<br>・資本金の額を減少する決議<br>・組織変更、合併、分割、株式交換、株式移転決議<br>・定款変更、事業譲渡、解散決議<br>・株式譲渡承認請求された株式の買取り 他 |
| 〈特殊決議①〉<br>議決権を行使できる株主の半数以上の賛成かつ当該株主の議決権の3分の2以上の賛成により成立 | ・株式譲渡制限の設定<br>・吸収合併により消滅する公開会社の株主に対して交付する対価の全部または一部が譲渡制限株式であるときの合併契約承認 |
| 〈特殊決議②〉<br>総株主の半数以上の賛成かつ総株主の議決権の4分の3以上の賛成により成立 | ・非公開会社における株主ごとに異なる権利内容を設ける場合の定款変更 |

〈同族会社の安定経営のための議決権確保〉

　同族会社の後継者が相続後も安定した経営を行うためには、議決権総数の3分の2以上に相当する株式の所有が必要と考えられています。後継者が、議決権総数の3分の2以上を確保していると、株主総会の特別決議を必要とする重要な事項（定款変更、組織再編、増減資等）を後継者の一存で決定することができるからです。

　議決権総数の3分の2以上の確保が難しい場合には、最低でも過半数を確保できるようにしておきましょう。後継者が、議決権総数の過半数を確保していると、株主総会の普通決議で取締役の選任または解任が可能です。反対に、過半数を確保できていない場合、他の株主と結託され、後継者自身が取締役を解任されてしまう可能性があります。

ロ　種類株式

　株主の中には、議決権を重視せず配当に興味がある人もいれば、経営に関わるために議決権を重要と考える人もいます。会社法では、それぞれのニーズを満たすため、2

種類以上の異なる権利内容を有する株式を発行することができ、各株式のことを種類株式といいます。種類株式として、株式ごとに異なる定めを設けることができる種類の内容は次のとおりです。

| 種類株式の例示 | 異なる定めを設けることができる権利内容 |
|---|---|
| 剰余金配当優先株式 | 剰余金の配当 |
| 残余財産分配優先株式 | 残余財産の分配 |
| 議決権制限株式 | 株主総会において議決権を行使することができる事項 |
| 譲渡制限株式 | 譲渡について、会社の承認を要すること |
| 取得請求権付株式 | 株主が会社にその所有している株式の取得を請求できること |
| 取得条項付株式 | 一定の事由が生じたことを条件に会社が株式を強制的に取得することができること |
| 全部取得条項付種類株式 | 株主総会の決議により株主が持つ株式すべてを会社が取得することができること |
| 拒否権付種類株式 | 一定の事項について、株主総会の決議の他にこの種類の株主総会の決議を必要すること |
| 役員選任権付種類株式 | 取締役、監査役の選任に関すること |

　各種類株式の権利内容等は定款の定めと登記が必要であるため、定款や履歴事項全部証明書で確認することができます。種類株式の発行会社の場合、保有株式数と議決権の割合が異なることがあるため注意が必要です。

---

◆ **COLUMN** |コラム| ◆

## 属人的株式

　非公開会社では配当を受ける権利、残余財産の分配を受ける権利、株主総会における議決権について、その持ち株数にかかわらず、株主ごとに異なる取扱いを定款で定めることができ、その株主が保有する株式を属人的株式といいます。属人的株式については登記事項ではなく、履歴事項全部証明書で確認することができませんので、定款を確認する必要があります。

　なお、相続があった場合に、その株式を取得した株主に、株主ごとの特別な取扱いは承継されません。

〈定款の記載例〉
・第○条 株主○○は、株主総会における全ての決議事項について、議決権を有しない。
・第○条 株主○○は、その保有する株式1株につき3個の議決権を有するものとする。

### (ハ) 遺産分割協議がまとまらない場合の問題点

相続人が複数人存在し、遺言がない場合、遺産分割で相続人が確定するまでの株式は、相続人全員による準共有の状態になると解されています。

準共有とは、民法が定める所有形態の一つであり、所有権以外の財産権を共有している場合のことで、共有の規定が準用されます。準共有とされる株式についての権利行使の方法は、会社法106条で規定されています。

〈会社法106条（共有者による権利の行使）〉

株式が二以上の者の共有に属するときは、共有者は、当該株式についての権利を行使する者一人を定め、株式会社に対し、その者の氏名又は名称を通知しなければ、当該株式についての権利を行使することができない。

ただし、株式会社が当該権利を行使することに同意した場合は、この限りでない。

※ 権利行使者の指定は、最高裁平成９年１月28日判決において、持分の価格に従い、その過半数をもって決することができるものとされています。

※ ただし書き以降については、株式会社の同意により、各共有者の同意がなくても権利行使可能とも読めます。しかし、最高裁平成27年２月19日判決において、株式会社が権利行使に同意した場合においても、議決権の行使が民法の共有に関する規定に従ったものではないときは、当該議決権の行使は適法ではないとされています（民法252条）。

相続人が争っていて権利行使をする者を選べない状態では、その株式について議決権を行使することができなくなります。この権利行使できない株式が発行済株式総数の過半数を占める場合には、定足数を満たさず、株主総会を開催することすらできなくなる可能性が生じます。

なお、定足数の母数に、準共有状態で権利行使できない株式が含まれるかどうかについて、見解が分かれるところですが、最高裁平成27年２月19日判決において、当株式も定足数の計算における母数に入れることが前提にされています。

## （2） 役員への死亡退職金の支給

役員へ死亡退職金を支給するためには定款の定めまたは株主総会の普通決議が必要となりますが、定款に定めがあることは稀であるため、通常は株主総会の決議によって支給が決定されます。

役員退職金規定が事前に整備されている会社の場合は、支給金額を取締役会の決議に一任することも可能です。後日の証明のため、退職金支給に関する株主総会や取締役会の議事録を必ず作成し、保管しておきましょう。

### ① 支給額について

　死亡退職金の支給額の計算方法は、法律では定められていません。会社で採用されている計算方法として、功績倍率法や1年当たり平均法等があります。

---

　功績倍率法…最終月額報酬　×　役員勤続年数　×　功績倍率

　1年当たり平均法…類似法人の退職給与の1年当たりの平均額※　×　在任年数

※　役員退職金の支給額データを集めた市販書籍や、支給額データを独自に集めている税理士団体の情報を参考にすることが考えられます。

---

　1年当たり平均法の計算の基となる類似法人の退職給与の平均額のデータを集めることは難しく、実務上は、功績倍率法を採用することが一般的です。ただし、不相当に高額な退職金の支給については、法人税法上の損金に算入されないので注意が必要です。

### ② 死亡退職金の受給者について

　退職金規定等により死亡退職金の受給者が定められている場合、会社は規定で定められた者に対して死亡退職金を支給します。退職金規定等で受給者が定められていない場合の死亡退職金の受給者は、実務上、相続人全員の協議により決定した者に対して支給する方法が考えられますが、受取人の決め方については見解が分かれるところです。

---

〈役員退職金規定の作成〉

　会社が役員へ死亡退職金を支払う際に、役員退職金規定がない場合には、支給額や受取人の決定方法に問題が出てくることがありますので、役員退職金規定は事前に作成しておくようにしましょう。なお、役員退職金規定があったとしても、支給の有無について株主総会の決議が必要となります。

---

### ③ 被相続人が所有していた株式が準共有状態の場合

　相続人間で遺産分割協議が調っていない場合、被相続人が所有していた株式については相続人間で準共有の状態となります。準共有の場合で、権利行使をする者を選べない状態では、退職金の支給に関する決議について議決権行使ができません。

# 死亡退職金支給時の税務署への提出書類

　会社が死亡退職金を支給した場合、「退職手当等受給者別支払調書」（受給者ごとの退職手当金等の支払金額が100万円超の場合）を納税地等を所轄する税務署に提出しなければなりません（相続税法59条１項２号）。

【記入例】

## 退 職 手 当 金 等 受 給 者 別 支 払 調 書

| 受 給 者 | 住所 | ○○市○○区○○２丁目２番２号 | 氏　名 | 関西　一郎 |
| | | | 個人番号 | |
| 退 職 者 | | ○○市○○区○○１丁目１番１号 | 氏　名 | 関西　花子 |
| | | | 個人番号 | |

| 退職手当金等の種類 | 退職手当金等の給与金額 | 退 職 年 月 日 |
|---|---|---|
| 退職手当金 | 10,000,000 円 | ４年　○月　○日 |
| 退 職 時 の 地 位 職 務 | 受給者と退職者との続柄 | 支 払 年 月 日 |
| 取締役 | 子 | ４年　○月　○日 |

（摘要）

（　　年　　月　　日 提出）

| 支 払 者 | 営業所又は事務所等の所在地 | ○○市○○区○○３丁目３番３号 |
| | 営業所又は事務所等の名称又は氏名 | 株式会社○○　（電話）××-××××-×××× |
| | 個人番号又は法人番号 | |

| 整 理 欄 | ① | ② |

○ 個人番号又は法人番号欄に個人番号（12桁）を記載する場合には、右詰で記載します。

325

---

令 和 ４ 年 ○ 月 分　退職手当金等受給者別支払調書合計表

税務署受付印

| 処理事項 | 通信日付印 | 検 収 | 整理簿登載 | 身元確認 |
|---|---|---|---|---|
| | ※ ・ ・ | ※ | ※ | ※ |

令 和 ４ 年 ○ 月 ○ 日提出

| 提出者 | 住所（居所）又は所在地 | ○○市○○区○○３丁目３番３号　電話（××－××××－××××） | 整理番号 | |
| | 個人番号又は法人番号 | | 調書の提出区分 新規=1、追加=2 訂正=3、無効=4 | 提出媒体 | 本店一括 | 有・無 |
| | フリガナ 氏名又は名称 | 株式会社○○ | 作成担当者 | |
| ○税務署長殿 | フリガナ 代表者氏名 | ○○○○ | 作成税理士署名 | 税理士番号（　　　　）　電話（　　－　　－　　） |

| 支 払 総 額 （支払調書提出省分を含む。） | | 左のうち、支払調書を提出するものの合計 | |
|---|---|---|---|
| 受 給 者 数 | 退職手当金等の給与金額 | 受 給 者 数 | 退職手当金等の給与金額 |
| 1 人 | 10,000,000 円 | 1 人 | 10,000,000 円 |

（摘　要）

○　提出媒体欄には、コードを記載してください。（電子=14、FD=15、MO=16、CD=17、DVD=18、書面=30、その他=99）
（注）　平成 27 年 12 月分以前の合計表を作成する場合には、「個人番号又は法人番号」欄に何も記載しないでください。

（用紙　日本産業規格　Ａ４）

○ 平成 28 年 1 月 1 日以後提出用

### 死亡退職金支給における税務上の確認事項

被相続人の死亡後3年以内に支給が確定した死亡退職金※については、相続財産とみなされて相続税の課税対象となります。被相続人の死亡後3年経過後に支給が確定した死亡退職金については、受取人に対して所得税が課税されますので注意が必要です。

なお、死亡退職金等を支給する場合には、下記の税務上の内容も考慮する必要があります。

・相続税の計算上、相続人が受給した死亡退職金のうち非課税限度額（500万円×法定相続人の数）までの金額は非課税となり、相続税は課税されません。

・被相続人が保有していた取引相場のない株式等の評価において、純資産価額の計算上、死亡退職金を負債に計上できます。

・死亡退職金のうち不相当に高額な金額は、法人税法上、損金の額に算入されません。

※　死亡後3年以内に支給が確定した死亡退職金とは、次のものをいいます。
　・死亡退職で支給される金額が被相続人の死亡後3年以内に確定したもの
　・生前に退職していて、支給される金額が被相続人の死亡後3年以内に確定したもの

## （3）　発行会社への株式の売却

評価額の高い非上場会社等の株式を相続した場合、相続人は相続税の納税資金が不足することがあります。相続人は、納税資金確保のために、相続した株式を発行会社へ売却し、現金化する方法があります。

### ①　手続き

発行会社が相続人と合意し、自己株式を取得する場合には、会社法156条の合意による取得の手続きが必要となり、下記の事項を株主総会（特別決議）で決定する必要があります。

・取得する株式数
・株式を取得するのと引換えに交付する金銭等の内容及びその総額
・株式を取得することができる期間

なお、発行会社が取得できる自己株式の買取金額については、分配可能額の範囲内である必要があります。

### ②　売主追加請求権について

会社が特定の株主から自己株式を取得しようとする場合には、その他の株主は自己も売主に加えることを請求できる権利（売主追加請求権）を有します。ただし、下記の要件すべてに該当する場合には、相続人以外の株主に売主追加請求権がなく、発行会社はその相

続人からのみ株式を取得することができます。

・発行会社が公開会社ではない場合
・相続人からその相続により取得した株式を取得する場合
・相続人等が株主総会において議決権を行使していない場合

【自己株式取得の議事録（サンプル）】

## 臨時株主総会議事録

1. 日　　時：令和4年○月○日　午前○時○分
2. 場　　所：当会社本店会議室
3. 出席者：株主の総数　　　　　　　　　　　　　　　　名
　　　　　　発行済株式総数　　　　　　　　　　　　　株
　　　　　　議決権を行使することができる株主の数　　名
　　　　　　議決権を行使することができる株主の議決権の数　個
　　　　　　出席した株主の数　　　　　　　　　　　　名
　　　　　　出席した株主の議決権の数　　　　　　　　個
4. 議長兼議事録作成者：代表取締役　　○○
5. 出席役員：取締役　　○○、○○、○○、○○
6. 議事の経過の要領及び結果
　　議長は、開会を宜し、上記のとおりの定足数に足る株主の出席があったので、本総会が適法に成立した旨述べ、審議を開始した。

　議　案　株主の相続人からの自己株式取得承認の件
　　議長は、当社の株主である関西花子が令和4年○月○日死亡し、その相続人関西一郎が相続により当社株式を取得したことに伴い、会社法160条1項、156条1項及び162条の規定に基づき、下記のとおり、関西一郎から、関西一郎が当該相続により取得した当社株式を自己株式として取得したい旨を説明し、その賛否を議場に諮ったところ、満場一致を持って承認可決された。

記

　　①　取得する株式の数　　　　　　　　普通株式　　　　株
　　②　取得と引換えに交付する金銭の総額　金　　　　　　　円
　　③　取得期間　令和○年○月○日〜令和○年○月○日までの期間
　　④　取引相手方　　　　　　　　　　　　関西　一郎
7. 閉　会：午前○時○分

以　上

## 相続した株式を発行会社に譲渡した場合の税務署への届出

　相続により財産を取得して、相続税を課税された者が、その相続開始後一定期間内に相続税の課税価格計算の基礎に算入された非上場株式をその発行会社に譲渡した場合には、みなし配当ではなく、譲渡所得として所得税が課税される特例措置が設けられています。この規定の適用を受けようとする個人は、下記の書面を、その譲渡をする時までに発行会社に提出する必要があります。この書面の提出を受けた発行会社は、当該書面を、その株式を譲り受けた日から翌年1月31日までに所轄税務署に提出しなければなりません。

　また，譲渡した株式に対応する相続税額を取得費に加算できる特例があり，上記の特例と併せて適用が可能ですので忘れずに適用しましょう。

相続財産に係る非上場株式をその発行会社に譲渡した
場合のみなし配当課税の特例に関する届出書（譲渡人用）

相続財産に係る非上場株式をその発行会社に譲渡した
場合のみなし配当課税の特例に関する届出書（発行会社用）

03.06 改正

## （4） 発行会社から売渡請求権の行使を受けた場合

### ① 売渡請求権の行使

　会社法では、相続人等に対する株式の売渡しに関して予め定款に定めることによって、相続によって株式を取得した相続人等に対して、会社が株式の売渡しを請求することができます。相続人等に対する売渡しの請求制度の対象となる株式は、以下の要件をすべて満たす株式です。

> ・一般承継により取得した株式であること（一般承継とは、相続や吸収合併等により、権利・義務の一切を承継することをいいます。）
> ・譲渡制限株式であること
> ・定款において、相続人に株式の売渡しを請求できる旨の定めがあること
> ・自己株式取得に対する財源規制を満たしていること

　なお、会社が相続人等に対して売渡請求をするためには、株主総会の特別決議が必要となります。また、会社が売渡請求を行うためには、被相続人の死亡から1年以内に通知をしなければなりません。

### ② 売渡請求権の行使を受けた場合

#### ㋑ 売買価格の協議

　発行会社から売渡請求をされた場合には、発行会社と売買価格を協議します。協議が成立した場合には、その合意した金額が売買価格となります。

　ただし、売渡請求から20日以内に売買価格の協議が成立せず、会社または相続人等からの裁判所へ売買価格決定の申立てがない場合には、会社が行った売渡しの請求は効力を失います。

#### ㋺ 裁判所の株式の評価方法

　裁判所が売買価格を決定する際に採用している株式の評価方法の例は次のとおりです。

| | 評価方法 | 内　容 |
|---|---|---|
| 支配株主 | DCF法 | 将来キャッシュフローをベースに株主価値を算定する方法 |
| | 収益還元法 | 将来収益をベースに株主価値を算定する方法 |
| | 純資産価額 | P159参照。ただし、資産負債を時価に洗い替え、または帳簿価額そのままのケース等もある |
| | 類似業種比準価額 | P159参照 |
| 少数株主 | 配当還元方式 | P159参照。ただし、財産評価基本通達に基づいた方式以外に、ゴードンモデル方式等もある |

### (ハ)　裁判所への提出書類

裁判所に対する価格決定の申立てには下記の書類の提出が必要です。

- ・発行会社の履歴事項証明書、定款
- ・相続人等の一般承継を示す資料（戸籍謄本等）
- ・発行会社による売渡請求書
- ・株価算定書

**● COLUMN |コラム| ●**

### 相続クーデター

　売渡請求は、少数株主への株式分散を防止するための制度ですが、大株主の相続の場合に売渡請求がされると、その後継者を排除するという全く別の目的に使われることになる恐れがあります。

　会社が相続人に対して、相続した株式の売渡請求をするか否かを決定する株主総会において、相続人はその決議に関しては特別な利害を有することから、議決権を有しません。そのため、相続人以外の株主のみが相続人に相続株の売渡請求をするか否かを決定することができることになります。相続した株式の売渡請求が決定されれば、相続人は、相続した株式を買い取られて、株主としての地位を失うこととなります。

　売渡請求の制度を定款に定めるかどうかは注意が必要となります。

## （5）　会社に対する債権・債務の確認

　会社の代表者等に相続があった場合、会社に対する債権、債務が存在する可能性があります。決算書、内訳書において被相続人への債権・債務の存在を確認するとともに、総勘定元帳で債権、債務の内容と相続時点の金額を把握することが必要となります。

特に注意すべき勘定科目としては、未収入金、立替金、仮払金、貸付金、保証金、借入金、預り金等が考えられます。

### ① 内訳書、総勘定元帳による確認

　下記は借入金の内訳書のサンプルです。借入先の名称欄に被相続人の名前が記載されていた場合、会社が被相続人から借入れがあったことになります（被相続人からすると、会社への貸付金となります）。

【借入金の内訳書（サンプル）】

借入金及び支払利子の内訳書

| 借入先 | | | 期末現在高 円 | 期中の支払利子額 円 | 利率 % | 担保の内容（物件の種類、数量、所在地等） |
|---|---|---|---|---|---|---|
| 名称（氏名） | 所在地（住所） | 法人・代表者との関係 | | | | |
| ○○　○○ | | 本人 | 100,000,000 | | | |
| 長期借入金計 | | | 100,000,000 | | | |
| | | | | | | |
| | | | | | | |
| | | | | | | |
| | | | | | | |
| | | | | | | |
| | | | | | | |
| | | | | | | |
| | | | | | | |
| | | | | | | |
| | | | | | | |
| | | | | | | |
| | | | | | | |
| | | | | | | |
| | | | | | | |
| | | | | | | |
| 合　計 | | | 100,000,000 | | | |

（注）　1．借入先別期末現在高が50万円以上のものについては各別に記入し、その他は一括して記入してください。
　　　　2．借入先が「役員、株主又は関係会社」のものについては、期末現在高が50万円未満であっても全て各別に記入してください。
　　　　　　また、「期末現在高がないものであっても期中の支払利子額（未払利子を含みます。）が３万円以上」のものについては、各別に記入してください。
　　　　3．上記１により記載すべき口数が100口を超える場合には、次の①又は②の方法により記入しても差し支えありません。
　　　　　①　期末現在高の多額なものから100口についてのみ記入。（この場合、100口目には50万円未満のものも含む残額全てを一括して記入）なお、「借入先が役員、株主、又は関係会社のもの」又は、「期末現在高がないものであっても期中の支払利子額（未払利子を含みます。）が３万円以上のもの」がある場合には、当該事項も含めて100口となるように記入してください。
　　　　　②　期末現在高を自社の支店又は事業所別等で記入（支店又は事業所等の名称を「名称（氏名）」欄に記入するとともに、「期末現在高」欄及び「期中の支払利子額」欄にその支店又は事業所等の合計金額（50万円未満のものも含む合計金額）を記入）
　　　　4．「利率」欄には、同一の借入先に対する利率が２以上ある場合には、そのうち期末に近い時期における支払利子の利率を記入してください。
　　　　5．外国法人又は非居住者から借り入れたものについては、「所在地（住所）」欄には、国外の所在地（住所）を記入してください。

第5章

非上場会社の株主等に相続が発生した場合

ただし、会社の内訳書については直前期末時点の残高が記載されています。直前期末時点から相続発生時点までの残高の変動については、総勘定元帳で確認することになります。

　下記は総勘定元帳のサンプルです。例えば、令和 4 年10月15日が相続発生日の場合には、97,000,000円が貸付金として相続財産になります。

【総勘定元帳（サンプル）】

| 長期借入金 | | | | |
|---|---|---|---|---|
| 株式会社○○ | | | | |
| 伝票日付 | 相手勘定科目<br>摘要 | 借方 | 貸方 | 残高 |
| | 前月繰越金額 | | | 100,000,000 |
| R4.9.30 | 当座預金<br>借入返済 | 3,000,000 | | 97,000,000 |
| | 9 月計 | 3,000,000 | | |
| | 前月繰越金額 | | | 97,000,000 |
| R4.10.31 | 当座預金<br>借入返済 | 3,000,000 | | 94,000,000 |
| | 10月計 | 3,000,000 | | 94,000,000 |
| | | | | |

## ② 役員報酬、給料

　未収の役員報酬や給料は相続財産となりますので、入金の有無について確認が必要です。その際、相続開始後の役員報酬や給料には源泉徴収はされませんので、源泉所得税が控除されていないか確認が必要です。

## ③ 地代、家賃

　被相続人が会社の役員等である場合、会社に土地や建物を賃貸しているケースがあります。会社との賃貸借契約書を確認し、相続発生時点にて支払期日が到来しているにもかかわらず、まだ支払われていないものについては、相続財産となります。

## （1）　出資者・出資額の確認

　株式会社の場合、所有（株主）と経営（役員）を分離することが可能ですが、持分会社の場合は、定款で別段の定めがない限り出資した社員がそのまま経営に参画する立場になり、所有（出資者）と経営（社員）が一致することになります。

　また、持分会社の意思決定機関である社員総会においては、出資割合に関係なく、社員の頭数での多数決や全社員の同意によって決めることになります（株式会社についてはP158参照）。

### ①　法人税申告書別表二

　持分会社の出資者及び出資額についても、株式会社と同様に、法人税申告書別表二から確認することから始めます（P151参照）。

### ②　定款の確認

　株式会社と違い、定款には出資者及び出資額が記載されています。なお、持分会社の場合、株式会社の株主名簿に相当する事項が定款に記載されているため、社員名簿の作成は不要とされています。

【定款（サンプル）】

---

第 2 章　社員及び出資

第 5 条　社員の氏名及び住所、出資の価額は次のとおりである。

　　　　社員　○○○○　●●県●●市●●町●●　　金50万円
　　　　社員　○○○○　●●県●●市●●町●●　　金25万円
　　　　社員　○○○○　●●県●●市●●町●●　　金25万円

---

### ③　履歴事項証明書

　持分会社では、社員は登記事項であり、履歴事項証明書で出資者を確認することが可能です。ただし、定款で特定の社員を業務執行社員に定めた場合には、業務執行社員以外の社員は登記されませんので、定款での確認も必要となります。

## （2） 相続の方法

### ① 定款に別段の定めがない場合

　定款に別段の定めがない場合には、社員の死亡は退社原因となり、相続人は払戻請求権を相続します。会社法611条１項では、払戻しを受けることについて「できる」規定となっているため、相続人は払戻しの請求を失念しないように注意が必要です。行使できる時から10年間、行使できることを知った時から５年間請求権を行使しなければ、この請求権は時効により消滅してしまいます（民法166条）。

　なお、定款に別段の定めがない場合には、相続人は社員としての地位を引き継ぐことはできません。相続人が社員になるためには、定款の定めに従って新たに入社の手続きが必要となります。

---

会社法第607条（法定退社）

　社員は、前条、第609条第１項、第641条第２項及び第845条の場合のほか、次に掲げる事由によって退社する。

　一　定款で定めた事由の発生

　二　総社員の同意

　三　死亡

　四　以降、略


会社法第611条（退社に伴う持分の払戻し）

　1　退社した社員は、その出資の種類を問わず、その持分の払戻しを受けることができる。（以下略）

　2　退社した社員と持分会社との間の計算は、退社の時における持分会社の財産の状況に従ってしなければならない。

---

※　持分の払戻額
　　持分の払戻額は、会社法上、「退社の時における持分会社の財産の状況に従ってしなければならない。」と定められているのみで、具体的な計算方法は定められていません。実務上は、退社時点の時価純資産価額で計算する方法や、会社の継続を前提に退社時点の純資産価額に将来収益を勘案して計算する方法等が考えられます。

### ② 定款に持分を承継する旨の定めがあるとき

　社員が死亡した場合に、定款にその相続人が持分を承継する旨の定めがある場合、相続人はその持分を承継し、社員としても加入することになります。持分会社の社員になるためには、原則として、すべての社員の同意が必要となりますが、相続によって持分を承継した場合については他の社員の承諾は不要です。

会社法第608条（相続及び合併の場合の特則）

1　持分会社は、その社員が死亡した場合又は合併により消滅した場合における当
該社員の相続人その他の一般承継人が当該社員の持分を承継する旨を定款で定め
ることができる。

2　第604条第2項の規定にかかわらず、前項の規定による定款の定めがある場合に
は、同項の一般承継人（社員以外のものに限る。）は、同項の持分を承継した時に、
当該持分を有する社員となる。

3　略

# 3　医療法人

被相続人が医療法人の運営に携わっていた場合、当該医療法人に対して出資持分等を有
していた可能性があります。医療法人とは医療法により設立された法人で、会社の株式を
相続する場合とは異なる独特の注意点があります。

## （1）　医療法人の形態の確認

平成19年4月1日以降の認可申請により設立された医療法人であれば、出資持分の定
めのない医療法人しか設立ができないため、被相続人が出資持分を有していることはあり
ません（ただし、債権としての「基金」の拠出の有無の確認は必要です。）。しかし、平成
19年3月31日以前の認可申請により設立された医療法人については、出資持分のない医
療法人に移行するまでの経過措置として、従前どおりの出資持分が認められています。

まずは医療法人について持分の定めの有無を確認し、持分の定めのある医療法人の場合
には、被相続人の出資持分の確認が必要になります。

## （2）　出資持分の確認

医療法人は株式会社とは異なり、出資持分の多寡によって医療法人の運営に対する影響
力（議決権）が変わる訳ではないため、法人税の申告書に別表二「同族会社の判定に関す
る明細書」が添付されていません。また、出資証券などの発行もないため、被相続人の医
療法人に対する出資持分が判明しにくいことがあります。

そのような状況で被相続人の出資持分を確認するには、次のような方法が考えられます。
ただし、いずれの方法によっても、記載の名義が真の資金出資者であるとは限らないこと
も考慮に入れた確認が必要です。

### ① 出資者名簿の確認

　医療法人に対する出資者の概要が記載された「出資者名簿」が備え付けられていれば、出資者名簿を確認します。ただし、医療法上、出資者名簿の備え付け義務はありません。医療法人といっても家族経営のいわば中小企業の規模の法人も多く、出資者名簿が備え付けられていない場合もあります。

〈出資者名簿の備付け〉
　　医療法46条の3の2において、社団たる医療法人は社員名簿を備え付けなければならない旨が規定されています。しかし、医療法人の社員と出資者は完全に一致するとは限らないことがあり、出資者の意向は社員総会において反映されないことから、出資者名簿の備え付け義務はありません。
　　医療法人に出資者名簿が備え付けられていなかった場合、出資持分の確定後は、これを機に出資者名簿を備え付けておいた方がよいでしょう。出資持分を常に管理しておけば、出資者の相続の都度、出資持分の確認に困ることがありません。税務署に対する相続税の申告の際にも添付資料として利用可能です。
　　ただし、医療法人の出資金には、株式会社のような譲渡制限に関する定めがありません。譲渡制限があれば、株式の異動の都度、株主総会または取締役会にその異動内容が知らされることとなりますが、譲渡制限がない以上、医療法人はその出資持分の異動を完全には把握できないことがあり得ます。
　　経営陣と縁遠い出資者がいる場合は、その出資者名簿の記載内容について正確性の問題が残ります。

ワンポイント
アドバイス

### ② 役員及び社員の名簿の確認

　医療法人の役員に変更が生じた場合、医療法人は都道府県に対し、その変更の内容を届け出なければなりません。都道府県によっては、役員変更届に「役員及び社員の名簿」の添付を求められることがありますが、この「役員及び社員の名簿」には出資者別の出資額の記載箇所があるため、出資の有無についての判断材料になります。

### ③ 医療法人の設立時まで遡って確認

　上記のいずれの方法でも被相続人の出資持分が判明しない場合には、医療法人の設立時まで遡って出資金の出資者を確認し、相続等による過去の持分の異動を確認しながら、被相続人の相続開始時点の持分を確定させる必要があります。

　医療法人設立時の各人別の出資額を確認するための資料としては、「設立総会議事録」や都道府県に提出した「設立概要」などがあります。

（別紙）

役 員 及 び 社 員 の 名 簿

（令和　年　月　日現在）

| | 役職名 | 氏　名 | 生年月日 | 年齢 | 性別 | 住　　所 | 職　業 | 最初の就任年月日 | 出資額(円) | 続柄※ 理事長 | 続柄※ 監事 |
|---|---|---|---|---|---|---|---|---|---|---|---|
| 役員名 | 理事長 | 神戸 太郎 | 昭和〇年〇月〇日 | 〇〇 | 男 | 兵庫県明石市魚住町〇丁目〇番〇号 | 神戸内科医院管理者 | 昭和〇年〇月〇日 | | 本人 | なし |
| | 理　事 | 神戸 良子 | 昭和□年□月□日 | □□ | 女 | 兵庫県明石市魚住町〇丁目〇番〇号 | 無職 | 昭和□年□月□日 | | 妻 | なし |
| | 〃 | 神戸 次郎 | 昭和△年△月△日 | △△ | 男 | 兵庫県神戸市西区秋葉台〇丁目〇番地 | △△病院医師 | 昭和△年△月△日 | | 長男 | なし |
| | 監　事 | 兵庫 一郎 | 昭和×年×月×日 | ×× | 男 | 大阪府大阪市中央区淡路町〇丁目〇番地 | ××商事株式会社役員 | 昭和×年×月×日 | | なし | 本人 |
| | 計　　　　　名 | | | | | | | | | | |
| 社員名 | 理事長 | 神戸 太郎 | 昭和〇年〇月〇日 | 〇〇 | 男 | 兵庫県明石市魚住町〇丁目〇番〇号 | 神戸内科医院管理者 | 昭和〇年〇月〇日 | 11,500,000 | 本人 | |
| | 理　事 | 神戸 良子 | 昭和□年□月□日 | □□ | 女 | 兵庫県明石市魚住町〇丁目〇番〇号 | 無職 | 昭和□年□月□日 | 2,500,000 | 妻 | |
| | 〃 | 神戸 次郎 | 昭和△年△月△日 | △△ | 男 | 兵庫県神戸市西区秋葉台〇丁目〇番地 | △△病院医師 | 昭和△年△月△日 | 1,000,000 | 長男 | |
| | 計　　　　　名 | | | | | | | | 15,000,000 | | |

（出典：兵庫県HP　「医療法人に関する申請・届出」）

# （3）　出資持分を有する社員が死亡した場合

　株式会社における普通株式の場合、株式を保有するということは財産権と議決権を有することを意味しますが、医療法人の場合は、財産権（出資持分）と議決権（社員としての身分）は切り離して考える必要があります。

### ①　社員とは

　医療法人の社員とは、社員総会で承認された個人をいい、出資者が必ずしも社員であるとは限りません。社員は、医療法人の重要事項についての意思決定機関である社員総会において、１人１議決権を有します。

### ②　社員が死亡した場合の取扱い

　医療法人の社員は死亡に伴い退社となりますが、社員としての身分が相続人に相続されることはありません。当該社員が出資持分を有していた場合、その相続人は医療法人に対して持分払戻請求権を有します。

　出資持分の払戻しについては、定款により持分に応じて払い戻される場合と出資額を限度に払い戻される場合がありますが、行使できる時から10年間、行使できることを知った時から５年間請求権を行使しなかった場合には、その請求権は時効により消滅します。

　つまり、死亡した出資社員の相続人が当該医療法人の社員になるためには、社員総会において承認される必要があり、承認がされない場合には出資持分払戻請求権の行使について検討する必要があります。出資持分払戻請求権を行使しなかった場合または請求権が時

効により消滅してしまった場合の出資持分については、当該医療法人が解散した場合の残余財産分配請求権のみが残ることとなります。医療法人は、通常の運営において剰余金の配当を禁止されているため、解散時までその財産権は行使できないこととなってしまいます。

---

● **COLUMN** | コラム | ●

### 出資持分の払戻しか社員として迎え入れか

医療法人の出資社員の死亡により持分払戻請求権を相続人が有することとなりますが、払戻請求があった場合、医療法人から多額の資金が流出し、安定経営に支障をきたす恐れがあります。

社員総会で相続人を社員に迎え入れることにより、出資持分払戻請求権を行使されないようにする方法も考えられますが、その相続人が医療法人にとって好ましくない人物である場合、社員は社員総会において1人1議決権という大きな権利を有してしまうため、慎重な判断が必要になります。

このような事態を避けるため、医療法人の出資社員について後継者が決まっている場合には、生前中の贈与や遺言書の作成など、後継者に確実に出資持分を承継できるように対策しておくことが大切です。

---

## （4）　基金の確認

平成19年4月に施行された医療法の改正以降、出資持分のある医療法人は設立できないこととされましたが、多くの場合、医療法人の資金調達手段として「基金」制度が採用されています。

基金とは、社団医療法人に拠出された金銭等で、医療法人はその基金の拠出者に対して返済義務を負います。基金は貸借対照表において純資産の部に計上されていますが、会社でいうところの資本金とは異なり、配当や残余財産の分配を受ける権利は無く、債務と同様の性質を有しています（医療法上、基金に利息を付すことはできません。）。

つまり、持分のない医療法人であっても、基金拠出者が死亡した場合には、基金が債権として相続財産になるため拠出額の確認が必要です。ただし、貸借対照表の純資産の部に計上されている勘定科目が「基金」ではなく「代替基金」である場合は、拠出者に対する返還義務が既に履行されており、医療法人に対して基金としての債権を有している者はいないことが判断可能です。

なお、医療法人の出資持分の有無や基金制度の採用については、毎事業年度終了後に都道府県に提出している「決算届」の中の「事業報告書」によっても確認することが可能です。

基金返還したときの会計処理は、返還した額の基金を取り崩して、代わりに代替基金を計上します。

● 　基金拠出者への基金返還額の支払い

（借方）基金　　　　　　　100　　　　　（貸方）現金／預金　100

● 代替基金を計上

（借方）繰越利益積立金　100　　　　　（貸方）代替基金　　　100

# 第6章

# 遺産分割協議を行う

遺言書により受遺者の指定がなかった場合、相続人は被相続人の財産に関する一切の権利義務を包括的に承継します。そのため、相続人が複数の場合には、被相続人の財産は相続人間で共有状態になります。この共有状態を解消し、特定の相続人が特定の財産を承継するためには、相続人全員での遺産分割協議を行う必要があります。

# （1） 財産目録の作成

### ① 財産目録の作成意義

財産目録とは、相続財産の内容を一覧にまとめたものです。財産目録を作成すること自体は義務ではなく、書式も自由形式ですが、財産・債務を一覧で可視化することにより相続人間で情報が共有され、遺産分割協議は行いやすくなると考えられます。

【財産目録（サンプル）】

| 区　分 | 所　在 | 種　類 | 現　況 | 数　量<br>（口座番号） | 評価額 |
|---|---|---|---|---|---|
| 土地 | ○○市○○区… | 宅地 | 自宅 | 300㎡ | 50,000,000円 |
| 家屋 | ○○市○○区… | 居宅 | 自宅 | 150㎡ | 20,000,000円 |
| 有価証券 | △△証券　□支店 | 上場株式 | A社 | 2,000株 | 20,000,000円 |
| 預貯金 | △△銀行　□支店 | 普通預金 | | 001234 | 10,000,000円 |
| | | 定期預金 | | 123456 | 20,000,000円 |
| 合　計 | | | | | 120,000,000円 |
| 債務 | ○○クレジット | 未払金 | | | △150,000円 |
| | ○○市 固定資産税 | 未払金 | | | △200,000円 |
| 合　計 | | | | | △350,000円 |

### ② みなし相続財産

次に掲げるものは、相続税法上の「みなし相続財産」として一定の金額が相続税の課税価格に算入されますが、相続財産として遺産分割の対象にはなりません。これらのものは遺産分割の対象財産をどう分けるかという意味では財産目録に記載不要ですが、例えば「生命保険金も含めた金額で遺産分割を考えたい」といったニーズも起こり得るため、財産目録への記載はケースに応じて判断が必要です。

**【相続税法の規定によるみなし相続財産の例】**（相続税法 3 ①）

| 種　類 | 備　考 |
|---|---|
| 生命保険契約の死亡保険金 | 被相続人が保険料を負担していたもの |
| 死亡退職金 | 小規模企業共済を含みます |
| 生命保険契約に関する権利 | 相続開始の時において、まだ保険事故が発生していない生命保険契約で、その保険料の全部または一部を被相続人が負担しており、かつ、被相続人以外の人がその契約者である場合 |
| 定期金に関する権利 | まだ定期金給付事由が発生していない定期金給付契約で、その保険料の全部または一部を被相続人が負担しており、かつ、被相続人以外の人がその契約者である場合 |
| 保証期間付定期金に関する権利 | 年金保険の継続受給権など |
| 契約に基づかない定期金に関する権利 | 退職年金の継続受給権など |
| 信託に関する権利 | 遺言代用信託で取得した信託受益権など |

## （２）　遺産分割協議における考え方

### ①　法定相続分の位置づけ

　民法では各相続人に法定相続分が定められています。しかし、遺産分割協議においては、必ずしも法定相続分どおりに分割しなければいけないというものでもありません。相続人全員の同意があれば、誰がどのような割合で財産を相続しても、その遺産分割協議は有効なものとなります。

　ただし、遺産分割協議が難航し、調停や審判まで発展した場合、少なからず法定相続分が意識された分割内容になることが一般的です。

**【現行民法の相続人と法定相続分】**

| 相続人 | 相続分 |
|---|---|
| 配偶者と子 | 配偶者 $\frac{1}{2}$　　子 $\frac{1}{2}$ |
| 配偶者と直系尊属 | 配偶者 $\frac{2}{3}$　直系尊属 $\frac{1}{3}$ |
| 配偶者と兄弟姉妹 | 配偶者 $\frac{3}{4}$　兄弟姉妹 $\frac{1}{4}$ |

※　子、直系尊属、兄弟姉妹がそれぞれ複数いる場合における個々人の法定相続分は、その人数で除した分となります。

# 民法の移り変わり

〈昭和22年5月2日以前の旧民法〉

　昭和22年5月2日までに発生した相続については、戸主から戸主へすべてが引き継がれる家督相続制度が採用されていました。

〈昭和22年5月3日から昭和22年12月31日までの旧民法〉

　家督相続制度が廃止され、配偶者が常に相続人となりました。

| 相続人 | 相続分 |
|---|---|
| 配偶者と子 | 配偶者 $\frac{1}{3}$<br>子 $\frac{2}{3}$ （非嫡出子の相続分は嫡出子の $\frac{1}{2}$ ） |
| 配偶者と直系尊属 | 配偶者 $\frac{1}{2}$　直系尊属 $\frac{1}{2}$ |
| 配偶者と兄弟姉妹 | 配偶者 $\frac{2}{3}$　兄弟姉妹 $\frac{1}{3}$ （代襲相続なし） |

〈昭和23年1月1日から昭和55年12月31日までの旧民法〉

　法定相続分は昭和22年12月31日以前の旧民法と変わりませんが、兄弟姉妹の代襲相続が制限なく認められることとなりました。

〈昭和56年1月1日以降の現行民法〉

　現行民法における法定相続分は昭和56年1月1日以降に開始した相続から適用されています。それまでの旧民法と比べると、配偶者の法定相続分が引き上げられ、兄弟姉妹の代襲相続も甥または姪までに限られることとなりました。

　また、非嫡出子の法定相続分をめぐる最高裁の判決により、平成25年9月5日以後に開始した相続については、嫡出子と非嫡出子の法定相続分は同等に扱うこととなりました。

| 相続人 | 相続分 |
|---|---|
| 配偶者と子 | 配偶者 $\frac{1}{2}$　　子 $\frac{1}{2}$ |
| 配偶者と直系尊属 | 配偶者 $\frac{2}{3}$　直系尊属 $\frac{1}{3}$ |
| 配偶者と兄弟姉妹 | 配偶者 $\frac{3}{4}$　兄弟姉妹 $\frac{1}{4}$ |

## ② 遺言書と異なる遺産分割

遺言書に記載された内容は法定相続分より優先して適用されますが、相続人全員の合意があれば、遺言内容と異なる遺産分割が可能です。遺言執行者が指定されている場合は、遺言執行者の立場で遺言内容と異なる遺産分割を積極的に認めることはできないものの、遺言執行者との協議次第では、遺言内容と異なる遺産分割は可能と考えられます。

---

**• COLUMN|コラム| •**

### 遺産分割協議への関わり方に関する弁護士からのアドバイス

---

税理士が相続税の申告業務等の依頼を受ける際に、依頼者から「遺産分割協議をする必要があることは分かるが、自ら他の相続人と話し合いをしたくないので、代わりにお願いできないか。」との相談を受けることがあるかと思います。

この点について、弁護士法では以下のように規定しており、弁護士以外の者が報酬を得る目的で法律事務を取り扱うことを禁止しています。

（非弁護士の法律事務の取扱い等の禁止）
第72条　弁護士又は弁護士法人でない者は、報酬を得る目的で訴訟事件、非訟事件及び審査請求、再調査の請求、再審査請求等行政庁に対する不服申立事件その他一般の法律事件に関して鑑定、代理、仲裁若しくは和解その他の法律事務を取り扱い、又はこれらの周旋をすることを業とすることができない。ただし、この法律又は他の法律に別段の定めがあるときは、この限りでない。

（非弁護士との提携等の罪）
第77条　次の各号のいずれかに該当する者は、２年以下の懲役又は300万円以下の罰金に処する。

　三　第72条の規定に違反した者

つまり、遺産分割協議を行うにあたって、税理士がその依頼者の代理人として他の相続人と交渉等をすることは、弁護士法72条に違反する可能性が高いといえます。依頼者から他の相続人との協議を要望された場合は、税理士の職務範囲外であること、弁護士に依頼する必要があることを説明して納得してもらいましょう。

なお、依頼者から、他の相続人に対して「○○に関する意向を確認してほしい」などと依頼され、単に意向を確認した場合などは「その他の法律事務」にはあたらず、弁護士法72条に違反することはないと思われます。

もっとも、いずれの行為についても「報酬を得る目的」がなければ弁護士法72条に違反することにはなりませんが、相続税の申告業務等に関する報酬と当該行為との関連性が認められると「報酬を得る目的」があるということになってしまいます。弁護士法72条に違反しないようにするためには、相続税の申告業務等に関する報酬には、遺産分割協議に関する交渉等の行為に関する報酬は含まれていないことを明確にしておくことも必要だと考えられます。

## （3）遺産分割の方法

### ① 現物分割

　遺産分割協議を行う上で、財産そのものを指定して誰が相続するかを決める「現物分割」は、最もシンプルで一般的な分割方法です。A土地については妻が、B土地については長男が相続するなどといった分割方法です。

### ② 代償分割

　相続財産の中に分割することが好ましくないもの（例えば、居住用や事業用の不動産、自社株式など）が含まれている場合、現物分割のみでは相続人間で不公平感が生ずるなどして、遺産分割が難しくなることがあります。そのような場合に、現物の相続財産を取得する相続人が、他の相続人に対し、その財産の取得に代わる金銭等（以下「代償金」といいます。）を交付する「代償分割」という方法があります。

　ただし、代償金を交付する相続人にはそれだけの資力が必要となる上に、代償金の算出について相続人間で協議をしなければなりません。例えば、現物財産としての土地の「時価」は様々な考え方から唯一の金額を算出することは難しく、一つの土地に対する「時価」の把握は相続人間で異なる可能性があります（第4章参照）。

### ③ 換価分割

　相続財産を換金した上で、売却代金を分割する方法を「換価分割」といいます。売却代金を相続人間で分け合うことが目的の場合、売却後の金銭の分配について、代償分割でも換価分割でも結果を同じくすることは可能です。

　ただし、税務上においては、相続人の1人が単独で譲渡を行う代償分割か、複数の相続人が譲渡を行う換価分割かは大きく異なります。譲渡所得の計算上の有利不利（例えば、措置法35条3：空き家を譲渡した場合の3,000万円特別控除など）が発生することがあるため注意が必要です。

　また、相続登記とその後の譲渡について、代償分割の場合は不動産の取得者が単独で行うのに対し、換価分割の場合は単独で行うのか、共有で相続登記をして相続人共同で譲渡するのかは遺産分割協議の内容によって異なります。

　売却手続きの観点からは、換価分割であっても単独登記及び単独譲渡の方が簡便であることが予想されますが、遺産分割協議書において換価分割である旨は明記しておく必要があります。

# 代償分割の活用時に注意すべき税務

〈贈与税が発生する場合〉

取得した相続財産を超える金額の代償金を交付した場合、その超える部分の金額については贈与税の課税対象になります。例えば、「死亡保険金を受け取ったので、他の相続人に代償金を交付したい」といったケースでは、生命保険金は遺産分割の対象財産ではないため、取得した相続財産を超える代償金の交付となる可能性があります。

〈相続税申告時の代償金の評価〉

相続税法基本通達11の2-10では、代償財産の価額は、代償債務の額の相続開始の時における金額によるものとし、次に掲げる場合に該当するときは、それぞれの金額で評価を行います。

①　共同相続人及び包括受遺者の全員の協議に基づいて、代償財産の額を次の②に掲げる算式に準じて又は合理的と認められる方法によって計算して申告があった場合…当該申告があった金額

②　①以外の場合で、代償債務の額が、代償分割の対象となった財産が特定され、かつ、当該財産の代償分割の時における通常の取引価額を基として計算されているとき…

$$A \times \frac{C}{B}$$

Aは、代償債務の額

Bは、代償債務の額の決定の基となった代償分割の対象財産の代償分割時の価額

Cは、代償分割の対象財産の相続開始時における価額（財産評価基本通達の定めにより評価した価額）

つまりこの規定は、代償金の交付があった場合に、代償金の実際の金額で各相続人の相続税の課税価格を計算するのではなく、代償金額を時価ベースから相続税評価額ベースに補正して評価するものです。

一般的に、相続税の計算上、代償金の交付を受ける側の相続人は代償金を低く評価し、交付する側の相続人は高く評価したいものです。代償金を交付する側と交付を受ける側がそれぞれ別の税理士に依頼をして相続税の申告をする場合は、代償金の評価にズレが生じることがあります。

#### ④ 債務の承継

　相続が開始すると、被相続人の財産に属した一切の権利義務は包括的に相続人に承継されます。債務についても当然に相続人に引き継がれますが、債務は遺産分割協議の対象外とされています。遺産分割協議で特定の債務引受人を決めたとしても、各相続人は、債権者に対して法定相続分に応じた返済義務を負うこととなります。

　相続人によっては「遺産分割協議で財産を取得しない＝相続放棄」と考えて放棄という言葉を使用されることがありますが、被相続人の債務（保証債務を含みます。）を一切承継しないためには、正式な相続放棄の手続きが必要です（第2章参照）。

　ただし、例えば銀行ローン等の債務の場合は、特定の債務引受人が債権者と「免責的債務引受契約」を締結することで、債務引受人以外の相続人は債務を負わないようにすることが可能です。

　ところで、債務は法的に遺産分割の対象とならず、債権者の同意がなければ、引受人以外の相続人が返済義務を免れるものではありませんが、誰がどの債務を引き受けるかについて相続人間で明確にしておくことは大切です。

　相続税の課税価格の計算上、債務は負担者の取得した財産から控除することが可能ですが、被相続人の債務については相続人のどなたかが一旦立て替えているケースも多く、真に負担する者を決め、清算を行い、遺産分割協議書にも記すことで課税関係が明確になるものと考えます。

## 遺産分割時の意思能力は充分？　不充分？

　高齢者の認知機能を測定するための方法はいくつかありますが、比較的よく使われるのが「長谷川式簡易知能評価スケール」による9項目のヒアリングテストです。

　検査者は医師や看護師などの医療従事者で、質問内容や手順を正しく理解した専門家である程、テスト結果には信頼性があります。30点満点中、20点以下であれば認知症の疑いがあると判断される可能性があります。

　相続人のうちに、遺産分割協議を行うだけの意思能力の有無の判断が付きにくい人がいる場合、仮に後から「意思能力無し」と判断されてしまうと、せっかくの遺産分割協議も無効になってしまう恐れがあります。相続人の意思能力に不安がある方がいる場合は、事前にテストを実施し、結果を残しておくことも一つの方法です。

【質問の内容】

| | 質問内容 | 配点 |
|---|---|---|
| ① | 年齢はいくつですか？（2年までの誤差は正解） | 1点 |
| ② | 今日は何年の何月何日ですか？　何曜日ですか？<br>（年、月、日、曜日が正解でそれぞれ1点ずつ） | 4点 |
| ③ | 今いるところはどこですか？<br>（自発的に出れば2点、5秒おいて家ですか？　病院ですか？　等の質問に正解で1点） | 2点 |
| ④ | これから言う3つの言葉を言ってみてください。後でまた聞きますのでよく覚えておいてください。<br>a) 花の種類（桜など）<br>b) 動物の種類（犬など）<br>c) 乗り物の種類（飛行機など） | 各1点<br>計3点 |
| ⑤ | 100から7を順番に引いてください。（93と86で正解） | 各1点<br>計2点 |
| ⑥ | 私がこれから言う数字を逆から言ってください。（2問）<br>（2-5-9等の3桁）<br>（3-1-8-7等の4桁） | 各1点<br>計2点 |
| ⑦ | 先ほど覚えてもらった言葉をもう一度言ってみてください。<br>（自発的に出れば各2点、a) 花　b) 動物　c) 乗り物のヒントを与えて正解であれば各1点） | 計6点 |
| ⑧ | これから5つの物を見せます。それを隠しますので、何があったか言ってください。（相互に無関係なもの） | 各1点<br>計5点 |
| ⑨ | 知っている野菜の名前をできるだけ多く言ってください。 | 5点 |

## （4）配偶者居住権の設定の是非

　平成30年の民法改正によって配偶者居住権が創設され、令和2年4月1日に施行されました。配偶者居住権には、残された配偶者に最低でも6か月間は無償で自宅に住み続ける権利を与える「配偶者短期居住権」と、終身または一定期間にわたって住み続ける権利を与える「配偶者居住権」の2種類があります。

　「配偶者居住権」については、遺贈または遺産分割によってのみ取得することができるため、遺産分割協議をする上で活用の検討をする必要があります。

### ①　税務的な活用メリット

　制度の趣旨は配偶者保護の観点から創設されましたが、税務的なメリットを意識して活用されることがあります。配偶者居住権を設定した場合、自宅の土地及び家屋の評価は、「配偶者居住権（配偶者短期居住権を除きます。）」と「負担付所有権」に分かれることとなりますが、配偶者が取得した配偶者居住権には、財産価値があるものとして評価額が算出されるため、相続税の計算上、配偶者は「配偶者に対する相続税額の軽減」（相続税法19条の2）の規定の適用を受けることが可能です。

　その結果、配偶者は相続税の負担を抑えることができ、かつ、負担付所有権の評価額は抑えられることで、相続税の節税効果が期待できます。

　また、配偶者の二次相続時には配偶者居住権は消滅し、配偶者居住権が課税対象とならないことから、一次・二次を通算した相続税の軽減が実現します。

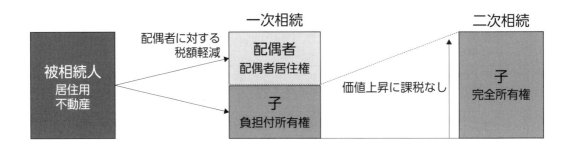

【配偶者居住権の評価】

　配偶者居住権は、終身または一定期間にわたって配偶者にその使用及び収益を認める権利ですので、配偶者の余命や建物の残存耐用年数等を用いて評価を行います。なお、配偶者居住権は「建物」に設定する権利ですが、評価上はその土地にまで効果が及びます。

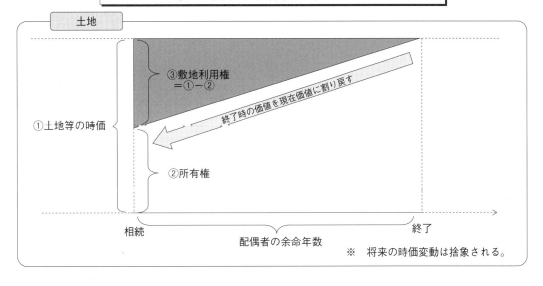

敷地を使用する権利等の評価の考え方

**土地**

- ③敷地利用権 ＝①－②
- ①土地等の時価
- ②所有権

終了時の価値を現在価値に割り戻す

相続　　配偶者の余命年数　　終了

※　将来の時価変動は捨象される。

配偶者居住権等の評価の考え方

**建物**

① 終了時の建物価額（終了時に所有者が利用できる価値）を計算
② ①の価額を法定利率で割戻し（＝所有権部分の評価額）
③ 建物の時価から②を控除

- 建物の時価
- ③ 配偶者居住権
- ① 
- ② 所有権

終了時の価値を現在価値に割り戻す

新築　　相続　　配偶者の余命年数　　終了　　耐用年数（1.5倍）

分割時期のズレへの対応

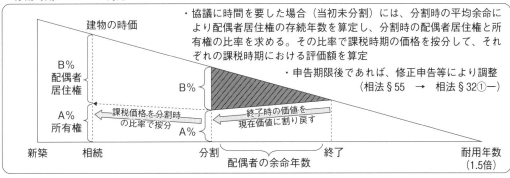

・協議に時間を要した場合（当初未分割）には、分割時の平均余命により配偶者居住権の存続年数を算定し、分割時の配偶者居住権と所有権の比率を求める。その比率で課税時期の価格を按分して、それぞれの課税時期における評価額を算定

・申告期限後であれば、修正申告等により調整
（相法§55　→　相法§32①一）

- 建物の時価
- B％ 配偶者居住権
- B％
- A％ 所有権
- A％

課税価格を分割時の比率で按分

終子時の価値を現在価値に割り戻す

新築　　相続　　分割　　配偶者の余命年数　　終了　　耐用年数（1.5倍）

（出典：財務省「令和元年度税制改正の解説　相続税法の改正」）

【配偶者居住権の評価方法】

① 配偶者居住権の価額

$$\text{建物の時価A} - \text{建物の時価A} \times \frac{(\text{残存耐用年数} - \text{存続年数})}{\text{残存耐用年数}} \times \text{配偶者居住権の存続年数に応じた民法の法定利率による複利現価率}$$

② 配偶者居住権が設定された建物所有権の価額
建物の時価B － 上記①

③ 配偶者居住権に基づく居住建物の敷地利用権の価額
土地の時価A － 土地の時価A × 存続年数に応じた民法の法定利率による複利現価率

④ 配偶者居住権が設定された居住建物の敷地の価額
土地の時価B － 上記③

※1 賃貸併用住宅の場合、建物の時価A及び土地の時価Aは、
$$\left[\text{建物が賃貸の用に供されておらず、かつ、共用でないものとした場合の時価} \times \frac{\text{賃貸部分以外の床面積}}{\text{建物の床面積}} \times \text{被相続人が有していた割合}\right]$$ を乗じて計算を行います。

※2 賃貸併用住宅の場合、建物の時価B及び土地の時価Bは、床面積あん分を行わずに、借家権割合や借地権割合を用いて「貸家」及び「貸家建付地」の評価を行います。

※3 残存耐用年数（耐用年数×1.5－築後経過年数）及び存続年数は、6か月以上の端数は1年とし、6か月に満たない端数は切り捨てます。また、耐用年数は、居住建物の全部が住宅用であるものとした場合の耐用年数省令に定める耐用年数を用います。

※4 被相続人が生前に増改築した場合には、増改築部分を区分することなく、新築時からの経過年数によることとなります。

※5 存続年数は、配偶者居住権の存続期間が配偶者の終身の間である場合には、配偶者の平均余命年数（厚生労働省が男女別、年齢別に作成する完全生命表による。相続税法施行規則12の3）となります。完全生命表による平均余命について、小数点以下の端数があるときは、これを四捨五入します。

※6 残存耐用年数または残存耐用年数から存続年数を控除した年数がゼロ以下となる場合は、上記算式の $\frac{(\text{残存耐用年数}-\text{残存年数})}{\text{残存耐用年数}}$ はゼロとなります。

※7 令和2年4月1日より、法定利率は年3％です。

## ② 活用時の注意点

### (イ) 設定要件

配偶者居住権を設定するためには、以下の要件が必要になります。

① 被相続人の配偶者が被相続人の建物に相続開始の時に居住していたこと

② 遺産分割または遺贈等によって配偶者居住権を取得すること

ただし、被相続人が相続開始の時において居住建物を配偶者以外の者と共有していた場合には、共有者の利益が侵害されるため、配偶者居住権の設定はできません。

### (ロ) 譲渡及び無断で第三者に使用収益させることの禁止

配偶者居住権そのものは譲渡することができません。また、配偶者は居住建物の所有者の承諾を得なければ、第三者に居住建物の使用または収益をさせることもできません。

### (ハ) 無断増改築の禁止

配偶者は、居住建物の所有者の承諾を得なければ、居住建物の増改築をすることはできません。

### (ニ) 居住建物の修繕等

居住建物の修繕が必要な場合には、まずは配偶者において修繕することができ、居住建物の所有者は、配偶者が相当の期間内に必要な修繕をしないときにこれをすることができます。

### (ホ) 費用負担

配偶者は、居住建物の通常の必要費（居住建物の保存に必要な修繕費や、居住建物やその敷地に係る固定資産税等）を負担します。固定資産税に関しては、配偶者居住権が設定されている場合でも、所有者が納税義務者となり、納税通知書を受け取ります。そのため、所有者が固定資産税を負担した場合は、その後において配偶者に対して求償することが必要になります。

### (ヘ) 居住建物の所有者による消滅請求

配偶者が用法遵守義務や善管注意義務に違反した場合において、居住建物の所有者が相当の期間を定めてその是正の催告をしたにもかかわらず、配偶者がこれに応じない場合には、居住建物の所有者は、配偶者に対する意思表示によって、配偶者居住権を消滅させることが可能です。

### (ト) 消滅時課税の問題

配偶者居住権は、配偶者の死亡時や期間満了時には課税されませんが、中途で「合意」や「放棄」、「建物所有者からの消滅請求」により消滅した場合、原則として、消滅時の配偶者居住権の価額に対して贈与税が課税されます。終身期間の設定に不安がある場合には、評価額は変わるものの設定期間を短くすることも可能です。

### (チ) 二次相続後の空き家の譲渡所得の特別控除の適用不可

配偶者に自宅の所有権を取得させ、二次相続後に空き家となった居住用不動産を譲渡する場合、現行法では一定の要件を満たせば、その譲渡所得に対して「空き家の譲渡所得の3,000万円控除」（措置法35条３）の特例がありますが、配偶者居住権を利用した場合、利用ができなくなることが見込まれます。

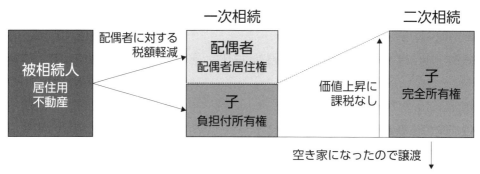

**【特別控除の適用要件】**

　被相続人の居住用不動産が相続後に空き家になってしまう場合、「一定の耐震基準に適合する改修を行って譲渡」または「建物の取壊し後、更地で譲渡」することにより受けられる譲渡所得の特別控除制度です。

| 対象者 | 相続開始直前において被相続人の居住の用に供されていた家屋及びその敷地である土地等を相続により取得した個人 |
|---|---|
| 家屋の要件 | ○昭和56年5月31日以前に建築された家屋（区分所有建築物を除く。）<br>○相続開始の直前において、被相続人以外に居住していた者がいない家屋 |
| 譲渡時期 | ○平成28年4月1日から令和5年12月31日までの譲渡<br>○相続の開始があった日以後3年を経過する日の属する年の12月31日までの譲渡 |
| 譲渡の形態 | ①　改修工事をした後に譲渡する場合（以下のすべての要件に該当必要）<br>　イ　相続の時から譲渡の時まで、事業の用、貸付の用または居住の用に供されたことがないこと<br>　ロ　譲渡の時において一定の耐震基準に適合していること<br>②　建物除却後に土地を譲渡する場合<br>　イ　相続の時から除却及び譲渡の時まで、事業の用、貸付の用または居住の用に供されたことがないこと<br>　ロ　取壊し等の時から譲渡の時まで、事業の用、貸付の用または居住の用に供されたことがないこと |
| その他 | 譲渡価格が1億円以下であること |

#### ⒭　居住用不動産の譲渡所得の特別控除の適用不可の可能性

　仮に、配偶者居住権の取得後に配偶者が老人ホームに入居することとなり、配偶者居住権を合意解消して売却しようとした場合、贈与税の問題だけではなく、所有者も同居でない限り、現行法では居住用不動産の譲渡所得の3,000万円特別控除（措置法35条1）は適用が受けられません。

　また、所有者が配偶者に対して合意時に金銭を支払った場合、配偶者に対しては譲渡所得（総合課税）として所得税及び住民税が課税されます。

# （5）遺産分割協議書の作成

## ①　遺産分割協議書作成の意義

　遺産分割は相続人全員の同意によって成立します。遺産分割協議書の作成は必須要件ではありませんが、相続人間での後々のトラブル防止のため、遺産分割協議書は作成しておくべきものといえます。

　また、遺産分割協議書は協議内容を対外的に証明する書類でもあるため、金融機関等での相続手続きや、相続登記、相続税の申告の場面で利用することがあります。そのため、遺産分割協議書への押印は認印でも有効ではありますが、実印によって押印者が本人証明することで、相続手続きでもそのまま利用できる書類になります。

　ところで、近年はコロナ禍の影響により、オンラインでリモート会議をする手段が浸透しています。相続人の中に遠方に住む方がいる場合など、集合して協議することが難しい場合はひとまずリモートで協議を行い、後に協議内容を遺産分割協議書に記して郵送で回覧し、署名・押印手続きをすることも一つの方法です。

## ②　遺産分割協議書の記載の仕方

### ㈤　基本的な記載方法

　遺産分割協議書の記載方法は、分割対象財産を列挙する方法と包括的に記載する方法があります。どちらの方法であっても、漏れがないように記載することが大切です。

### ㈠　列挙型

　列挙型の場合、遺産分割の対象財産を列挙する形式で記載します。しかし、財産の記載に漏れがないように注意して作成したとしても、遺産分割協議の後に相続財産が発覚することがあります。

　遺産分割協議書に記載し漏れた財産については別途遺産分割協議が必要になるため、「その他被相続人の一切の財産は〇〇が相続する」などと設けておくことを検討すると共に、財産・債務の充分な把握に努める必要があります。

【記載例】

```
相続人Aが相続する財産
　1．土地　　・・・
　1．家屋　　・・・

相続人Bが相続する財産
　1．預貯金　・・・
```

(B) 包括型

　包括型の場合、遺産分割対象財産を明記せずに遺産分割協議書を作成します。列挙型と比べ、相続手続き時において第三者への開示情報を少なくすることが可能です。

【記載例】

> 相続人Aが相続する財産
> 　1．土地　　・・・
> 　1．家屋　　・・・
>
> 相続人Bが相続する財産
> 　相続人Aが相続する財産以外のすべての財産

※　包括型の場合の遺産分割協議後に新たに発覚した財産については、上記の記載例であれば、原則として、相続人Bが取得することとなります（後から発見された相続財産が、遺産分割協議の合意形成の根幹を揺るがす程の相当多額であった場合、再度の遺産分割協議が必要になる可能性はあります。）。

(ロ) 不動産の記載方法

　遺産分割協議書における不動産の特定は、登記簿上の表題部の情報を記載することによって行います。所在について、土地は「番」、家屋は「番地」で表示されるため言葉の使い分けが必要です。分譲マンションなどは表題部の記載事項が多いため、記載漏れに注意しましょう。

【記載例】

> 1．一棟の建物の表示
> 　　所　　　在　　　●●市●●
> 　　建物の名称　　　●●●●●●
> 　専有部分の建物の表示
> 　　家屋番号　　　×××××101
> 　　建物の名称　　　101
> 　　種　　　類　　　診療所
> 　　構　　　造　　　鉄筋コンクリート造1階建
> 　　床　面　積　　　1階部分　91.90㎡
> 　敷地権の表示
> 　　符　　　号　　　1
> 　　所在及び地番　　●●県●●市●●
> 　　地　　　目　　　宅地
> 　　地　　　積　　　838.51㎡
> 　　敷地権の種類　　所有権
> 　　敷地権の割合　　10万分の3847

【分譲マンションの登記事項（サンプル）】

| 専有部分の家屋番号 | ××－××－××　××－××－××～××－××－××<br>××－××－×× |
|---|---|

| 表題部（一棟の建物の表示） | 調製 | 平成11年●月●日 | 所在図番号 | 余白 |
|---|---|---|---|---|

| 所在 | ●●市●● | 余白 |
|---|---|---|
| 建物の名称 | ●●●●●● | 余白 |

| ① 構造 | ② 床面積 ㎡ | 原因及びその日付〔登記の日付〕 |
|---|---|---|
| 鉄筋コンクリート造ルーフィング葺10階建 | 1階 297：99<br>2階 236：93<br>3階 316：16<br>4階 316：16<br>5階 316：16<br>6階 316：16<br>7階 316：16<br>8階 316：16<br>9階 276：47<br>10階 163：15 | 余白 |
| 余白 | 余白　：<br>：<br>： | 昭和63年法務省令第37号附則第2条第2項の規定により移記<br>平成11年●月●日 |

| 表題部（敷地権の目的である土地の表示） | | | | |
|---|---|---|---|---|
| ①土地の符号 | ② 所在及び番地 | ③地目 | ④ 地積 ㎡ | 登記の日付 |
| 1 | ●●県●●市●● | 宅地 | 838：51<br>： | 平成5年●月●日 |

| 表題部（専有部分の建物の表示） | | 不動産番号 | ×××××× |
|---|---|---|---|
| 家屋番号 | ××××××101 | 余白 | |
| 建物の名称 | 101 | 余白 | |

| ① 種類 | ② 構造 | ③ 床面積 ㎡ | 原因及びその日付〔登記の日付〕 |
|---|---|---|---|
| 診療所 | 鉄筋コンクリート造1階建 | 1階部分　91：90 | 平成4年●月●日新築 |
| 余白 | 余白 | 余白　：<br>：<br>： | 昭和63年法務省令第37号附則第2条第2項の規定により移記<br>平成11年●月●日 |

| 表題部（敷地権の表示） | | | |
|---|---|---|---|
| ①土地の符号 | ②敷地権の種類 | ③ 敷地権の割合 | 原因及びその日付〔登記の日付〕 |
| 1 | 所有権 | 10万分の3847 | 平成5年●月●敷地権<br>〔平成5年●月●日〕 |

### (ハ) 共有財産をさらに共有分割する時の記載方法

不動産については、被相続人の共有持ち分をさらに共有して分割する場合があります。その場合、遺産分割協議書には分割後の分数で記載します。例えば、被相続人の不動産の持ち分が4分の1で、それを3人の相続人が均等に共有分割する場合、それぞれの相続人は全体の12分の1ずつの共有持分を相続することとなります。

> 相続人A、相続人B及び相続人Cがそれぞれ12分の1ずつを相続する財産
> 1．土地　所在　　●●市●●区●●
> 　　　　　地番　　1301番
> 　　　　　地目　　宅地
> 　　　　　地積　　194㎡80
> 　　　　　被相続人持分　　4分の1

### ㈡　未登記の家屋

　未登記の家屋の場合、表題部が登記されていれば表題部について記載するか、固定資産税課税明細書の記載事項を転記します。

> 1．家屋　　所在　　　○○市○○
> 　　　　　家屋番号　未登記
> 　　　　　種類　　　居宅
> 　　　　　構造　　　木造
> 　　　　　床面積　　1.65㎡

### ㈭　預貯金の記載方法

　預貯金については残高証明書等を確認し、金融機関名や支店名、預金種類、口座番号などを明記します。預金種類や口座番号などは記載せずに「○○に預入れ財産のすべて」などとして記載する方法もあります。また、分割対象の預貯金が名義預金（第4章参照）である場合は、名義人も記載します。

　ゆうちょ銀行については「預金」ではなく「貯金」という文言が使用されていることにも注意が必要です。

【記載例】

> 1．預貯金　株式会社○○銀行　△△支店　普通預金　口座番号：□□　のすべて
>
> 1．預貯金　株式会社○○銀行　△△支店　普通預金　口座番号：□□（国税花子名義）のすべて

### ㈬　有価証券の記載方法

　有価証券については、残高証明書等を確認し、証券会社名や株数などを記載します。端株（単元未満株）がある場合は、証券会社への預入れではなく、信託銀行（株主名簿管理人）の特別口座で管理されているため注意が必要です（第4章参照）。また、預貯金と同様に、分割対象財産が名義株式に該当する場合は、名義人も記載します。

　証券会社によっては「証券」ではなく「證券」の文字が会社名に用いられている場合

がありますので注意が必要です。

---

1．上場株式　　○○証券株式会社　　△△支店預け入れの以下の銘柄
　（銘柄内訳）
　　○○○○株式会社　　　　1,000株
　　○○○○株式会社　　　　　800株

1．○○○○株式会社　　　　　　20株（単元未満株）

---

## (ト)　その他の財産の記載方法

　上記以外にも様々な財産を特定して記載する必要がありますが、契約番号や登録番号など財産を識別できるものがあれば明記します。例えば、リゾート会員権の場合は会員番号を記載しますが、その会員権が不動産所有権付きである場合には、不動産の情報も記載する必要があります。

【記載例】

---

1．リゾートクラブ会員権　　○○○○
　　　　　　　　会員番号　　○○12-3-4567-89

1．一棟の建物の表示
　　所　　　在　　○○市○○
　　　　　　　　　○○市○○
　　建物の名称　　○○○○○
　（専有部分の建物の表示）
　　　家屋番号　　○○1477番2の132
　　　建物の名称　999
　　　種類　　　　ホテル
　　　構造　　　　鉄骨鉄筋コンクリート造1階建
　　　床面積　　　9階部分　36.07㎡
　　　持分　　　　14分の1
　（敷地権の表示）
　　　符　　　号　1・2
　　　所在及び地番　1　　　○○市○○
　　　　　　　　　2　　　○○市○○
　　　地　　目　　1・2　宅地
　　　地　　積　　1　　9039.25㎡
　　　　　　　　　2　　1848.93㎡
　　　敷地権の種類　1・2　所有権
　　　敷地権の割合　1・2　204万3630分の3895

---

## ㈦ 債務の記載方法

上記（3）④のとおり、債務は遺産分割協議の対象ではありませんが、一時的に立替え払いしている場合などがあるため、清算の必要性を明らかにすることや、税務的には実際の負担者で債務控除があることなどから、記載しておいた方がよいと考えられます。

【記載例】

> 債務・葬式費用のすべては相続人Aが負担する。

## ㈠ 数次相続の場合

数次相続（第2章参照）の場合、一次相続及び二次相続に関する被相続人の情報を記載しなければなりません。

【記載例】

> 被相続人　　　　国税　太郎（※一次の被相続人）
> 　　　　最後の本籍　　大阪府○○市○○
> 　　　　最後の住所　　大阪府○○市○○
> 　　　　　　　　　平成30年7月15日　　死亡
>
> 相続人兼被相続人　　　　国税　花子（※二次の被相続人）
> 　　　　最後の本籍　　大阪府○○市○○
> 　　　　最後の住所　　大阪府○○市○○
> 　　　　　　　　　令和4年6月22日　　死亡
>
> 　上記　国税　太郎の共同相続人たる国税　康夫及び亡　国税　花子の相続人たる　国税　誉夫の2名は、その財産分割について協議した結果、次のとおり合意した。なお、相続人国税　康夫は相続人たる国税　花子の相続人としても本協議に参加したものとする。
>
> 記
>
> 　国税　太郎のすべての財産は、平成30年7月15日、亡　国税花子が相続し、亡　国税花子が相続したものを令和4年6月22日、国税　誉夫が相続する。

## ㈡ 代償分割の場合

遺産分割の方法として、代償分割を用いる場合の遺産分割協議書への記載方法は次のとおりです。

【記載例】

> 代償財産に関する事項
> 1．相続人Aは、その相続した財産の代償として、相続人Bに800万円を支払う。

### ㊀ 換価分割の場合

遺産分割の方法として、換価分割を用いる場合の遺産分割協議書への記載方法は次のとおりです。

【記載例】パターン①

> 1．次の不動産は換価し、その売却代金から売却に伴う一切の費用を控除した残りの金員を、相続人A及び相続人Bが2分の1ずつ取得する。
>
> （不動産の表示）
> 土地・・・

【記載例】パターン②

> 1．次の不動産は相続人Aが取得する。
> 2．相続人Aは、相続人を代表して前項の不動産を換価し、その売却代金から売却に伴う一切の費用を控除した残りの金員を、相続人A及び相続人Bが2分の1ずつ取得する。
>
> （不動産の表示）
> 土地・・・

### ㊁ 配偶者居住権の設定

遺産分割協議において配偶者居住権を設定する場合は、設定する建物の明記と存続期間について記載します。

【記載例】

> 被相続人Aの配偶者Bは、下記の建物の配偶者居住権を取得する。なお、存続期間は遺産分割協議の成立日からBの死亡する日までとする。
>
> | 所在 | ●●市●●区●● |
> |---|---|
> | 家屋番号 | 11番 |
> | 種類 | 居宅 |
> | 構造 | 木造スレート葺き2階建 |
> | 床面積 | 1階　60.04㎡ |
> |  | 2階　50.21㎡ |

### ③　税理士の行政書士登録

　税理士の遺産分割の内容に関する介入は、弁護士法72条に違反してしまう恐れがあります（P185コラム参照）。そのため、税理士の遺産分割協議への関与はあくまで税務的なアドバイスに留めておかなければなりません。反対に、遺産分割に向けて、相続人から税務的なアドバイスを求められたにもかかわらず、それを怠ってしまっては専門家責任を問われてしまいます。

　ところで、遺産分割協議書の作成は弁護士法72条に定める「その他の法律事務」に該当しますが、行政書士法1条の2では、行政書士の業として「権利義務に関する書類」（例として遺産分割協議書）の作成が定められています。つまり、行政書士法に別段の定めがあるため、行政書士がする遺産分割協議書の作成は、弁護士法72条の対象外であると考えられます。

　この点において、税理士が遺産分割協議書を作成する場合は、行政書士登録を行っておかなければ弁護士法または行政書士法に抵触する恐れがあります。もっとも、弁護士以外の者による遺産分割協議書の作成については、相続人間で紛争がなく、遺産分割協議は円満に成立し、単に協議結果について書面にする場合に限ります。

# 遺 産 分 割 協 議 書

被相続人　　　国税　太郎

# 遺 産 分 割 協 議 書

## 被相続人　　国税　太郎

最後の本籍　　　○○市○○区・・・

最後の住所　　　○○市○○区・・・

## 令和４年６月10日　　死亡

　上記　国税　太郎の共同相続人たる国税　康夫、国税　誉夫の２名は、その財産分割について協議した結果、次のとおり合意した。

## 記

## 国税　康夫、国税　誉夫がそれぞれ２分の１ずつを相続する財産

１．○○證券株式会社　○○支店に預け入れ財産のうち、以下の銘柄

　　○○MRF　6,476,519ロ

１．預貯金　株式会社○○銀行に預け入れ財産のすべて

## 国税　康夫が相続する財産

１．土地　　　　所在　　　○○市○○

　　　　　　　　地番　　　74番

　　　　　　　　地目　　　宅地

　　　　　　　　地積　　　320㎡

１．家屋　　　　所在　　　○○市○○74番地

　　　　　　　　家屋番号　74番

　　　　　　　　種類　　　居宅

　　　　　　　　構造　　　木造スレート葺２階建

　　　　　　　　床面積　　１階　85.96㎡

　　　　　　　　　　　　　２階　65.49㎡

国税　誉夫が相続する財産
　上記記載の財産以外のすべての財産

**債務・葬式費用のすべては国税　康夫が負担する。**

　以上のとおり相続人全員に係る遺産分割協議が成立したのでこれを証するため、本書を作成し、次に各自署名押印する。

令和4年12月23日

住　所　　○○市○○区・・・・


氏　名　　国税　康夫（自書）　㊞



住　所　　○○市○○区・・・・


氏　名　　国税　誉夫（自書）　㊞

〈遺産分割協議書は何通作成する？〉

　遺産分割協議書の作成通数は、相続人の家族数等に対して何通保管しておきたいかの要望を確認して作成することが基本です。

　遺産分割協議書は、不動産の相続登記や金融機関等における各種相続手続きにおいても使用することがあります。銀行手続きなどは必ずしも遺産分割協議書が必要とは限りませんが、手続き用に遺産分割協議書を複数部用意しておくことも一つの方法です（第7章参照）。

〈押印関係書類はまとめて用意する〉

　被相続人が生前中において複数の金融機関とお付き合いされていた場合、その数の分だけ手続きを要します。相続人全員が一堂に会する機会も限られる場合があり、署名と実印による押印が必要な関係書類は極力まとめて用意することが大切です。

　そのため、不動産の相続登記が必要な場合の司法書士に対する委任状や、金融機関の所定の様式による手続き書類は前もって取り寄せておく必要があります（第7章参照）。

〈不動産に関する遺産分割協議書のみ先に作成する場合も〉

　根抵当権が設定されている場合の不動産の登記について、根抵当権の継続を希望する場合は、相続開始から6か月以内の登記が必要です（第7章参照）。その他、相続税の納税資金の確保等の理由で、早期に不動産の譲渡を行うことは相続人間で合意しているものの、遺産全体の分割は未確定という場合もあります。

　これらのような場合には、先に該当する不動産のみの遺産分割協議書を作成し、全体の分割協議が確定した後に、再度全体の協議書を作成する方法があります。不動産の遺産分割内容さえ変わらなければ、遺産の再分割による贈与税が課税されることもありません。

#### ④　相続人が海外在住の場合（日本国籍の場合）

　相続人のうちに海外に居住する者がいる場合、書類のやり取りやコミュニケーションが通常よりも難しくなります。遺産分割協議書や、銀行手続き書類、相続税の申告書など、様々な書類に相続人の署名や押印が必要となりますが、一時帰国の予定があれば、そのタイミングに合わせて関係書類を準備しておくことが理想的です。

　また、海外に居住する相続人の手続きは、住民票が国内にあるのか、転出届を既に市区町村役場に提出しており住民票がないのかによって必要な書類が異なります。

#### ㋑　国内に住民票がある場合

　海外居住の相続人であっても国内に住民票があり、印鑑登録証明書の発行が可能な場合は、各種押印書類に実印を押印し、印鑑登録証明書を添付することで、本人の署名・

押印であることの証明が可能です。

　そのため、帰国のタイミングで印鑑登録証明書の発行手続きを行うか、可能な場合は代理人によって印鑑登録証明書を取得しておく方法が考えられます。

### (ロ)　国内に住民票がない場合
### (A)　サイン証明による手続き

　海外居住の相続人で国内に住民票がない場合は、印鑑登録証明書を発行することができないため、遺産分割協議書等に実印を押印することに替えて、領事館等において発行されるサイン証明が必要となります。

　サイン証明は、日本での印鑑登録証明書に代わるものとして、相続人本人が居住地国の在外公館に出向いて、職員の目の前でサインしたことを証明する方法です（日本からの指定書類にサインして認証してもらう形式と、在外公館で用意された書類へのサインを認証してもらう形式があります。）。居住する都市に在外公館があるとも限らないことから、通常の相続手続きと比較して日数を要することが予想されます。

　また、相続登記が必要なケースにおいては、サイン証明の他に在留証明書が必要となります（第7章参照）。

### (B)　公証人による私署証書の認証

　海外居住の相続人に一時帰国の予定がある場合は、帰国時に海外居住者本人が公証役場へ出向き、パスポート及び公的な住所の証明を持参して遺産分割協議書を認証してもらう方法があります。これは私署証書の認証といって、公証人が署名等の真正を証明する手続きです。認証された文章は、作成名義人の意思に基づいて作成されたことが推定されます。

　公証人の行う認証の効力は、その文書の成立の真正を証明するにとどまり、その内容の真実性や正確性を証明するわけではありませんが、文書の内容の違法性や無効ではないかの観点で審査が行われます。

　署名の真正の確認は、認証が必要な当事者が公証人の面前で証書に署名等をする方法などで行われるため、公証人とは事前の打ち合わせと日時の予約を行い、帰国期間中に実施できる準備が必要となります。

　私署証書の認証は、在外公館が海外居住地から遠方にあるなどで上記(A)のサイン証明書や在留証明書の取得が困難な場合に活用を検討する必要があります。ただし、海外居住者が国内の不動産を取得して相続登記が必要な場合は、やはりサイン証明書や在留証明書が必要となります。

## （6）遺産未分割のデメリット

### ① 財産別の利用制限

#### ㋑ 不動産

　相続が開始すると、被相続人が保有していた不動産は、遺産分割が成立するまでの間、相続人間で共有状態になります。そのような状態では、不動産の有効活用や譲渡、担保提供を行う場面において相続人全員の同意が必要となり、同意が得られない場合には実行することができません。

　共有物について単に保存するための行為については共有者が単独で行えますが、管理行為については共有者の過半数の同意が必要となり、共有物の変更行為については共有者全員の同意が必要となります。

#### ㋺ 預貯金

　金融機関が被相続人の死亡の事実を知ると預金口座は凍結され、原則として、相続人は払戻しを受けることができません（第1章参照）。そのため、相続税の申告期限や債務の弁済期限において未分割である場合は、相続人の自己資金での対応が求められ、支払いが困難な場合は、本来は不要な延滞利息が発生する可能性があります。

#### ㋩ 自社株式

　被相続人がオーナー株主として保有していた自社株式について遺産分割協議がまとまらない場合、その株式は各共同相続人で所有権以外の財産権を有する「準共有」の状態になります（民法264条）。

　株式が準共有になると、議決権の行使について一定の制限が生じ、場合によっては議決権の行使が行えないことにより、被相続人の死亡後の会社経営に支障をきたす可能性があります（第5章参照）。

### ② 未分割遺産から生じる賃料収入の帰属

　被相続人が保有していた賃貸不動産については、遺産分割協議がまとまらない期間中も賃料収入は発生し、その未分割期間における賃料収入債権は、各共同相続人に法定相続分で帰属することとなります。

　後に遺産分割が成立した場合、民法909条では「遺産の分割は、相続開始の時にさかのぼって効力を生ずる。」とされていることから、相続人は賃貸不動産そのものを相続開始時点に遡って取得することになりますが、賃料収入の帰属については遡って効力を生じません。

　一般的には、対象物件を相続予定の相続人が、そのまま賃貸不動産を相続することができた場合、未分割期間中の賃料収入も全体を得たままにすることがありますが、民法上の財産の帰属の考え方とは異なるため、他の相続人から賃料収入の配分に関する請求を受け

る可能性があります。

### ③ 遺産未分割でも相続税の申告期限は到来する

　相続税の申告期限までに遺産分割協議がまとまらない場合、相続税の申告上は、各共同相続人が実際には相続財産を取得していないにも関わらず、法定相続分によって取得したものとみなして各人の負担すべき相続税が算出され、申告期限までに申告・納税を行う必要があります。

　また、遺産未分割時の相続税の申告においては、次に掲げる税務上の優遇規定の適用を受けることができません。

(A)　配偶者に対する相続税額の軽減

(B)　小規模宅地等についての相続税の課税価格の計算の特例

(C)　物納

(D)　農地等についての相続税の納税猶予

(E)　非上場株式等についての相続税の納税猶予

　ただし、上記(A)及び(B)については、相続税の申告書に「申告期限後 3 年以内の分割見込書」を添付しておけば、実際に 3 年以内に遺産分割が成立し、修正申告または更正の請求を行うことにより、適用を受けることが可能です。

　そのため、遺産分割協議については、相続税の申告期限である「相続の開始を知った日の翌日から10か月以内」が成立を目指すべき当初の期限といえますが、それが叶わなかった場合でも修正申告等で優遇規定を受けるための期限である「相続税の申告期限後 3 年以内」が遺産分割の成立を促進するための期限になるものと考えらえます。

### ④ 調停・審判に発展

　相続人間では遺産分割協議がまとまらない場合、精神的な負担が大きいだけでなく、上記のような経済的な負担も大きくなります。そのような場合は、一般的には弁護士に依頼し、調停や審判といった手続きで遺産分割を進める方法を検討します。

　調停は、家庭裁判所にて行うという点では審判と同じですが、第三者である調停委員を介して行う分割協議です。調停で協議がまとまると、審判と同じ効果をもつ調停調書が作成されるため、相続手続きにはこの調停調書を使用します。

　審判には調停が不成立に終わった場合に移行しますが、調停とは異なり、家庭裁判所が分割内容を決定し、その決定には強制力があります。

　裁判所が公表する司法統計によると、遺産の価額の大きさに関係なく遺産争いは発生していることが分かります。ただし、遺産の価額が大きくなる程、解決までの期間は長くなる傾向があります。

# 【遺産分割事件のうち容認・調停成立件数　審理期間別代理人弁護士の関与の有無及び遺産の価額別　全家庭裁判所】

第53表　遺産分割事件のうち認容・調停成立件数―審理期間別代理人弁護士の関与の有無及び遺産の価額別―全家庭裁判所

| 代理人弁護士の関与／遺産の価額 | 総数 | 1月以内 | 3月以内 | 6月以内 | 1年以内 | 2年以内 | 3年以内 | 3年を超える |
|---|---|---|---|---|---|---|---|---|
| 総数 | 5 846 | 44 | 384 | 914 | 1 871 | 1 872 | 513 | 248 |
| 1000 万 円 以 下 | 2 033 | 19 | 199 | 438 | 706 | 530 | 103 | 38 |
| 5000 万 円 以 下 | 2 504 | 15 | 151 | 359 | 852 | 831 | 210 | 86 |
| 1 億 円 以 下 | 656 | 2 | 19 | 56 | 171 | 266 | 96 | 46 |
| 5 億 円 以 下 | 369 | 3 | 3 | 23 | 67 | 145 | 70 | 58 |
| 5 億円を超える | 37 | – | – | 3 | 5 | 10 | 9 | 10 |
| 算 定 不 能 ・ 不 詳 | 247 | 5 | 12 | 35 | 70 | 90 | 25 | 10 |
| 有 | 4 907 | 34 | 255 | 656 | 1 542 | 1 695 | 493 | 232 |
| 1000 万 円 以 下 | 1 565 | 14 | 131 | 295 | 534 | 466 | 93 | 32 |
| 5000 万 円 以 下 | 2 156 | 11 | 100 | 274 | 719 | 765 | 204 | 83 |
| 1 億 円 以 下 | 588 | 2 | 13 | 40 | 160 | 235 | 95 | 43 |
| 5 億 円 以 下 | 350 | 3 | 3 | 20 | 63 | 138 | 68 | 55 |
| 5 億円を超える | 37 | – | – | 3 | 5 | 10 | 9 | 10 |
| 算 定 不 能 ・ 不 詳 | 211 | 4 | 8 | 24 | 61 | 81 | 24 | 9 |
| 無 | 939 | 10 | 129 | 258 | 329 | 177 | 20 | 16 |
| 1000 万 円 以 下 | 468 | 5 | 68 | 143 | 172 | 64 | 10 | 6 |
| 5000 万 円 以 下 | 348 | 4 | 51 | 85 | 133 | 66 | 6 | 3 |
| 1 億 円 以 下 | 68 | – | 6 | 16 | 11 | 31 | 1 | 3 |
| 5 億 円 以 下 | 19 | – | – | 3 | 4 | 7 | 2 | 3 |
| 5 億円を超える | – | – | – | – | – | – | – | – |
| 算 定 不 能 ・ 不 詳 | 36 | 1 | 4 | 11 | 9 | 9 | 1 | 1 |

（出典：裁判所HP「司法統計　家事令和 2 年度年報」）

## （7）遺産分割協議の期間制限

### ① 具体的相続分による遺産分割の期間制限

#### ㋑ 原則的取扱い

　　現行の民法においては遺産分割協議の期間的制限がないため、遺産分割協議が長引いても不利益の少ない相続人は分割の問題を先送りし、長期間放置することがありました。遺産分割協議の長期化は、証拠資料も散逸し、関係者の記憶も薄れてしまうことが問題です。

そこで早期の遺産分割を促すため、令和3年4月21日に成立した「民法等の一部を改正する法律」において、相続開始時から10年を経過した後にする遺産分割は、原則として具体的相続分ではなく法定相続分または指定相続分によることとされました（新民法904の3）。具体的相続分とは、以下の規定に従った相続分をいいます。

---

**【具体的相続分とは】**

具体的相続分とは、法定相続分または指定相続分を事案ごとに下記の方法で修正して算出する割合をいいます。

〇個々の相続人の具体的相続分

（相続財産の価額＋特別受益の総額－寄与分の総額）×法定相続分（または指定相続分）
－個々の相続人の特別受益の価額＋個々の相続人の寄与分の価額

〇具体的相続分の割合

各相続人の具体的相続分の価額の総額を分母とし、各相続人の具体的相続分の価額を分子とする割合

---

この改正の施行は令和5年4月1日に予定されていますが、相続開始時から10年を経過すると、原則として、特別受益や寄与分は主張できないこととなります。

#### ロ　例外的取扱い

具体的相続分の期間制限に関する原則的な取扱いは上記(イ)のとおりですが、下記に該当する場合は引き続き具体的相続分による分割が可能となります。

・10年経過前に、相続人が家庭裁判所に遺産分割請求をした場合
・10年の期間満了前6か月以内に、遺産分割請求をすることができないやむを得ない事由が相続人にあった場合において、当該事由消滅時から6か月経過前に、当該相続人が家庭裁判所に遺産分割請求をしたとき（被相続人の遭難等により死亡の事実が確認できなかった場合など）

また、相続開始時から10年が経過した場合でも、相続人全員が具体的相続分による遺産分割をすることに合意した場合は、具体的相続分による遺産分割が可能です。

#### ②　改正法の施行日前の相続に関する取扱い

改正法の施行日前に発生した相続に関しても、上記①の改正法が適用されます。ただし、施行時から最低でも5年間の猶予期間が設けられるため、いつから具体的相続分を主張できなくなるかについては、事案ごとの確認が必要です。

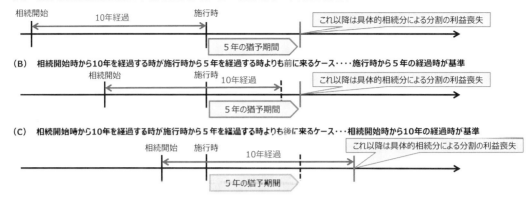

（出典：法務省民事局「令和 3 年民法・不動産登記法改正、相続土地国庫帰属法のポイント」）

# （8）相続人が不存在の場合

### ① 特別縁故者による財産分与の請求

　相続人が不存在の場合（相続人全員が相続放棄をした場合を含みます。）、一定の手続きを経て家庭裁判所より選任された相続財産管理人は、残余財産の清算（債務の支払いや不動産の換価など）及び相続人の捜索を行い、清算後に残った財産は最終的に国庫に帰属させることとなります。

　ただし、相続人不存在が確定した後、被相続人と特別の縁故のあった者からの請求により、特別縁故者に対する財産分与が認められることがあります。特別縁故者とは、例えば内縁の妻や事実上の養子・養親、療養看護に努めた者といった、相続人ではないものの被相続人と深く関わっていた人のことをいいます。

　自身が特別縁故者に該当すると思う者は、相続人捜索の公告期間の満了後 3 か月以内に、被相続人の最後の住所地の家庭裁判所に申し立てる必要があります。

### ② 相続人が不存在の場合のスケジュール

#### ㋑ 現行民法

　現行民法では、亡くなられた方に相続人が不存在であることは近しい人にとって周知のことであったとしても、相続財産の清算手続においては、次の公告などを順に行うため、相続人が不存在であることが確定するまでは最低でも10か月間を要します。

【相続人が不存在の場合の流れ】

| 順序 | 手続き | 備考 |
|---|---|---|
| ① | 利害関係人または検察官が家庭裁判所に相続財産管理人の選任申立て | |
| ② | 家庭裁判所が相続財産管理人の選任について官報に公告 | 公告期間2か月 |
| ③ | 相続財産管理人が債権者や受遺者からの請求申出に関して官報に公告 | 公告期間2か月以上 |
| ④ | 残余財産の清算 | |
| ⑤ | 家庭裁判所が相続財産管理人または検察官の申立てにより相続人捜索について官報に公告 | 公告期間6か月以上 |
| ⑥ | 相続人不存在の確定 | |
| ⑦ | 特別縁故者から家庭裁判所に対して相続財産分与の請求 | 上記⑤の公告期間満了後3か月以内 |
| ⑧ | 財産分与が認められれば特別縁故者が財産を取得し、認められない場合の財産は国庫に帰属 | |

### ㋺　民法改正後

　令和3年4月21日に成立した民法等の一部を改正する法律により、相続財産管理人の選任の公告と相続人捜索の公告が統合されるとともに、相続債権者等に対する請求の申出をすべき旨の公告を並行して行うことが可能になることから、相続人不存在の確定までの必要期間が最短で6か月に短縮されます。

　ただし、新・旧いずれの民法が適用されるかは選任時が基準とされており、施行日（令和5年4月1日）前に相続財産管理人が選任された場合は、従前の例によります。

　なお、相続財産の管理人の名称が「相続財産の清算人」に改められます。

【改正前のスケジュール】

【改正後のスケジュール】

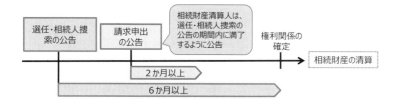

（出典：法務省民事局「令和3年民法・不動産登記法改正、相続土地国庫帰属法のポイント」）

# 第7章

## 名義変更

本章では、遺産分割協議終了後に行う名義変更や解約手続きについて説明します。手続き先ごとに必要な書類等が異なりますので、事前に確認しておくとスムーズです。

　不動産の名義変更について、登記業務は司法書士の独占業務ですが、司法書士と連携し、関係資料等の取りまとめについて協力することがあります。その場合、相続人には二度三度と案内をしないようにすることが理想的です。

　また、預貯金等の名義変更や解約手続きの代理については、弁護士法にも注意する必要があります。相続人間で争いがあるケースでは、「その他の法律事務」であると考えられる可能性もあるため、その場合は弁護士以外が業として代理することはできません（第6章参照）。もっとも、単に「使者」として当該手続きを行うことは可能ですので、必要に応じて手助けを行うか、専門家に依頼することも検討する必要があります。

## 1　不動産

### （1）　登記の必要性

　登記の目的は、不動産の所有者や所在地、種類、面積、構造、設定された権利等を法務局に登録することにより、第三者に対しての権利主張や社会信用性を確保することにあります。

　不動産の登記記録は「表題部」と「権利部」の2種類で構成されており、表題部は所在地の市町村が固定資産税・都市計画税を徴収するために必要であるため、登記の義務があります。一方、現行の不動産登記法では権利部の登記は義務ではなく、個人の判断に委ねられています。

　しかし、登記をしないことで権利関係が不明確になり、様々な問題を後世に残してしまうことがあります。所有者が不明確な土地の増加が社会的にも問題になっており、相続人に対して登記の推奨が必要です。

| 表題部 | 不動産の物理的な現況が記載されます（所在地や地目、地積、所有者名など）。 |
| --- | --- |
| 権利部 | 不動産に設定された権利が記載されます（所有権や抵当権など）。 |

## （2） 登記権利者と登記義務者

不動産登記法では、権利に関する登記をすることにより登記上において直接利益を受ける者を「登記権利者」と定義し、直接に不利益を受ける登記名義人を「登記義務者」と定義しています。登記は登記権利者と登記義務者の共同申請が原則ですが、相続はその例外として位置づけられています。なお、登記時には登記申請年度（当年4月1日～翌年3月31日までの期間）の固定資産税評価額を基に登録免許税が課税されます。

【共通して必要となる書類】

| 書　類 | 備　考 |
|---|---|
| 申請年度の固定資産税課税明細書または固定資産評価証明書、名寄帳 | 写しでも可能ですが、実務上は法務局から原本を求められる場合があります。名寄帳については、公印がないため、法務局によっては認められない可能性もあります。 |
| 被相続人及び相続人であることが分かる戸籍謄本等の一式（第2章参照） | 戸籍謄本等に代えて「法定相続情報一覧図」（第2章参照）によることができます。 |
| 被相続人の戸籍の附票または住民票の除票 | 「法定相続情報一覧図」に住所の記載がある場合には不要です。ただし、登記簿上の住所と法定相続情報一覧図に記載の住所が異なる場合は、戸籍の附票や住民票の除票が必要となります。 |
| 司法書士に対する委任状 | |
| 対象不動産の登記済証（権利証）または登記識別情報 | 被相続人が登記簿上の住所地を変更していない場合に必要になる可能性があります。 |

### ① 遺産分割協議による場合

遺産分割協議により不動産を取得した相続人は、その「相続」の登記について単独で申請することが可能です。登記時には、固定資産税評価額×0.4％の登録免許税が課税されます。

【必要書類】

| 書　類 | 備　考 |
|---|---|
| 遺産分割協議書 | 原本が必要です。 |
| 相続人全員分の印鑑登録証明書 | 有効期限はありません。 |
| 不動産を取得した相続人の住民票 | 法定相続情報一覧図に住所の記載がある場合には不要です。 |

## ② 特定財産承継遺言の場合

　相続人に相続させる旨の遺言（民法上、「特定財産承継遺言」といいます。）により不動産を取得した場合、その相続人は単独で「相続」の登記を申請することが可能です。登録免許税も、遺産分割協議による場合と同じく固定資産税評価額×0.4％が課税されます。

　この場合、相続人の印鑑登録証明書は不要とされています。

【必要書類】

| 書　類 | 備　考 |
|---|---|
| 遺言書または遺言書情報証明書 | ・自筆証書遺言の場合は検認調書が付されたもの<br>・公正証書遺言の場合は正本または謄本のいずれでも可能<br>・遺言書情報証明書は遺言書保管制度が利用されていた場合 |
| 相続人の住民票 | 登記権利者（受遺者）分のみ |

## ③ 相続人以外の者に遺贈の場合（遺言執行者の指定あり）

　遺言者から相続人以外の受遺者に対する移転登記は「遺贈」の登記を行います。この場合、遺言執行者が指定されていれば遺言執行者が登記義務者となり、受遺者（登記権利者）と遺言執行者（登記義務者）で共同して登記申請を行います。

　なお、登録免許税については固定資産税評価額×2％が課税されます。

【必要書類】

| 書　類 | 備　考 |
|---|---|
| 遺言書または遺言書情報証明書 | ・自筆証書遺言の場合は検認調書が付されたもの<br>・公正証書遺言の場合は正本または謄本のいずれでも可能<br>・遺言書情報証明書は遺言書保管制度が利用されていた場合 |
| 遺言執行者の印鑑登録証明書 | 発行後3か月以内のもの |
| 受遺者の住民票 |  |
| 対象不動産の登記済証または登記識別情報 |  |

## ④ 相続人以外の者に遺贈の場合（遺言執行者の指定なし）

　遺言者から相続人以外の受遺者に対する移転登記は「遺贈」の登記を行いますが、遺言執行者が指定されていない場合は相続人全員が登記義務者となり、受遺者（登記権利者）と共同して登記申請を行います。

　受遺者が相続人とは疎遠であったり、連絡は可能であっても相続人全員から協力を得られるとは限らないため、遺言内容の実現が難しい場合は、家庭裁判所に対して遺言執行者の選任申立てを行う方法が考えられます。

なお、登録免許税については固定資産税評価額×2％が課税されます。

【必要書類】

| 書　類 | 備　考 |
|---|---|
| 遺言書または遺言書情報証明書 | ・自筆証書遺言の場合は検認調書が付されたもの<br>・公正証書遺言の場合は正本または謄本のいずれでも可能<br>・遺言書情報証明書は遺言書保管制度が利用されていた場合 |
| 相続人全員分の印鑑登録証明書 | 発行後3か月以内のもの |
| 受遺者の住民票 |  |
| 登記済証または登記識別情報 |  |

なお、相続人に対しても「遺贈する」旨の遺言を行うことがありますが、民法等の一部を改正する法律により、令和5年4月1日より、その遺贈の登記はその相続人による単独申請が可能となります。

- COLUMN|コラム|

### 登記の第三者対抗要件とは〜民法177条(不動産に関する物権の変動の対抗要件)〜

不動産に関する物権の得喪及び変更は、不動産登記法（平成16年法律第123号）その他の登記に関する法律の定めるところに従いその登記をしなければ、第三者に対抗することができないとされています。

「対抗」とは、効力の生じた法律関係（売買による所有権の移転など）を主張することです。つまり、「第三者に対抗できない」ということは、当事者間で生じた法律関係の成立を第三者に主張できないということになります。

不動産登記をする理由がある者同士の間では、先に登記をした方が所有権を主張することができます。

ただし、不動産登記には「公信力」がありません。不動産の登記簿に記載された内容に効力が生じることを公信力といいます。真実の権利関係と異なった無効な売買契約等によってなされた所有権移転登記については、登記簿の記載より真実の権利関係が優先され、直ちに不動産の所有権を取得したことにはなりません。

第7章 名義変更

## （3）　法定相続分による相続登記

遺言による指定や遺産分割協議がまとまらなかった場合でも、相続人は法定相続分どおりの共有持分で相続登記を申請することが可能です。法定相続分による相続登記は共有物の保存行為と解されているため、相続人のうちの1人が単独で申請可能です。遺産分割協議書や印鑑登録証明書も必要ありません。

相続人が1名のみの場合はこの方法により相続登記をすることとなりますが、相続人が複数で遺産分割協議がまとまらない中、相続人のうちの1人が単独で法定相続分登記をすることはトラブルの元になるものと考えられます。

## （4） 相続人（日本国籍）が海外居住者の場合の相続登記

相続人（日本国籍）が海外に居住している場合、国内居住の場合と違って取得できない書類があります。それぞれに代わる書類を取得し、外国語の文書については日本語に翻訳したものも必要となります。

### ① 印鑑登録証明書に代わる署名（サイン）証明書

相続人が海外居住者で国内に住民票がない場合、相続登記に必要な印鑑登録証明書を発行することができません。そこで、相続人自ら居住国の在外公館（大使館または領事館）に出向いて領事の前で署名をし、その署名が本人のものであることの証明となる署名（サイン）証明書を発行してもらい、印鑑登録証明書の代わりとする方法があります（第6章参照）。

### ② 住民票に代わる在留証明書

相続人の住民票に代わる書類として、在留証明書が必要となります。在留証明書もサイン証明書と同じように居住国の在外公館で発行してもらえます。海外居住者が不動産を相続される場合は、上記のサイン証明書と併せて取得しておく必要があります。

サイン証明書、在留証明書の取得については、国内における印鑑登録証明書、住民票に比べ、相当の期間が必要となるため注意が必要です。

## （5） 配偶者居住権の登記

### ① 設定登記

配偶者居住権（配偶者短期居住権を除きます。）は登記を備えるまで第三者に対抗することができません。もし、配偶者居住権の登記が遅れ、居住建物を債権者によって先に差し押えされてしまった場合には、配偶者は配偶者居住権について債権者に対抗することができなくなります。

また、配偶者居住権は家屋に設定する権利であるため、土地には登記されません。つまり、そもそも家屋の権利部が未登記の場合、外見上は配偶者居住権の設定状況が分からなくなる恐れがあります。配偶者居住権は登記がなくても成立はするものの、対抗要件を満たさないリスクがあります。よって、自宅が未登記家屋である場合、事前に所有権の保存登記をしておくことも検討する必要があります。先代の名義のままである場合なども、現

所有者まで登記を進めておく等の対応が必要です。

　なお、配偶者居住権の存続期間は登記事項であるため、「配偶者の死亡時まで」や「○年○月○日から○年または配偶者の死亡時までのうち、いずれか短い期間」等と公示します。

【不動産登記簿謄本「登記の目的　配偶者居住権設定」（サンプル）】

| 権利部（乙区）（所有権以外の権利に関する事項） | | | |
|---|---|---|---|
| 順位番号 | 登録の目的 | 受付年月日・受付番号 | 権利者その他の事項 |
| ・ | 配偶者居住権設定 | 令和○年○月○□<br>第○○○号 | 原因　令和○年○月○□遺産分割<br>存続期間　配偶者居住権者の死亡時まで<br>〜<br>配偶者居住権者　大阪府○市○町○丁目<br>甲野　花子 |

### ②　抹消登記

　配偶者死亡による配偶者居住権の消滅の際は、建物所有者が単独で配偶者居住権の抹消登記を行うことが可能です（合意解除などの場合の抹消登記は、建物所有者と配偶者が共同して登記申請をする必要があります。）。

## （6）　相続登記の義務化

### ①　所有者不明の土地問題の対策

　昨今、相続登記がされない等により、不動産登記簿により所有者が直ちに判明しない、または所有者が判明しても、その所在が不明で連絡がつかない等といった問題が生じています。国土交通省の「平成29年度地籍調査における土地所有者等に関する調査」によると、全国の約22％の土地が所有者不明となっています。

　こういった状況になる背景として、相続登記の申請が任意とされていること、また、相続した土地の価値が乏しく、売却も困難であるような場合に、費用や手間をかけてまで登記の申請をする意欲がわきにくいことが挙げられています。

　所有者不明土地は、所有者特定のために戸籍や住民票の収集を要するなど多大な時間と手間を要し、土地の管理や活用のための弊害となっています。この所有者不明土地問題を解決するため、発生予防として①不動産登記制度の見直し、②相続土地国庫帰属法の創設、土地利用の円滑化のための③土地の利用に関連する民法の規律の見直しに関する改正法が令和3年4月28日に公布されました。

第**7**章

名義変更

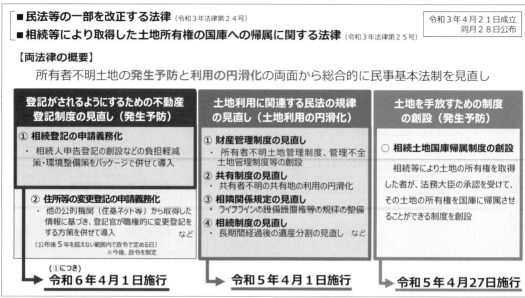

## ② 相続人に対する相続登記の義務化

### (イ) 不動産登記法の見直し

所有者不明土地問題を解決する策の一つとして不動産登記法の改正が行われ、令和6年4月1日以降、相続登記の申請が義務化されます。相続または遺贈（相続人に対する遺贈に限ります。）により不動産の所有権を取得した相続人は、自己のために相続の開始があったことを知り、かつ、その取得を知った日から3年以内に所有権移転登記の申請をしなければなりません。正当な理由なく申請がなかった場合には10万円以下の過料が課せられます。

【正当な理由があると考えられる例】

| ① | 数次相続が発生して相続人が極めて多数に上り、戸籍謄本等の必要な資料の収集や他の相続人の把握に多くの時間を要するケース |
|---|---|
| ② | 遺言の有効性や遺産の範囲等が争われているケース |
| ③ | 申請義務を負う相続人自身に重病等の事情があるケース |

### (ロ) 相続人申告登記

相続登記の申請義務について実効性を確保するため、登記申請義務者は、相続が開始したこと及び自らが相続人であることを法務局に申し出ることにより、簡便的に登記申請義務を履行することが可能となります。

登記簿には、申出をした相続人の氏名及び住所等が登記されますが、持分の割合までは登記されません。そのため、必要書類も申出人が相続人であることが分かる戸籍謄本等の提出で可能なほど、簡便的な制度として設けられています。ただし、相続人申告登記後において実際に遺産分割が成立した場合には、遺産分割の成立から3年以内にその内容を踏まえた登記申請をすることが義務付けられています。

なお、遺言書があったケースで、遺言書発見前に相続人申告登記を行っていた場合などについては、その後の登記申請義務は課されていません。その理由について、法制審議会民法・不動産登記法部会（令和3年1月12日開催）において見解が示されています。

　まず1点目として、「遺言者は、いつでも遺言の撤回をすることができるとされていることや、新たに有効な遺言が発見されることもあるため、ある遺言の内容を踏まえた登記をした後にこれを修正する登記が必要になることも想定される」、次に2点目として、「相続人全員の合意があれば遺言の内容と異なる分割は可能であり、遺贈についてはその放棄が可能であるから、遺言の内容と異なる分割が後に行われる可能性もある」、といった点から、所有権の登記名義人の相続人に対し、相続人申告登記の申出のみならず、更に当該遺言の内容をふまえた登記の申請を義務付けることは、個別の事例によっては過剰な負担をもたらすおそれもあると考えられるためです。

---

**〈自己のために相続の開始があったことを知り、かつ、その取得を知った日〉**

　不動産登記法の改正後、相続人は、相続開始があったことを知り、かつ、不動産の所有権を取得したことを知った日から3年以内に所有権移転登記の申請をしなければならない義務を負うこととなります。つまり、相続開始を知ったこと及び被相続人名義の不動産の存在を知ったことが要件となるため、3年の期限は相続人ごと、不動産ごとに異なる可能性があります。

　例えば、被相続人A名義の不動産に相続人B及びCが周知済みの自宅があり、相続人Bが財産調査を進めていくと、遠方に被相続人名義の山林の存在が発覚したと仮定します。このような場合、自宅と山林では取得を知った日が異なるため、3年の期限日もそれぞれ異なることとなります。さらに、相続人Bが数日経ってから相続人Cにその事実を伝えた場合、相続人B及び相続人Cでも3年以内の期限日が異なることとなります。

## 【ケース別登記申請の期限】

### ＜３年以内に遺産分割が成立しなかったケース＞

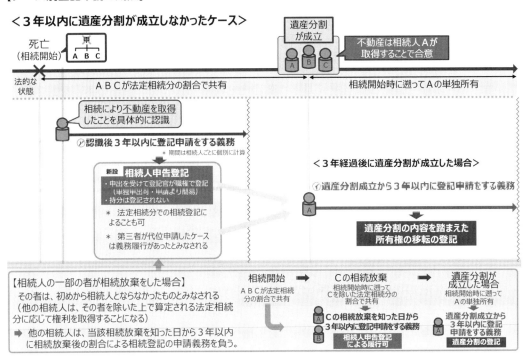

### ＜３年以内に遺産分割が成立したケース＞

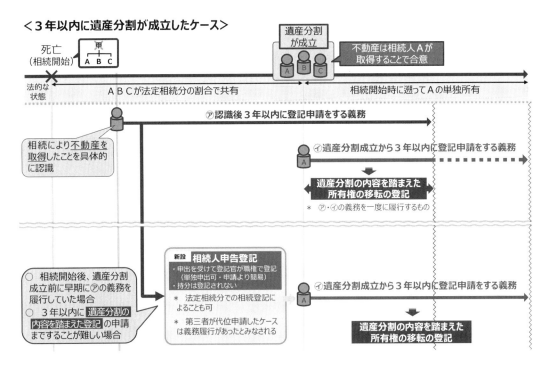

**＜遺言書があったケース＞**

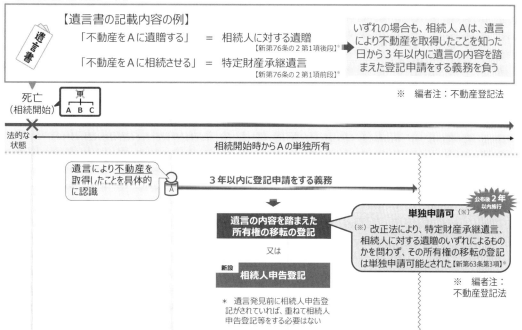

（出典：法務省HP 「令和３年民法・不動産登記法改正、相続土地国庫帰属法のポイント」を一部加工）

## ㈡ 義務化に関する経過措置

　相続登記の申請の義務化が施行される令和６年４月１日より前に相続が発生していた場合でも、義務化の対象となります。ただし、申請義務の履行期間については、施行日と申請義務要件を充足した日のいずれか遅い日から３年間とされています。

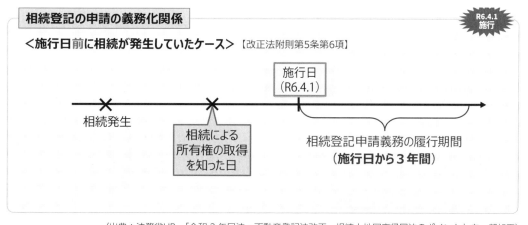

（出典：法務省HP 「令和３年民法・不動産登記法改正、相続土地国庫帰属法のポイント」を一部加工）

## （7）　相続登記を推進する税務的施策

### ①　相続登記の免税措置

　通常、相続（相続人に対する遺贈を含みます。以下（7）において同じ）による登記には、固定資産税評価額×0.4％の登録免許税が課税されます。しかし、相続により土地の所有権を取得した個人がその相続登記をする前に死亡した場合、令和7年3月31日までに、その死亡した個人をその土地の所有権の登記名義人とするための登記については、登録免許税は課さないこととされています。

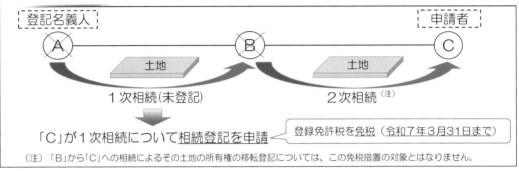

（出典：国税庁「相続による土地の所有権移転登記等に対する登録免許税の免税措置について」）

### ②　不動産の価額が100万円以下の土地に係る相続登記

　個人が令和7年3月31日までに相続登記等をする場合において、その登記に係る登録免許税の課税標準となる不動産の価額が100万円以下であるときは、その土地の相続登記等については登録免許税は課税されません。

　なお、不動産の所有権の持分の取得に係るものである場合は、当該不動産全体の価額に持分の割合を乗じて計算した額が不動産の価額となります。

（出典：法務局HP「相続登記の登録免許税の免税措置について」をもとに作成）

## （8）　住所変更登記の義務化

　これまで、登記名義人の氏名や住所等に変更があった場合、変更登記は義務付けられていなかったため放置されることがありました。また、それが不動産所有者の正確な情報の

把握を阻害する要因になっていました。

　そこで、所有権の登記名義人の氏名や住所等を変更した場合についても、登記名義人には住所等の変更日から2年以内に変更登記の申請が義務付けられ、正当な理由なく申請がなかった場合は5万円以下の過料が課せられることとなります。

　ただし、DV被害者等に対する配慮として、登記事項証明書に現住所に代わる連絡先（例えば、親族、知人、弁護士事務所等）を記載する措置も講じられました。

　この改正は、公布の日（令和3年4月28日）から起算して5年を超えない範囲内において政令で定める日より施行される予定です。

---

**● COLUMN | コラム ●**

### 登記費用と過料はどっちが安い？

　相続登記の義務化が行われても、登記費用よりも過料（10万円以下）のほうが安く、登記申請手続きが面倒に感じる場合は、それでもなお登記をしない人が出てくるかもしれません。

　そのような場合、相続人申告登記を行うことでひとまず登記の申請義務は履行することができますが、遺産分割が確定した場合には、やはり遺産分割内容に応じた登記の義務があります。また、期限を過ぎて登記をした場合には、登記費用と過料の負担が発生する可能性があります。

　相続の未登記は次世代への問題の先送りであることを説明し、相続登記を行っていただくように勧めることが大切です。

---

## （9）　相続土地国庫帰属制度の創設

### ①　制度の概要

　国土交通省による「土地問題に関する国民の意識調査」によると、今日では人口減少の影響等から土地利用ニーズが低下し、土地を相続したものの手放したいと考える人が増加しています。

　相続を契機として土地の管理不全化が進んでいるとも考えられていることから、「相続等により取得した土地所有権の国庫への帰属に関する法律（相続土地国庫帰属法）」が創設され、相続等により土地を取得した者は、土地を手放して国庫に帰属させることができる制度が始まります。この制度は令和5年4月27日より施行されます。

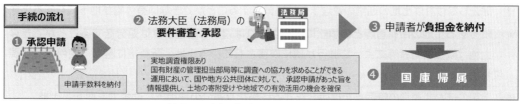

（出典：法務省　「令和3年民法・不動産登記法改正、相続土地国庫帰属法のポイント」）

### ②　土地の要件

　土地管理コストの国への転嫁や土地の管理をおろそかにするモラルハザードが発生する可能性を防止する観点から、「通常の管理又は処分をするに当たり過分の費用又は労力を要する土地」には該当しないことが要件とされています。

　また、本制度開始前に相続等によって取得した土地についても本制度の対象とされており、例えば、数十年前に相続した土地についても対象となります。

#### ㈠　却下要件

　その土地が次のいずれかに該当する場合には、法務大臣に対して承認申請することができません（相続土地国庫帰属法2条3項）。一般的には、遠隔地に保有する山林等で制度の利用ニーズがあると予想されますが、下記5つの要件等で活用は困難となる場合があります。

【却下要件に該当する土地】

| |
|---|
| ①　建物の存する土地 |
| ②　担保権または使用及び収益を目的とする権利が設定されている土地 |
| ③　通路その他の他人による使用が予定される土地（墓地、境内地、現に通路・水道用地・用悪水路・ため池の用に供されている土地）が含まれる土地 |
| ④　土壌汚染対策法2条1項に規定する特定有害物質（法務省令で定める基準を超えるものに限る）により汚染されている土地 |
| ⑤　境界が明らかでない土地その他の所有権の存否、帰属または範囲について争いがある土地 |

#### ㈡　不承認要件

　承認または不承認にあたり必要があると認められたときは、実地調査等が行われます。承認申請に係る土地が次のいずれにも該当しない場合は、法務大臣は、その土地の所有権の国庫への帰属についての承認をしなければなりません（相続土地国庫帰属法5条）。

　なお、法務大臣の承認は土地一筆ごとに行うことと定められています。

【不承認要件に該当する土地】

| |
|---|
| ①　崖（勾配が30度以上であり、かつ、高さが5メートル以上のもの）がある土地のうち、その通常の管理に当たり過分の費用または労力を要するもの |
| ②　土地の通常の管理または処分を阻害する工作物、車両または樹木その他の有体物が地上に存する土地 |
| ③　除去しなければ土地の通常の管理または処分をすることができない有体物が地下に存する土地 |
| ④　隣接する土地の所有者等との争訟によらなければ通常の管理または処分をすることができない土地（隣接所有者等によって通行が現に妨害されている土地、所有権に基づく使用収益が現に妨害されている土地） |
| ⑤　上記のほか、通常の管理または処分をするに当たり過分の費用または労力を要する土地<br>・土砂崩落、地割れなどに起因する災害による被害の発生防止のため、土地の現状に変更を加 |

える措置を講ずる必要がある土地（軽微なものを除く）

・鳥獣や病害虫などにより、当該土地または周辺の土地に存する人の生命若しくは身体、農産物または樹木に被害が生じ、または生ずるおそれがある土地（軽微なものを除く）

・適切な造林・間伐・保育が実施されておらず、国による整備が追加的に必要な森林

・国庫に帰属した後、国が管理に要する費用以外の金銭債務を法令の規定に基づき負担する土地

・国庫に帰属したことに伴い、法令の規定に基づき承認申請者の金銭債務を国が承継する土地

※　遠隔地に所在する山林等でも、国土調査法に基づく国土調査によって境界の明確化が進むことにより、上記⑤の要件はクリアできる可能性があります。

### ③　審査手数料及び負担金の納付

#### (イ)　審査手数料

　承認申請者は、その審査に対して審査手数料を納めなければなりません。具体的な金額は、物価の状況、承認申請に対する審査に要する実費その他一切の事情を考慮して政令で定められる予定です。

#### (ロ)　負担金

　承認申請者は、法務大臣の承認を受けた場合、土地の性質に応じた標準的な管理費用を考慮して算定された10年分の土地管理費相当額を負担しなければなりません。本制度によって国庫に帰属する土地については、粗放的な管理（巡回のみ）で足りる土地が中心と考えられることから、令和４年９月29日に公布された相続等により取得した土地所有権の国庫への帰属に関する法律施行令によると、負担金の額は、土地の種類等や用途地域等に応じて次のとおり定められています。

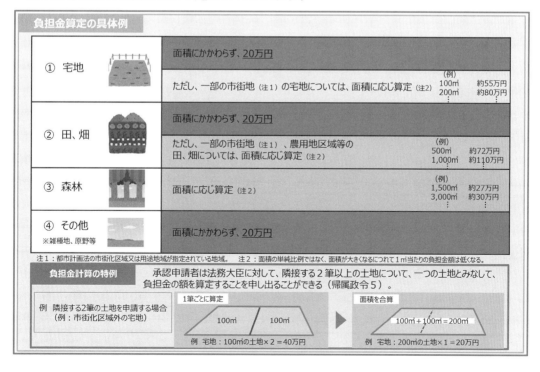

① 宅地のうち、都市計画法の市街化区域又は用途地域が指定されている地域内の土地

| 面積区分 | 負担金額 |
|---|---|
| 50㎡以下 | 国庫帰属地の面積に4,070（円/㎡）を乗じ、208,000円を加えた額 |
| 50㎡超100㎡以下 | 国庫帰属地の面積に2,720（円/㎡）を乗じ、276,000円を加えた額 |
| 100㎡超200㎡以下 | 国庫帰属地の面積に2,450（円/㎡）を乗じ、303,000円を加えた額 |
| 200㎡超400㎡以下 | 国庫帰属地の面積に2,250（円/㎡）を乗じ、343,000円を加えた額 |
| 400㎡超800㎡以下 | 国庫帰属地の面積に2,110（円/㎡）を乗じ、399,000円を加えた額 |
| 800㎡超 | 国庫帰属地の面積に2,010（円/㎡）を乗じ、479,000円を加えた額 |

② 主に農用地として利用されている土地のうち、次のいずれかに掲げるもの
　ア　都市計画法の市街化区域又は用途地域が指定されている地域内の農地
　イ　農業振興地域の整備に関する法律の農用地区域内の農地
　ウ　土地改良事業等（土地改良事業又はこれに準ずる事業であって、農地法施行規則第四十条第一号及び第二号イ若しくはロに規定する事業）の施行区域内の農地

| 面積区分 | 負担金額 |
|---|---|
| 250㎡以下 | 国庫帰属地の面積に1,210（円/㎡）を乗じ、208,000円を加えた額 |
| 250㎡超500㎡以下 | 国庫帰属地の面積に850（円/㎡）を乗じ、298,000円を加えた額 |
| 500㎡超1,000㎡以下 | 国庫帰属地の面積に810（円/㎡）を乗じ、318,000円を加えた額 |
| 1,000㎡超2,000㎡以下 | 国庫帰属地の面積に740（円/㎡）を乗じ、388,000円を加えた額 |
| 2,000㎡超4,000㎡以下 | 国庫帰属地の面積に650（円/㎡）を乗じ、568,000円を加えた額 |
| 4,000㎡超 | 国庫帰属地の面積に640（円/㎡）を乗じ、608,000円を加えた額 |

③ 主に森林として利用されている土地

| 面積区分 | 負担金額 |
|---|---|
| 750㎡以下 | 国庫帰属地の面積に59（円/㎡）を乗じ、210,000円を加えた額 |
| 750㎡超1,500㎡以下 | 国庫帰属地の面積に24（円/㎡）を乗じ、237,000円を加えた額 |
| 1,500㎡超3,000㎡以下 | 国庫帰属地の面積に17（円/㎡）を乗じ、248,000円を加えた額 |
| 3,000㎡超6,000㎡以下 | 国庫帰属地の面積に12（円/㎡）を乗じ、263,000円を加えた額 |
| 6,000㎡超12,000㎡以下 | 国庫帰属地の面積に8（円/㎡）を乗じ、287,000円を加えた額 |
| 12,000㎡超 | 国庫帰属地の面積に6（円/㎡）を乗じ、311,000円を加えた額 |

（出典：法務省　「相続土地国庫帰属制度の概要」）

④　**申請権者**

　申請を行うことができる者は、相続または遺贈（相続人に対する遺贈に限ります。）によりその土地の所有権の全部または一部を取得した者に限るとされていることから、相続人に限定された制度であることに注意が必要です。

　また、土地が数人の共有に属する場合には、共有者の全員が共同して申請しなければなりません。この場合において、共有持分の全部を相続等以外の原因により取得した共有者であっても、相続等により共有持分の全部または一部を取得した者と共同して申請することができます。

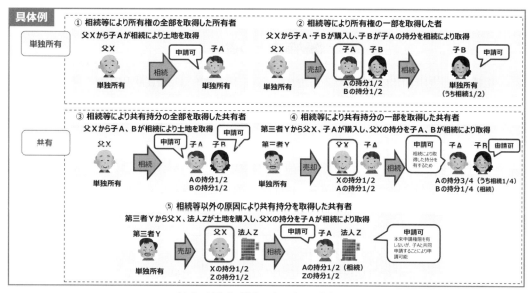

（出典：法務省「令和３年民法・不動産登記法改正、相続土地国庫帰属法のポイント」）

## ⑤　手続きの流れ

本制度の申請先は、帰属させる土地を管轄する法務局または地方法務局で予定されています。具体的な手続きの流れは次のとおりです。

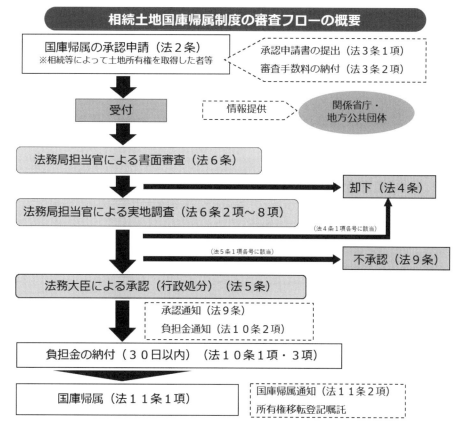

（出典：法務省　「相続土地国庫帰属制度の概要」）

# 物納制度との違い

相続した土地を国庫に帰属させる方法としては、相続土地国庫帰属制度の他に、従来から相続税の物納制度があります。

相続税の物納制度は、相続税の納税義務者が相続税を納付期限までに延納等によっても金銭で納付することが困難であると認められる場合において、その困難な金額を限度として、一定の要件を基に相続財産である土地等の現物によって納税を行う制度です。

これに対し相続土地国庫帰属制度は、相続税の納税義務に関わらず利用が可能です。課税関係についてはまだ明らかになっていないものの、相続税の負担を軽減させる効果はないことが予想されるため、相続税の納税後に国庫に帰属させることを検討している土地がある場合は、まず物納を検討してみる必要があります。

物納制度は相続税の申告期限までに一定の手続きを要し、金銭納付困難であることや、土地についても相続土地国庫帰属制度と同じように適格要件があります。

## ①物納制度の主な要件

(イ) 延納によっても金銭で納付することが困難な事由があり、かつ、その納付を困難とする金額を限度としていること

(ロ) 物納申請財産は、納付すべき相続税額の課税価格計算の基礎となった日本国内にある相続財産のうち、物納可能な財産・順位によっていること

(ハ) 物納に充てることができる財産は、「管理処分不適格財産」に該当しないものであること等

(ニ) 相続税の納期限または納付すべき日までに物納申請書に物納手続関係書類を添付して税務署に提出すること

## ②土地における管理処分不適格財産

(イ) 担保権の設定の登記がされていることその他これに準ずる事情がある不動産

(ロ) 権利の帰属について争いがある不動産

(ハ) 境界が明らかでない土地

(ニ) 隣接する不動産の所有者その他の者との争訟によらなければ通常の使用ができないと見込まれる不動産

(ホ) 他の土地に囲まれて公道に通じない土地で民法210条（公道に至るための他の土地の通行権）の規定による通行権の内容が明確でないもの

(ヘ) 借地権の目的となっている土地で、その借地権を有する者が不明であることその他これに類する事情があるもの

（ト）他の不動産（他の不動産の上に存する権利を含みます。）と社会通念上一体として利用されている不動産もしくは利用されるべき不動産または二以上の者の共有に属する不動産

（チ）敷金の返還に係る債務その他の債務を国が負担することとなる不動産（申請者において清算することを確認できる場合を除きます。）

（リ）その管理または処分を行うために要する費用の額がその収納価額と比較して過大となると見込まれる不動産

（ヌ）公の秩序または善良の風俗を害するおそれのある目的に使用されている不動産その他社会通念上適切でないと認められる目的に使用されている不動産

（ル）引渡しに際して通常必要とされる行為がされていない不動産

（ヲ）地上権、永小作権、賃借権その他の使用および収益を目的とする権利が設定されている不動産で暴力団員等がその権利を有しているもの

## (10) 農地

### ① 相続人が相続等により取得した場合

　相続人が相続または遺贈により農地を取得した場合、相続登記の完了後、相続の開始からおおむね10か月以内に農業委員会へ届け出なければなりません。届出をしなかった場合には、10万円以下の過料が課せられる可能性があります。また、遺産分割がまとまらない場合でも、届出期限には共有物として届出をする必要があります。

　なお、行政書士でない者が業として他人の依頼を受け、報酬を得て官公署に提出する書類を作成することは、法律に別段の定めがある場合を除き、行政書士法違反となりますので注意が必要です。

【届出に必要な書類一覧】

| 書　類 | 備　考 |
|---|---|
| 農地法第３条の３第１項の規定による届出書 | １部 |
| 当該農地の全部事項証明書 | 相続登記済みのもの |
| 住所の沿革を証する書面 | 当該地について所有権を有する者の現住所と登記簿の住所が異なる場合 |
| 本人であることを確認できる書類の写し | 免許証・パスポートなど |
| 委任状 | 代理人による申請の場合 |
| 遺産分割協議書または遺言書 | 相続登記が未済の場合のみ |
| 相続人関係図 | |
| 被相続人の戸籍（除籍）謄本（出生から死亡に至るまで） | |
| 相続人の戸籍謄本 | |
| 被相続人の住民票の除票及び相続人の住民票（マイナンバーの記載がないもの） | |

※　添付書類は原本である必要がありますが、写しを同時に提出することで、原本還付を受けられます。
※　届出書の受付後、２〜４週間程度で受理通知書が交付されますが、郵送による受領を希望する場合は返信用封筒が必要です。
※　公的機関等が発行する証明書類については、発行日から３か月以内のものに限ります。

## ②　相続人以外の者が特定遺贈により取得した場合

　相続人でない者が特定遺贈により農地を取得した場合には、まず農業委員会より農地法３条に基づく許可を受けなければなりません。許可を受けられない場合、特定遺贈は実現できないこととなってしまいます。

　農地法３条の許可を得るためには、その農業者及びその世帯員等で、原則として、次の要件をすべて満たす必要があります。

（イ）農地の全部を効率的に利用すると認められること

（ロ）農作業に常時従事すると認められること（原則年間150日以上）

（ハ）権利取得後の経営面積が地域ごとに定める面積以上であること

（ニ）地域との調和が図られていること

**【農地法第３条の３第１項の規定による届出書の記載例】**

見　本

農地法第３条の３第１項の規定による届出書

令和　※※年　※※月　※※日

枚方市農業委員会会長

届出者（権利を取得した者）

住　　所　**枚方市茄子作２丁目△－□**

氏　　名　**枚方　太郎**

電話番号　（　※※※　）※※※－※※※※

　　下記農地（採草放牧地）について、　**相　続**　により　**所有権（耕作権）**　を取得したので、

農地法第３条の３第１項の規定により届け出します。

> **耕作権とは、農業委員会の賃貸借台帳に登載があるもの**

記

1　届出に係る土地の所在等

| 所　在　・　地　番 | 地　目 | | 面積（m²） | 備　考 |
|---|---|---|---|---|
| | 登記簿 | 現　況 | | |
| **大垣内町１丁目■-▲** | **田** | **田** | **123** | |
| **大垣内町１丁目●-○** | **畑** | **畑** | **36** | **耕作権** |
| **大垣内町１丁目△-□** | **田** | **田** | **456** | **持分２分の１** |
| | | | | |

（物件が多い場合は裏面にも記入してください）

2　権利を取得した日
　　令和　※※年　※※月　※※日

3　権利を取得した事由
　　（相　続）　　　　その他（　　　　　　　　　　　　）

4　取得した権利の種類及び内容
　　（所有権）　　　（耕作権）

5　農業委員会によるあっせん等の希望の有無
　　有　　　　（無）

（出典：枚方市HP「（記入例）農地法第３条の３第１項の規定による届出書」）

## (11) 山林

　相続によって都道府県が策定する地域森林計画の対象となっている森林の土地（以下、「山林」といいます。）を取得した場合、山林の面積や登記地目に関わらず、相続の開始を知った日から90日以内に市町村長に届け出なければなりません。

　この届出制度は、森林の土地の所有者の把握を進めるため、平成24年４月から始まりました。届出をしなかった場合には10万円以下の過料が課せられる可能性があります。地域森林計画対象森林に該当するか否かは、市町村の林務担当部局に確認が必要です。

　なお、遺産分割がまとまらない場合でも、届出期限には共有物として届出をする必要があります。

【届出に必要な書類一覧】

| 書　類 | 備　考 |
|---|---|
| 森林の土地の所有者届出書 |  |
| 土地の位置を示す図面 | 任意の図面に大まかな位置を記入 |
| 相続登記後の土地の登記事項証明書（写し可） | 遺産分割協議書または遺言書などの権利を取得したことが分かる書類の写しでも可 |

## 【森林の土地の所有者届出書の記載例】

### 届出書の記載要領

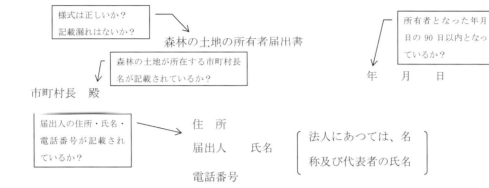

様式は正しいか？
記載漏れはないか？

森林の土地の所有者届出書

所有者となった年月日の90日以内となっているか？

森林の土地が所在する市町村長名が記載されているか？

市町村長　殿

年　　　月　　　日

届出人の住所・氏名・電話番号が記載されているか？

住　　所

届出人　　　氏　名〔法人にあつては、名称及び代表者の氏名〕

電話番号

　次のとおり新たに森林の土地の所有者となつたので、森林法第１０条の７の２第１項の規定により届け出ます。

| 所有権の移転に関する事項 | 前所有者の住所 | | | | 前所有者の氏名〔法人にあつては、名称及び代表者の氏名〕 | | |
|---|---|---|---|---|---|---|---|
| | | | | | | | |
| | 所有者となつた年月日 | | | | 所有権の移転の原因 | | |
| | 年　　月　　日 | | | | | | |
| 土地に関する事項 | 番号 | 土地の所在場所 | | | | 面積（ha） | 持分割合 |
| | | 市町村 | 大字 | 字 | 地番 | | |
| | 1 | | | | | | |
| | 2 | | | | | | |
| | 3 | | | | | | |
| | | | | | | | |
| | 計 | | | | | | |
| 備　　考 | | | | | | | |

共有林の場合に記載されているか？

小数第５位で四捨五入し第４位まで記載されているか？

注意事項
1　新たに所有者となつた森林の土地について、その所在する市町村ごとに提出すること。
2　所有権の移転の原因欄には、売買、相続、贈与、会社の合併など具体的に記載すること。
3　土地に関する事項は、番号欄の番号に対応して、一筆の土地ごとに記載すること。
4　面積は、ヘクタールを単位とし、小数第４位まで記載し、第５位を四捨五入すること。
5　持分割合は、新たに所有者となつた土地について共有している場合に記載すること。
6　備考欄には、森林の土地の用途、森林の土地の境界の把握の有無その他参考となる事項を記載すること。
7　規則第７条第２項に規定する次の書類を添付すること。

（1）当該土地の位置を示す地図
（2）当該土地の登記事項証明書その他の届出の原因を証明する書面

# (12) 未登記の家屋

　不動産の登記記録について、表題部の登記は義務ですが、権利部の登記は任意であったため、権利部が未登記であることがあります。未登記の家屋を相続した場合、相続人が新たに所有権の保存登記を行うか、登記をしない場合でも固定資産課税台帳に登録されている名義を変更しておく必要があります（相続登記をした場合には登記情報が市区町村に渡り、固定資産課税台帳は次年度から自動的に変更されます。）。

　固定資産課税台帳の変更は、当該家屋の所在地の市区町村または市税事務所に対して所定の届出書等を提出します。書式や名称はそれぞれの地域によって異なります。

（大阪市の場合）

【現所有者に関する申告書】

（出典：大阪市HP「現所有者に関する申告などについて」）

【添付書類】

| 書　類 | 備　考 |
|---|---|
| 被相続人及び相続人であることがわかる戸籍謄本等一式 | 法定相続情報一覧図でも可 |
| 相続人の住民票の写し（マイナンバーが記載されていないもの） | 住民票の写し以外で相続人の住所が確認できれば不要 |
| 遺産分割協議書または遺言書等 | これらの書類に押印された印鑑登録証明書も必要 |

【提出期限】

　現所有者であることを知った日の翌日から３か月を経過した日まで。

## (13)　抵当権

### ①　抵当権の債務者変更登記

　相続人が債務を引き継いだ際、相続した不動産に抵当権が設定されている場合は、相続人と抵当権者（金融機関等）の共同申請により抵当権の債務者変更登記を行います。

　ただし、根抵当権の場合には、相続開始の日から６か月以内に登記をしなければ根抵当権で担保される元本が確定し、抵当権と同様のものとなってしまいます。つまり、相続人が事業を継続する上で新たな銀行融資等を受けたい場合、新たな担保を提供するか、改めて根抵当権を設定しなければなりません。

　債務者変更登記は、新たな抵当権設定と比較して登記費用も比較的少額に抑えることが可能であるため、６か月以内の登記期限は特に注意する必要があります。

### ②　抵当権の抹消登記（住宅ローン）

　被相続人が住宅ローンを組んでいた場合、「機構団体信用生命保険特約制度」を利用していれば、保険会社から支払われる保険金で住宅ローンの残債は完済されます。住宅ローンが完済され、自宅に設定された抵当権が効力を失っても、抵当権の抹消登記が自動的に行われる訳ではありません。そのため、所有権の移転登記に加え、相続人と抵当権者（金融機関等）の共同申請により、抵当権の抹消登記が必要となります。

　金融機関によっては、相続登記の完了後でしか抵当権の抹消登記に進んでもらえないことがありますので事前確認が必要です。

## 2　有価証券

### （1）　証券会社に預入れの有価証券（株式、投資信託等）

#### ①　口座の移管

　被相続人が証券会社の口座に有価証券を保有していた場合、その有価証券を相続人の口座に移管することとなりますが、同じ証券会社の相続人口座への移管が原則ですので、相続人が口座をお持ちでない場合は相続人の口座開設が必要になります。

　証券会社によっては別の証券会社への移管を認めてくれることもありますが、「〇〇MRF」など、証券会社独自の商品については他の証券会社への移管はできませんので手続きの際には事前に問い合わせが必要です。

　なお、移管後でなければ売却ができないため、価格の変動に注意が必要です。

#### ②　移管先口座

　被相続人の有価証券が預け入れられている口座の種類や、取得価額がわかるか否かによって、移管先として指定できる相続人の証券口座の種類が異なります。取得費不明の有価証券は特定口座への移管はできず、移管先は一般口座に限られます。

　また、被相続人のNISA口座の有価証券は相続人のNISA口座への移管はできず、被相続人の特定口座か一般口座へ移管します。この場合、被相続人の含み益（相続発生日の時価と取得費との差額）については非課税となり、相続発生日の時価が相続人の取得費とされます。

【移管先口座の組合せ】

| 被相続人 | 相続人 |
|---|---|
| 特定口座 | 特定口座<br>一般口座 |
| 一般口座<br>（取得費のわかるもの） | 特定口座※<br>一般口座 |
| 一般口座<br>（取得費不明） | 一般口座 |
| ＮＩＳＡ口座 | 特定口座<br>一般口座 |

※　証券会社によっては対応できないところもあります。

### ③ 必要書類

　一般的な必要書類は次のとおりですが、詳細は死亡の事実を伝えた際に渡される手引等で確認が必要です。これらの書類は原本での提出が必要ですが、返却を希望すればコピーの上で返却してもらえます。

| | |
|---|---|
| 証券会社所定の書類 | ・相続手続依頼書<br>・口座開設申込書（口座開設が必要な場合） |
| 添付書類 | 〈遺言がある場合〉<br>・遺言書または遺言書情報証明書<br>・被相続人の死亡の事実が確認できる戸籍謄本（除籍謄本、住民票除票）<br>・受遺者の印鑑登録証明書（発行から6か月以内）[※1]<br>・検認調書または検認済証明書（公正証書以外の場合）<br><br>〈遺言執行者がいる場合〉<br>・遺言書または遺言書情報証明書<br>・被相続人の死亡の事実が確認できる戸籍謄本（除籍謄本、住民票除票）<br>・遺言執行者の印鑑登録証明書（発行から6か月以内）[※1]<br>・検認調書または検認済証明書（公正証書以外の場合）<br>・遺言執行者の選任審判書謄本（裁判所で選任されている場合）<br><br>〈遺産分割協議書がある場合〉<br>・遺産分割協議書<br>・被相続人及び相続人であることが分かる戸籍謄本等一式（第2章参照）[※2]<br>・相続人全員の印鑑登録証明書（発行から6か月以内）[※1]<br><br>〈遺言・遺産分割協議書ともにない場合〉<br>・被相続人及び相続人であることが分かる戸籍謄本等一式（第2章参照）[※2]<br>・相続人全員の印鑑登録証明書（発行から6か月以内）[※1]<br><br>〈家庭裁判所による調停調書・審判書がある場合〉<br>・家庭裁判所の調停調書謄本または審判書謄本<br>・承継する者の印鑑登録証明書（発行から6か月以内）[※1]<br><br>〈代理人として請求する場合〉<br>・上記の書類<br>・委任状 |

※1　印鑑登録証明書の有効期間は、ほとんどの金融機関において6か月とされていますが、稀に3か月とされている場合もあります。取得者が未成年者の場合は、親権者または特別代理人の印鑑登録証明書が必要です。
※2　法定相続情報一覧図（第2章参照）によって代替可能です。

④ **海外居住者がいる場合**

　有価証券の取得者が海外居住者の場合は、居住国の在外公館発行の署名（サイン）証明書等（第6章参照）が必要になります。証券会社によっては、証券会社所定の用紙を居住国の在外公館に持参してサインし、現地で証明がされたものを求められることがありますので、必要書類や手続きの方法を事前に確認しておく必要があります。

　また、海外居住者との取引が居住国の金融商品取引関連法令に抵触するおそれがあるため、海外居住者の新規口座開設を受け付けない国内証券会社が多く、海外居住者となる以前に開設した口座についても閉鎖や取引の制限などの対応がされるものと考えられます。

　そのため、証券会社に預け入れの有価証券を海外居住者が相続または遺贈により取得した場合は、代理人口座を開設して移管し、換金後に海外居住者に送金する方法が考えられます。

---

〈ファンドラップの自動解約に注意〉

　ファンドラップとは、投資一任契約を締結し資産運用を行う証券会社のサービスです。

　被相続人が証券会社にファンドラップをお持ちの場合、相続の事実を届け出た日など証券会社の規定する日において契約が終了し自動的に換金処分されます。届け出たタイミングによって換価額が変わってしまうので留意が必要です。なお、換金額は被相続人名義のMRFに入金されます。

---

# （2）　タンス株、単元未満株

### 移管または買取請求

　被相続人が「特別口座」に株式をお持ちの場合、証券会社ではなく信託銀行等の株主名簿管理人に対して相続手続きを行います。

　「特別口座」とは、平成21年1月5日の株券電子化の際に証券会社に預けられていなかったため証券保管振替機構に預託されなかった株式を、名簿管理人が管理している口座をいいます。また、発行会社の株式分割や合併等により生じた単元未満株式も特別口座に保管されます。

　処分の方法としては、相続人の一般口座に移管する方法または単元未満株に限り、相続人の一般口座へ移管することなく名簿管理人に対して買取請求する方法があります。買増制度を採用している発行法人の場合には、買い増しして単元株にした上で証券会社で処分することも可能です。

　手続きには、下記書類の他に（1）③に準じた添付書類が必要ですが、詳細は信託銀行等への問い合わせが必要です。

【名簿管理人所定の書類】

・相続手続依頼書

・口座振替申請書または単元未満株式買取請求取次依頼書

---

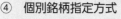

〈未受領配当金〉

配当金の受取方法には次の4種類あります。

① 配当金領収証方式

　送付された配当金受領証を指定金融機関（ほとんどの場合、ゆうちょ銀行）に持参して受け取る方法

② 株式数比例配分方式

　各証券会社の持株数に応じて配当金が証券会社の口座に入金される方法

③ 登録配当金受領口座方式

　すべての発行会社の配当金が単一の銀行口座に振り込まれる方法

④ 個別銘柄指定方式

　発行会社ごとに指定した銀行口座に配当金が振り込まれる方法

　被相続人が③登録配当金受領口座方式や④個別銘柄指定方式により配当金を受け取っていた場合、銀行口座の凍結により配当金の振込みができず未受領となってしまいます。この場合、信託銀行等から配当金が入金できなかった旨のお知らせが届きますので、下記から受領方法を選択して配当金を受領する必要があります。

① 相続人の指定口座に入金する方法

② 相続人宛てに発行された配当金領収書により、ゆうちょ銀行の窓口で換金する方法

## （3） 非上場株式

　被相続人が非上場株式を所有していた場合は、発行会社に連絡して名義変更手続きを行います。非上場株式の中には、信託銀行等に証券代行業務を依頼しているところもありますので、この場合には窓口は当該信託銀行等になります。

　株券を発行している会社の場合は株券についての名義変更が、発行していない会社の場合は株主名簿の記載事項の変更が必要です。

　なお、同族会社などの場合には貸付金や借入金などが残っていることがありますが、この場合は株式の名義変更以外にも債権や債務の名義変更が必要です。

　手続には、下記の他に（1）③に準じた添付書類が必要です。あくまで一般的なものですので、詳細については発行会社や信託銀行等に問い合わせが必要です。

【発行会社所定の書類】

・株式名義書換請求書兼株主票

・株券（株券発行会社の場合）

〈役員変更登記〉

被相続人が非上場会社等の役員であった場合は、役員の変更登記も必要です。

申請期限は死亡日を起算として2週間以内であり、これを怠ると100万円以下の過料に処せられることがあります。

【必要書類】

・役員変更登記申請書

・被相続人の戸籍謄本または全部事項証明書（死亡が確認できるもの）

・登録免許税：1万円（資本金の額が1億円を超える会社の場合：3万円）／件

《後任を選任する場合》

・株主総会議事録

・就任承諾書

・新任役員の身分証明書

《代表取締役を選任する場合》

・取締役会議事録

・新代表者の印鑑登録証明書

## （4）信用金庫、信用組合、農業協同組合、生活協同組合等（信金等）の出資金

被相続人が信用金庫、信用組合、農業協同組合、生活協同組合など（以下、「信金等」といいます。）に出資金を有していた場合、脱退して出資金の払戻しを受けるか、組合員としての地位を継続するため名義変更を行うかのいずれかの手続きが必要です。

相続人の住所や勤務地が信金等の定める特定の地域内にないなどの理由で会員としての要件を満たさない場合や、組合員の死亡が法定脱退事由に該当する場合は、脱退して払戻しを受けますが、脱退には総会での決議が必要であり、定時総会が開催されるまで払戻しが受けられない場合も生じ得るので留意が必要です。

必要書類は下記のほか、（1）③に準じた添付書類が必要です。

出資金が少額な場合には相続人全員の同意を要せず代表者の署名押印のみで手続きが可能なところもあるなど、詳細については確認が必要です。

## 3 預貯金

### ① 払戻しまたは名義変更

　銀行等の口座の取得者が確定すると、必要書類を提出して払戻しまたは名義変更の手続きを行います。相続人もその金融機関に口座を保有していた場合など、継続して被相続人の口座を保有する必要性がない場合は、名義変更よりも払戻しを受けることが一般的ですが、定期預金を解約する事で不利な利率が適用される場合などには、名義変更して口座を存続することも一つの方法です。

### ② 必要書類

　必要書類は下記のほか、2（1）③に準じた添付書類が必要です。

　詳細は各金融機関に問い合わせが必要です。

【必要書類】

・金融機関所定の相続届

・通帳、キャッシュカード

---

◆ COLUMN | コラム | ◆

### 遺産分割協議書がある場合とない場合

　相続手続きの際、遺言書がない場合には遺産分割協議書の提出を求められますが、遺産分割協議書の作成は必須ではないため、遺産分割協議書がない場合には「相続届」に相続人全員が署名捺印することで遺産分割協議書の代わりとすることも可能です。

　なお、遺産分割協議書に「A銀行の預金は甲が取得する」などの記載がある場合には、「相続届」には当該金融機関の預金の受取人の署名捺印（被相続人の預貯金全体を複数人で取得する場合は、その取得者全員の署名捺印。）だけでよいので、多くの金融機関に預金口座をお持ちであった場合などには遺産分割協議書の記載内容次第で「相続届」への署名捺印を省略することが可能です。

　また、「相続に関する委任状」により相続人の一人に事務手続きを委任することで、「相続届」への受任者以外の相続人の署名捺印を省略することも一つの方法です。

# 4 保険契約

被相続人が生命保険などの保険契約に加入していた場合には、生命保険会社や損害保険会社に対し、加入状況に応じた手続きが必要です。

## （１） 生命保険契約

被相続人が、「契約者」「被保険者」「保険金受取人」のいずれに該当するかにより必要な手続きが異なります。

### ① 被相続人＝「契約者」＝「被保険者」の場合

死亡保険金の請求手続きを行います（第１章参照）。

### ② 被相続人＝「契約者」≠「被保険者」の場合

契約者の変更手続きまたは解約請求を行います。なお、契約者の変更には被保険者の同意、保険会社の承諾及び相続人全員の同意が必要です。

> 【必要書類】
> ・保険会社所定の契約者変更届または解約請求書
> ・保険会社所定の代表者選任届（相続人が複数人いる場合）
> ・代表者の印鑑登録証明書
> ・保険証券
> ・死亡診断書
> ・被相続人の出生から死亡までの戸籍謄本※
> ・相続人全員の戸籍謄本※
>
> ※ 法定相続情報一覧図の写しによって代替可能。

### ③ 被相続人＝「保険金受取人」≠「契約者」の場合

保険金受取人の変更手続きを行います。なお、保険金受人の変更には、契約者は当然ですが、被保険者の同意も必要です。

> 【必要書類】
> ・保険会社所定の契約変更書類
> ・保険証券
> ・契約者の本人確認書類

## （2）　火災保険契約、地震保険契約

　被相続人が契約者である火災保険や地震保険（以下、「火災保険等」といいます。）については名義変更の手続きが必要です。保険対象の家財・物件は存続しますので、契約そのものは継続されます。なお、手続きは掛捨型と貯蓄型によって取扱いが異なり、貯蓄型の積立部分は相続財産に当たるため掛捨型よりも必要書類が多くなります。

【掛捨型の場合の必要書類】

・保険会社所定の火災保険契約内容変更届

・保険証券

【貯蓄型の場合の必要書類】

・保険会社所定の火災保険契約内容変更届

・保険会社所定の相続念書

・保険証券

・亡くなられた方の死亡が確認できる戸籍謄本または除籍謄本※

・相続人全員の戸籍謄本または全部事項証明書※

　※　法定相続情報一覧図の写しによって代替可能。

　なお、名義変更手続きが済んでいないまま保険金支払事由が起きた場合でも、契約そのものに不備があるわけではないので、保険金が支払われないという事態にはなりません。しかし、保険金の支払いまでに時間がかかり補償を必要とする時期までに支払いが受けられないなどの問題が生じる可能性がありますので、早めに手続きを済ませましょう。

〈建物更生共済〉

　JA共済には、一般の損害保険会社の火災保険等に当たる、建物更生共済という商品があります。満期を迎えると満期共済金が支払われる積立型の共済契約で、契約者が死亡した場合は上記の貯蓄型に準じた手続きが必要です。

　しかし、共済契約者が相続人、掛金負担者が被相続人の場合には注意が必要です。相続税法3条（相続または遺贈により取得したとみなす場合）には、建物更生共済に関する規定がないため、一般の火災保険とは異なり、解約返戻金相当額をみなし相続財産に含めずに、被相続人が掛金を支払う都度、共済契約者である相続人に掛金相当額の贈与がされたものとみなされます。

## （3） 入院給付金、手術給付金

被相続人が、自己を受取人とする入院給付金や手術給付金（以下、「入院給付金等」といいます。）の請求前に亡くなってしまった場合、入院給付金等は生命保険契約の死亡保険金とは異なり、本来の相続財産に該当します。

給付金の請求手続きには下記の書類が必要です。詳細については各保険会社に問い合わせが必要です。また、指定代理請求人が定められている場合には、当該代理人が請求することも可能です。

【必要書類】

・保険会社所定の保険金・給付金請求書

・保険会社所定の代表者選任届（相続人が複数人いる場合）

・保険証券

・医師の診断書（入院日、入院日数などが記載されたもの）

・被相続人の出生から死亡までの戸籍謄本※

・受取人の印鑑登録証明書

・相続人全員の戸籍謄本※

　※　法定相続情報一覧図の写しによって代替可能。

## 5　自動車・軽自動車

## （1）普通自動車

### ①　所有者変更手続き

普通自動車の所有者が亡くなった場合、管轄の運輸支局に対し、所有者の変更手続き（移転登録）を行います。道路運送車両法では「所有者に変更があったときは、新所有者は、その事由があった日から15日以内に、国土交通大臣の行う移転登録の申請をしなければならない。」とされていますが、期日に間に合わなくても特に罰則等はありません。

なお、廃車や売却などの引き続き使用しない場合でも、所有者変更手続きは必要です。手続きには、下記のほか2（1）③に準じた添付書類が必要です。査定額が100万円以下の場合には、遺産分割協議書に代えて「遺産分割協議成立申立書」によることも可能です。

【必要書類】

・移転登録申請書（第1号様式）　※窓口または国土交通省HPにて取得

・手数料納付書（検査登録印紙500円貼付）

・自動車検査証

・車庫証明書（証明後1か月以内）　※使用場所に変更がない場合は不要

【移転登録申請書（第1号様式）】

（出典：近畿運輸局HP「登録自動車の移転登録（名義変更)」）

## ② 永久抹消登録（廃車の場合）

廃車の場合、まず解体業者に自動車を持ち込み、解体後にナンバープレートの受取りと解体に係る「移動報告番号」、「解体報告記録がなされた日」の確認をします。その後、管轄の運輸支局に対し、永久抹消登録の手続きを行いますが、遺産分割協議書などの書類は不要で、法定相続人の1人が代表者として手続きすることが可能です。

また、車両購入時に負担したリサイクル預託金については、リサイクル券を解体業者に提出することで消滅します。

### 【必要書類】

・自動車検査証
・亡くなられた方の死亡が確認できる戸籍謄本または除籍謄本※
・申請人の戸籍謄本または全部事項証明書※
・申請人の印鑑登録証明書（発行から3か月以内）
・ナンバープレート
・解体に係る「移動報告番号」、「解体報告記録がなされた日」

　※　法定相続情報一覧図の写しによって代替可能。

# （2）　軽自動車の場合

普通自動車の「移転登録」に対し、軽自動車の場合は管轄の軽自動車検査協会に対して

「届出」を行います。普通自動車の場合と比較して簡易な手続きで名義変更が可能です。

【必要書類】

・申請書（軽第1号様式）※窓口または軽自動車検査協会HPにて取得可

・自動車検査証

・亡くなられた方の死亡が確認できる戸籍謄本または除籍謄本※

・申請人の戸籍謄本または全部事項証明書※

・新たな所有者の住民票（発行から3か月以内、コピー可）

・認印

　　※　法定相続情報一覧図の写しによって代替可能。

【所有者変更記録申請書（軽第1号様式）】

（出典：軽自動車検査協会HP）

## （3）　リース車両やカーローンが残っている場合

　リース契約やカーローンで購入した車両の場合は、被相続人が「使用者」、リース会社またはローン会社が「所有者」として登録されています。

　「使用者」が死亡した場合、「所有者」へ連絡が必要です。なお、「所有者」は自動車検査証や自動車保険の保険証などから確認が可能です。

　また、カーローンが残っている場合は相続人が引き継いで返済する必要があります。

## （4） 自動車保険

　車両の名義変更手続きとともに、自賠責保険や任意保険も契約者の変更手続きが必要です。一般的な必要書類は下記のとおりですが、詳細は各保険会社に問い合わせが必要です。
　なお、廃車や売却などの場合には解約手続きが必要です。

【必要書類】
・自賠責保険名義変更届
・自動車保険契約異動申請書（任意保険の場合）
・相続関係がわかる戸籍等（戸籍謄本等）
・届出人の認印　等

ワンポイント
アドバイス

〈自動車保険の等級引継ぎ〉
　車両保険には、主にその車両を運転する「記名被保険者」が定められています。「記名被保険者」が死亡した場合は、下記の方に限り等級の引継ぎが可能です。
　・記名被保険者の配偶者
　・記名被保険者の同居親族（6親等内血族）
　・記名被保険者の配偶者の同居親族（3親等内姻族）

　等級は20段階に区分されており、新規に加入する場合は6等級から開始されます。次回更新時まで無事故であれば1等級上がり、等級が上がるほど保険料が安くなるため、死亡した「記名被保険者」の等級が7等級以上の場合は、新しい「記名被保険者」は等級を引き継ぐことも一つの方法です。

## 6　船舶

　船舶は総トン数や用途により、相続に関する取扱い機関が異なります。総トン数が20トン以上の船舶の場合は、不動産と同じように登記制度があり、移転登記及び所有者の変更登録が必要になりますが、プレジャーボート等であれば総トン数20トン未満の小型船舶であることが一般的で、日本小型船舶検査機構（JCI）に対して所有権の移転登録を行うことで相続手続きが完了します（ただし、総トン数20トン未満の小型船舶であっても、例えば「推進機関を有する長さ3m未満、当該推進機関の連続最大出力が20馬力未満の船舶」である等の一定ものは登録対象外の船舶となります。）。

　また、船舶検査の有効期限によっては検査登録が必要になったり、漁船であれば管轄が都道府県で漁船登録の手続きが必要になるなど、船舶は独特の相続手続きが必要となります。まずは登記の有無及び登録機関を確認する必要があります。

　手続きに関しては、登記であれば海事代理士または司法書士、移転登録については海事代理士または行政書士の独占業務ですので、相談することも一つの方法です。

## 【小型船舶移転登録の概要】

| 申請者 | 相続人もしくは代理人 |
|---|---|
| 申請方法 | 窓口もしくは郵送<br>船の保管場所を管轄する日本小型船舶検査機構の支部 |
| 必要書類 | ○変更・移転登録申請書<br>○被相続人及び相続人であることを証明する戸籍謄本等一式<br>○相続放棄申述受理証明書等<br>○遺産分割協議書または遺言書等<br>○印鑑登録証明書（発行日より3か月以内のもの）<br>○共同所有者申告書（複数の人が相続する場合）<br>○手数料払込証明書（金融機関で手数料を払い込んだ際の証明書）<br>○船舶検査証書<br>○船舶検査手帳<br>○委任状（代理人に申請を依頼する場合） |
| 登録手数料 | 2,950円（登録対象外船舶は不要） |

## 【小型船舶登録原簿の全部事項証明書サンプル】

### 小型船舶登録原簿の全部事項証明書

整理番号第○○○○○号(1/3)

これは小型船舶の登録原簿に記録されている事項の全部を証明した書面である。

平成15年8月13日　　日本小型船舶検査機構　○○○○支部

**船舶番号記録部**

| 船舶番号 | ○○○−○○○○○ | |
|---|---|---|

| 登録の目的 | 船舶番号 | 登録年月日 |
|---|---|---|
| 新規登録 | ○○○−○○○○○ | 平成14年4月10日 |

※　下線のあるものは抹消事項であることを示す。

## 小型船舶登録原簿の全部事項証明書

**表示部（小型船舶の表示に関する事項）**

| 船舶番号 | ○○○－○○○○○ | | | | |
| --- | --- | --- | --- | --- | --- |
| 表示番号 | 登録の目的 | 登録の原因及びその発生年月日 | 登録項目 | 登録内容 | 登録年月日 |
| 1 | 新規登録 | 法適用<br>平成14年4月1日 | 船舶の種類 | 汽船 | 平成14年4月10日 |
| 1 | 新規登録 | 法適用<br>平成14年4月1日 | 船籍港 | ○○○○○ | 平成14年4月10日 |
| 1 | 新規登録 | 法適用<br>平成14年4月1日 | 船舶の長さ | 10.50m | 平成14年4月10日 |
| 1 | 新規登録 | 法適用<br>平成14年4月1日 | 船舶の幅 | 3.50m | 平成14年4月10日 |
| 1 | 新規登録 | 法適用<br>平成14年4月1日 | 船舶の深さ | 1.00m | 平成14年4月10日 |
| 1 | 新規登録 | 法適用<br>平成14年4月1日 | 総トン数 | 5.5トン | 平成14年4月10日 |
| 1 | 新規登録 | 法適用<br>平成14年4月1日 | 船体識別番号 | ○○－○○○○○○○○ | 平成14年4月10日 |
| 1 | 新規登録 | 法適用<br>平成14年4月1日 | 推進機関の種類及び型式 | 船内外機 | 平成14年4月10日 |

※　下線のあるものは抹消事項であることを示す。

## 小型船舶登録原簿の全部事項証明書

**事項部（所有権に関する事項）**

| 船舶番号 | ○○○－○○○○○ | | | | |
| --- | --- | --- | --- | --- | --- |
| 順位番号欄<br>主登録 | 付記 | 登録の目的 | 登録の原因及びその発生年月日 | 所有者の氏名又は名称及び住所その他の事項 | 登録年月日 |
| 1 | | 新規登録 | 法適用<br>平成14年4月1日 | 国土太郎<br>東京都千代田区霞ヶ関一丁目2番3号 | 平成14年4月10日 |
| 2 | | 所有権移転 | 売買<br>平成14年5月10日 | 機構次郎<br>東京都千代田区九段北四丁目2番6号 | 平成14年5月15日 |

※　下線のあるものは抹消事項であることを示す。

（出典：国土交通省資料を一部加工）

第7章　名義変更

# 【変更・移転登録申請書】

## 変 更 ・ 移 転 登 録 申 請 書

日本小型船舶検査機構　殿

| | | | 押　印 |
|---|---|---|---|

申　請　者　　　〒　　　　－

　　住　　　所：

　　（フリガナ）
　　氏名又は名称：

申請代理人（代理申請の場合）〒　　　　－　　　　　　　　　　　　　　　　　　　　　　（TEL　　　－　　　－　　　）

　　住　　　所：

　　（フリガナ）
　　氏名又は名称：

　　※　法人が申請者又は申請代理人の場合には、代表者の役職及び氏名まで記載して下さい。(TEL　　　－　　　－　　　)

下記の小型船舶について、小型船舶登録令第8条第1項の規定により
☐ 移転登録（所有権の移転）
☐ 変更登録（上記以外の変更）
を申請します。

☆①～④には、現在の登録情報を記載して下さい。

| ① 申請の年月日 | 令和　　　年　　　月　　　日 | ② 船体識別番号 | |
|---|---|---|---|
| ③ 船舶番号 | | ④ 船籍港 | 都道府県　　市区郡　　町村 |

☆移転登録（所有権移転）の場合は⑤～⑦を記載して下さい。⑤の内容が譲渡証明書の譲渡人欄と同じ場合及び⑥の内容が申請者欄と同じ場合は、チェック欄（☐の部分）に「レ」を記載することで、同欄の記載を省略することができます。また、同時に船籍港（船の保管場所）を変更した場合は、⑩及び⑮を記載して下さい。

| 移転登録 | ⑤ 旧所有者（登録義務者）の氏名又は名称及び住所（持分の定めがあるときはその持分） | （住所）〒　　　－　　　　☐ 譲渡証明書の譲渡人欄に同じ（氏名又は名称）　　　　　　　　　　持分（　　分の　　） |
|---|---|---|
| | ⑥ 新所有者（登録権利者）の氏名又は名称及び住所（持分の定めがあるときはその持分） | （住所）〒　　　－　　　　☐ 申請者に同じ（氏名又は名称：フリガナ）　　　　　　　　　　持分（　　分の　　） |
| | ⑦ 登録の原因及びその発生年月日 | ☐ 売買　・　☐ 贈与　・　☐ 相続　・　☐ 承継　・　☐ その他（　　　）　☐ 譲渡証明書の譲渡年月日に同じ　　☐ 令和　　年　　月　　日 |

☆変更登録（所有権以外の変更）の場合は⑧～⑭のうち、変更した項目のみ記載して下さい。⑮は原因及び発生年月日を必ず記載して下さい。

| 変更登録後の内容 | ⑧ 現所有者（登録名義人）の氏名又は名称及び住所 | 旧 | | | | | |
|---|---|---|---|---|---|---|---|
| | | 新 | | | | | |
| | ⑨ 船舶の種類 | ☐ 汽船・☐ 帆船 | ⑩ 船籍港 | | 都道府県　　市区郡　　町村 | | |
| | ⑪ 船舶の長さ、幅及び深さ | （長さ）　　m | （幅）　　m | （深さ）　　m | ⑫ 総トン数 | | トン |
| | ⑬ 船体識別番号 | | ⑭ 推進機関の種類及び型式 | | ☐ 船内機等・　☐ 船外機 | | |
| | ⑮ 登録の原因及びその発生年月日 | ☐ 船籍港変更　・　☐ 氏名等の変更　・　☐ 住所の変更　・　☐ 改造　　　　　　令和　　年　　月　　日 | | | | | |
| 測度等を受けようとする期日及び場所 | | （期日） | | （場所） | | | |
| 備　考 | | 連絡先氏名・日中連絡可能な電話番号を記載して下さい。書類（検査証書、手帳）の受取について（ご希望する☐にチェックを入れて下さい）☐送付希望（送料は、申請者負担（着払い）となります）☐支部窓口での受取希望（平日9：00～17：00） | | | | | |

(注1) 移転登録の場合で、新所有者自身が申請する場合には、申請者欄に実印をはっきりと押印して下さい。
(注2) 申請者又は所有者が複数存在する場合は、当該申請書の各欄には1名についてのみ記載し、かつ、外何人と付記し、その他の者の記載については、適宜別紙（共同所有者（申請者）申告書）に記載して下さい。登録義務者（旧所有者）が複数存在する場合には、最寄りの支部へお問い合わせ下さい。
(注3) 申請の目的のうち、該当するもののチェック欄（「☐」の部分）に「レ」を記載して下さい。（所有権変更は移転登録、それ以外の変更は変更登録となります。）
(注4) 船舶の長さ、幅及び深さ並びに総トン数については、測度等の結果により、申請した数値とは異なる数値が登録されることがあります。
(注5) ボールペンを用いて楷書で記載してください。
(注6) 申請内容に不備のある場合は、電話で申請者又は申請代理人に連絡して、了解をもって申請内容を訂正させて頂きます。（法人の場合は、担当者に連絡）
(注7) 小型船舶登録手数料の払込証明書、その他必要な書類を添付して下さい。

以下の欄は記載しないで下さい。　　　　　　　　　　　　　　　　　　　　　　　　　　(R3.1)

| 添付書類 | 譲渡証明書・印鑑証明書（　枚）・委任状（　枚）・図面等・議事録・共同所有者申告書(申請用・義務者用)・住民票・戸籍謄本・登録謄本・原本還付申請書・その他（　　　） | 手数料受領確認印 | | 支部長印 | |
|---|---|---|---|---|---|
| 登録手数料 | 当初納付額 / 過不足額 / 差引額 | 受付 | | | |

（出典：日本小型船舶検査機構「中古艇購入手続（登録・証書書換）」）

254

# 7 その他の財産

## （1） ゴルフ会員権

　被相続人がゴルフ会員権を所有していた場合、名義書換えなどの手続きが必要です。ゴルフ場によっては、新規の入会につき入会条件を満たしているか否かの審査を要する場合もありますが、相続による場合は入会条件が緩和または免除されることが一般的です。

　なお、引き続き利用する相続人がいないため売却する場合でも、いったん名義書換えが必要なゴルフ場もありますので、ゴルフ場に問い合わせが必要です。

　審査の結果、承認が下りなかった場合や、会則等により会員の死亡を資格喪失事由として定めている場合には、相続人は会員資格を引き継ぐことができずに退会となります。

　また、名義書換えにはゴルフ場規定の名義書換料が必要ですが、相続による場合は第三者への名義書換えに比べて割安な料金が適用されるゴルフ場もあるようです。

### ① 名義書換え

　手続きには、下記のほか2（1）③に準じた添付書類が必要です。

　あくまで一般的なものですので、詳細は各ゴルフ場に問い合わせが必要です。

> 【必要書類】
> ・ゴルフ場所定の名義書換申請書
> ・ゴルフ会員権、預り金証書または株券

### ② 退会

　相続したゴルフ会員権を会員権業者に依頼して売却する場合や、預託金制のゴルフ会員権で預託金の返還を受ける場合は、①の名義書換を経た上で退会手続きを行います。必要書類はゴルフ場ごとに異なりますので、ゴルフ場または会員権業者（売却の場合）に問い合わせが必要です。

## （2） リゾート会員権

　リゾート会員権とは、リゾートホテルなどの滞在施設における宿泊権利のことで、所有権型と利用権型の2種類に区分されます。

### ① 会員権の種類

#### (イ) 所有権型（共有制、オーナーズ方式）

　施設の所有権を共有する形態です。共有持分につき不動産登記がされています。

### (ロ) 利用権型（メンバーズ方式）

預託金を支払い施設利用権を取得する形態です。預託金はリゾート会社の取決めにより管理契約期間満了でなければ返還されない場合があります。

### ② 名義変更

リゾート会社に会員の死亡を申し出て名義変更を行います。

所定の「会員資格相続承認願」のほか、**2（1）③**に準じた添付書類が必要です。

遺産分割協議書に代えて、「相続に関する同意書」によることが可能な場合もあります。詳細については各運営会社に問い合わせが必要です。

所有権型の場合は、併せて所有権の移転登記も必要です（本章**1．不動産**参照）。

### ③ 退会

預託金がある場合、相続を機に退会を申し出て預託金の返還を受けることが可能です。

退会事由は、相続の他に海外移住や高度疾病等または社会通念上利用が困難になった場合などとリゾート会社ごとに定められていて、いつでも退会できるわけではありません。仲介業者を通じて売却する市場価格に比べて高い金額で償還を受けられる場合には、今後の利用頻度を考慮した上で退会することも一つの方法です。

## （3） 鉄砲刀剣類

鉄砲や刀剣は銃刀法により所持することができませんが、例外として美術品や骨董品として価値のあるものに限り、住所地の都道府県教育委員会に登録することで所持が可能です。鉄砲刀剣類を相続等により取得した場合、登録されている都道府県教育委員会に対して所有者変更届けが必要です。

【必要書類】
・刀剣類所有者変更届出
・登録証の写し（亡失した場合は、警察署から受けた受理番号）

## （4） 太陽光発電設備

太陽光発電設備を相続により取得した場合、経済産業省による設備認定（平成29年4月1日以降は事業計画認定）制度における事業者の名義変更手続きが必要です。手続きは、設置業者に代行依頼することも可能です。また、電力会社に対する売電契約の契約者変更と振込口座変更の手続きや、損害保険やメーカー保証などの名義変更手続きについても失念しないよう留意が必要です。

**【申請先】**

JPEA代行申請センター（JP-AC）

**【必要書類】**

・変更届出書

・被相続人の戸籍謄本または全部事項証明書（死亡が確認できるもの）※

・相続人全員の戸籍謄本※

・相続人全員の印鑑登録証明書（発行から3か月以内）

・遺産分割協議書または相続人全員の同意書

※　法定相続情報一覧図の写しによって代替可能。

---

**〈補助金交付の確認〉**

　太陽光発電を設置して補助金を受けた場合、法定耐用年数である17年間の保守管理義務が生じます。期間内に売却などにより処分する場合には、補助金の全部または一部の返還が生じる可能性があります。

　相続による場合は補助金の返還義務はありませんが、補助事業者の名義変更手続きが必要ですので、被相続人が補助金の交付を受けていたか確認しましょう。

| 募集事業者 | 募集期間 |
|---|---|
| 一般財団法人新エネルギー財団（NEF） | 平成6年度～平成17年度 |
| 太陽光発電普及拡大センター（J-PEC） | 平成20年度～平成25年度 |

---

# 8 借入金

　借入金などの被相続人の債務（マイナスの財産）は、相続により当然に各相続人の相続分に応じて相続人全員に『包括的に』引き継がれます。相続放棄や限定承認をせずに借入金を引き継いだ場合、その内容や引き継ぎ方によって必要な手続きが異なります。

## （1）　一括返済する場合

　借入額が少額な場合や不動産ひも付の借入れでない場合には、相続した財産から一括返済することも一つの方法です。

　団体信用生命保険への加入が要件となっている住宅ローンの場合、被保険者である債務者の死亡を理由に残債相当額の保険金が保険契約者の金融機関に下りて、借入金の返済に充当されることで返済が完了します。

## （2） 承継する場合

　被相続人の債務は、前述のとおり相続人全員に『包括的に』引き継がれるのが原則です。

　相続人が複数人いる場合には遺言や遺産分割協議の結果、相続したプラスの財産とマイナスの財産との不均衡が相続人間で生じることがあります。

　この場合、特定の相続人を引受人として債務を引き継がせますが、債務弁済能力がない引受人の場合には債権者にとって不利に働くため、債権者の承諾が得られない場合は法定相続分に則った返済義務が残ります。

　承諾が得られると、免責的債務引受契約を結んで特定の相続人が債務を引き受け、その他の相続人は債務を免れます。

## ■9　遺言執行者としての遺言執行

　被相続人の遺産整理をする上で、相続人から委任を受けて代理人として手続きする場合と、遺言により遺言執行者に指定され、遺言執行者の立場として手続きする場合とでは、手続きの方法や権限が大きく異なります。遺言執行者とは、遺言内容の実現のため遺言により指定または家庭裁判所により選任された者をいいます。

## （1） 遺言執行者の権限

　平成30年7月の民法改正により遺言執行者の権限が明確化されました。

　改正前の旧民法における『相続人の代理人とみなす』という記述は消え、相続人から独立した立場で『遺言の内容を実現するため、相続財産の管理その他遺言執行に必要な一切の行為』をします。遺言執行者の権限としては、下記のようなものが挙げられます。

### ①　遺言執行者の権利義務（民法1012条）

　遺言執行者は、遺言の内容を実現するため、相続財産の管理その他遺言の執行に必要な一切の行為をする権利義務を有します。また、遺言執行者がある場合には、遺贈の履行は、遺言執行者のみが行うことができます。

### ②　遺言の執行の妨害行為の禁止（民法1013条）

　遺言執行者がある場合には、相続人は、相続財産の処分その他遺言の執行を妨げる行為をすることができません。なお、この規定に違反してした行為は無効としますが、これをもって善意の第三者に対抗することはできません（第三者対抗要件については、本章**1．不動産**参照。）。

### ③　特定財産に関する遺言の執行（民法1014条）

　①②の権限は、遺言が相続財産のうち特定の財産に関する場合には、その財産についてのみ有します。なお、遺産の分割の方法の指定として遺産に属する特定の財産を共同相続人の一人または数人に承継させる旨の遺言（以下、「特定財産承継遺言」といいます。）があったときは、遺言執行者は、当該共同相続人が自己の相続分を超える部分についての登記、登録その他の対抗要件を備えるために必要な行為をすることができます。

　また、特定の財産が預貯金債権の場合には、預貯金の払戻しの請求及び解約の申入れをすることができます。ただし、解約の申入れについては、預貯金債権の全部が特定財産承継遺言の目的である場合に限ります。

### ④　遺言執行者の行為の効果（民法1015条）

　遺言執行者がその権限内において遺言執行者であることを示してした行為は、相続人に対して直接にその効力を生じます。

### ⑤　遺言執行者の復任権（民法1016条）

　遺言執行者は、自己の責任で第三者にその任務を行わせることができます。

　第三者に任務を行わせることについてやむを得ない事由があるときは、遺言執行者は、相続人に対してその選任及び監督についての責任のみを負います。

## （2）　遺言執行者の義務

　遺言執行者には前述のような権限が与えられますが、その反面、下記の義務も負います。

### ①　遺言執行者の任務の開始（民法1007条）

　就職を承諾した場合には、直ちにその任務を開始しなければなりません。また、任務を開始したときは、遅滞なく遺言の内容を相続人に通知しなければなりません。

### ②　相続財産目録の作成（民法1011条）

　遅滞なく、相続財産の目録を作成して、相続人に交付しなければなりません。

### ③　注意義務（民法644条・1012条3項）

　善良な管理者の注意をもって、任務を処理する義務を負います。

### ④　報告（民法645条・1012条3項）

　相続人の請求があるときは、いつでも遺言執行の処理状況を報告し、任務が終了した後は、遅滞なくその経過及び結果を報告しなければなりません。

⑤ **受取物の引渡し等（民法646条・1012条3項）**

　任務を処理するに当たって受け取った金銭その他の物を、相続人に引き渡さなければなりません。また、自己の名で取得した権利を被相続人に移転しなければなりません。

⑥ **金銭の消費についての責任（民法647条・1012条3項）**

　相続人に引き渡すべき金額又はその利益のために用いるべき金額を自己のために消費したときは、その消費した日以後の利息を支払わなければなりません。

## （3）　遺言執行者の権利

### ① 費用等の償還請求等（民法650条・1012条）

　遺言を執行するために必要と認められる費用を支出したときは、相続人に対し、その費用の償還を請求することができます。

　遺言を執行するために必要な費用には、具体的には次のようなものが挙げられます。

・戸籍謄本、固定資産税評価証明書、登記事項証明書等の発行手数料

・金融機関等の残高証明書等の発行手数料

・不動産の分筆費用、登記にかかる司法書士報酬、登録免許税　等

### ② 報酬（民法648条・1018条）

　遺言執行者は、被相続人に報酬を求めることができます。

　なお、遺言の執行に関する費用は相続財産の負担とすると民法1021条に定められています。遺言の執行に関する費用には遺言執行者に対する報酬も含まれるため、相続財産から控除して支払われます。

　遺言執行者に対する報酬の相場は、弁護士や司法書士などの専門家に依頼した場合、財産額の1％から3％程度といわれています。また、信託銀行などの金融機関にも、遺言信託プランが用意されているため依頼することが可能です。

【旧日本弁護士連合会弁護士報酬基準（税込）】

| 経済的な利益の額（財産額） | 弁護士報酬の額 |
|---|---|
| 300万円以下 | 330,000円 |
| 300万円超　3,000万円以下 | 2.2％＋264,000円 |
| 3,000万円超　　3億円以下 | 1.1％＋594,000円 |
| 3億円超 | 0.55％＋2,244,000円 |

【某信託銀行の報酬プラン（税込）】

Aプラン：初期費用を抑えたプランです。

Bプラン：総費用を抑えたプランです。

| | Aプラン | Bプラン |
|---|---|---|
| 遺言保管時 | 330,000円 | 1,100,000円 |
| 年間保管料 | 年間5,500円 | 年間5,500円 |
| 遺言執行報酬 | 報酬率 | |
| 系列金融機関の預かり財産 | 0.33% | |
| 1億円以下の部分 | 1.98% | 100万円控除 |
| 1億円超　3億円以下の部分 | 0.99% | 後の財産額の |
| 3億円超　10億円以下の部分 | 0.55% | 1.1% |
| 10億円超の部分 | 0.33% | |
| （下限） | （1,650,000円） | （770,000円） |

# 10 相続財産の寄附

　相続財産の寄附には基本的に二つの場合があります。一つ目は、被相続人が遺言書にて特定の先へ財産を寄附する内容が記載されている場合（遺言による寄附）で、二つ目は、相続人等が相続した財産を特定の先へ寄附する場合（相続財産の寄附）です。

　なお、遺言書に寄附の内容が記載されていれば、相続人等で寄附を取りやめることはできません。寄附先にその旨を伝え、寄附先がその内容を判断することになります。その際には、相続人等の遺留分の問題も生じる可能性があります。また、不動産などの寄附は断られることも多々あります。

〈寄附のやり方等で相続税と所得税に影響〉

　相続により取得した財産を相続税の申告期限までに、国または地方公共団体等の一定の者に寄附した場合には、その寄附をした財産は相続税の課税対象とはなりません。

　注意すべき点としては、相続により取得した財産を寄附することです。相続人等自身の財産を寄附しても相続税は非課税となりません。

　また、相続人等が寄附した場合には、所得税の寄附金控除及び住民税の寄附金税額控除の対象となります。

　なお、遺言による寄附で寄附先が国または地方公共団体等の一定の者に該当する場合は、被相続人の準確定申告において寄附金控除の適用を受けることができます。

## 【監修者・著者略歴】

### ■山本　和義（やまもと　かずよし）

大阪市出身。1982年山本和義税理士事務所開業。2004年税理士法人FP総合研究所へ改組、代表社員。2017年税理士法人FP総合研究所を次世代へ事業承継し、新たに税理士法人ファミリィ設立、代表社員に就任。TKC全国会資産対策研究会顧問。資産運用・土地の有効利用並びに相続対策等を中心に、各種の講演会・研修会を企画運営、並びに講師として活動。

著書に、『相続財産がないことの確認』（共著、TKC出版）、『特例事業承継税制の活用実務ガイド』（実務出版）、『タイムリミットで考える相続税対策実践ハンドブック』（清文社）、『配偶者居住権と相続対策の実務』（新日本法規出版）など。

### ■三角　拓也（みすみ　たくや）

執筆担当：第1章

大阪府出身。民間金融機関退職後、税理士業界へ転職。2015年税理士登録。三角会計事務所 所属税理士。中小法人の税務をメイン業務とし、資産税・組織再編・事業承継対策にも対応。

### ■野田　暢之（のだ　のぶゆき）

執筆担当：第2章、第3章、第6章

大阪府出身。2005年税理士法人FP総合研究所入所。2017年野田暢之税理士事務所開業。税理士、CFP®認定者、行政書士。著書に「【不動産×会社活用】相続対策の方程式」（清文社）、「【遺言があること】の確認」（TKC出版）など。

### ■松井　佑介（まつい　ゆうすけ）

執筆担当：第4章1〜3

奈良県出身。2012年税理士登録。資産税・事業再生・公益法人など様々な業務に従事し、2018年松井佑介税理士事務所設立。

### ■藤田　博久（ふじた　ひろひさ）

執筆担当：第4章4〜9

島根県出身。2005年税理士法人FP総合研究所入所。2020年資産税部マネージャー就任。2022年資産税部ゼネラルマネージャー就任。相続税申告業務、資産税全般に関するコンサルタント業務、相続対策業務に従事。

■藤原　誉夫（ふじわら　たかお）

執筆担当：第5章

大阪府出身。2010年税理士登録。2020年税理士法人TASパートナー就任。中小企業から上場企業まで様々な顧問先を担当。西日本を中心に、金融機関と連携し、事業承継、組織再編業務に従事。

■荒田　康夫（あらた　やすお）

執筆担当：第7章1

大阪府出身。ソフトウェア会社にて税務ソフト開発に従事後、2009年税理士登録。2012年税理士事務所えん開業。地元大阪を中心に個人・法人の税務・会計業務に従事。

■秋山　遼太（あきやま　りょうた）

執筆担当：第7章2〜10

鳥取県出身。2016年税理士登録。2017年秋山遼太税理士事務所開業。中小企業の税務を中心に、資産税、事業承継などの業務に従事。

■東　信吾（あずま　しんご）

大阪府出身。民間企業を退社後、税理士法人FP総合研究所にて税理士補助業務に従事。司法試験合格後、税理士法人FP総合研究所を退所。2009年に弁護士登録。2012年に独立開業。東・上田・大槻法律事務所 代表弁護士。遺言書の作成、遺産分割など相続に関する多数の案件に従事。

相続税申告と一体で取り組む
遺産整理業務　実践ガイド

2022年12月20日　発行

監　修　　山本　和義

著　者　　三角　拓也／野田　暢之／松井　佑介
　　　　　藤田　博久／藤原　誉夫／荒田　康夫 ©
　　　　　秋山　遼太／東　　信吾

発行者　　小泉　定裕

発行所　　株式会社 清文社
　　　　　東京都文京区小石川1丁目3−25（小石川大国ビル）
　　　　　〒112-0002　電話03（4332）1375　FAX03（4332）1376
　　　　　大阪市北区天神橋2丁目北2−6（大和南森町ビル）
　　　　　〒530-0041　電話06（6135）4050　FAX06（6135）4059
　　　　　URL　https://www.skattsei.co.jp/

印刷：大村印刷㈱

ISBN978-4-433-72692-8